테크노스테이트 차이나

테크노 스테이트 차이나

Techno State China

국가는 설계하고 시장이 완성하다

정구현 김영배 김용준 김창현 노은영 지음

한국의 미래를 위해 중국을 읽다

_ 김창범, 한국경제인협회 상근부회장

오늘날 세계 경제를 움직이는 핵심 언어는 기술이다. 인공지능, 반도체, 전기차, 배터리, 통신 네트워크를 둘러싼 경쟁은 더 이상 개별 산업의 흥망을 넘어 국가 경쟁력과 경제안보, 나아가 국제 질서의 향방까지 좌우하고 있다. 이러한 전환의 한가운데에 중국이 있다.

중국은 더 이상 값싼 노동력과 대규모 생산능력에 의존하는 제조 대국에 머물지 않는다. 국가 전략과 산업정책, 지방정부의 실행력, 기업의 혁신 역량을 결합해 독자적인 기술 생태계를 구축하는 '기술국가'로 변모하고 있다. 최근 중국의 부상은 단순한 추격의 결과가 아니라 국가와 시장이 결합한 독특한 혁신체계가 만들어낸 구조적 변화라고 보아야 한다.

이 책은 바로 그 점을 정면으로 다룬다. 저자들은 중국의 기술 발전을 개별 산업이나 기업의 사례에 국한하지 않고 정부, 기업, 대학, 연구기관, 시장 간 상호작용이라는 국가 혁신 시스템의 관점에서 분석한다. 이를 통해 중국이 어떻게 기술을 축적하고 산업 생태계를 확장해 왔는지, 외부 압박과 내부 동원을 어떻게 결합해 새로운 경쟁 질서를 형성하고 있는지를 설득력 있게 보여준다.

한국경제인협회는 이러한 변화가 한국 산업과 기업에 갖는 전략적 함의를 깊이 있게 검토하기 위해 관련 연구를 지원했다. 그 과정에서 우리가 다시 확인한 것은 중국을 단순한 위협이나 막연한 경쟁 대상으로만 바라보는 시각으로는 오늘의 현실을 제대로 읽어내기 어렵다는 점이다. 중요한 것은 중국이 어떤 방식으로 기술 역량을 축적하고 어떤 제도와 생태계를 통해 혁신을 현실화하는지를 정확히 이해하는 일이다.

그 점에서 이 책의 출간은 매우 뜻깊다. 이 책은 중국 기술 발전의 성과를 과장하지도 또 반대로 단순한 거품으로 치부하지도 않는다. 대신 중국 혁신의 구조와 논리, 그 강점과 한계를 균형 있게 짚어냄으로써 독자들이 좀 더 입체적인 시각에서 중국을 바라볼 수 있도록 돕는다. 이는 중국을 연구하는 전문가뿐 아니라 급변하는 산업 환경 속에서 한국의 대응 전략을 고민하는 정책 담당자, 기업인, 일반 독자 모두에게 유익한 통찰이 될 것이다.

중국을 이해하는 일은 결국 한국의 미래를 준비하는 일이다. 이 책이 한국 사회의 중국 이해를 한층 깊게 하고 기술 경쟁의 시대에 어떤 선택과 준비를 해야 하는지 숙고하는 계기가 되기를 기대한다. 아울러 본 연구를 수행해 주신 연구진과 출간을 위해 애써 주신 모든 분께 깊이 감사드린다.

테크노스테이트 중국의 해부

21세기의 첫 25년간 일어난 가장 큰 지정학적 변화는 중국의 부상이다. 미국을 포함한 서방에서 2001년에 중국을 세계무역기구 WTO에 가입시킬 때 중국이 25년 후에 미국에 도전하는 세계적 기술 강국이 될 것을 걱정하는 사람은 거의 없었을 것이다. 당시 중국은 외국의 기계와 기술을 들여와서 하청생산을 하는 나라였다. 2001년 중국의 총수출에서 가공무역의 비중은 절반을 넘었다. 싼 임금으로 저가 공산품을 수출하던 중국이 어떻게 25년 사이에 미국을 위협하는 기술강국으로 부상했을까? 무슨 일이 일어난 걸까? 이 책은 바로 그 질문에 답을 하려고 한다. 중국은 어떤 시스템과 자원 배분을 통해서 세계적인 기술강국으로 부상했는가?

핵심기술과 전략 사업에 자원배분 집중

오늘날 중국경제를 바라보는 외부의 시선은 복잡하다. 한편에서는 부동산 버블 붕괴와 내수침체로 인한 피크 차이나Peak China 논쟁이 떠오르고 있지만 다른 한편에서는 인공지능, 전기차, 우주항공, 양자컴퓨팅 등 첨단기술 분야에서 중국이 보여주는 약진은 놀라울 정도다. 경제성장률 숫자만 보면 명확히 둔화되고 있다. 그런데 기술과 산업의 일부 현장에서는 가파른 성장세가 동시에 관측되고 있는 것이다.

더 주목해야 할 점은 미국의 전례 없는 제재와 공급망 압박 속에서도 중국정부는 마치 전시 상황처럼 국가의 모든 자원을 기술자립에 쏟아붓고 있다는 점이다. 외부압력이 커질수록 중국정부의 언어는 더 강해졌고 자원배분도 핵심기술과 전략산업으로 더 집중되고 있다. 단순히 경제적 관점에서만 본다면 지금 중국의 투자는 비효율적이고 무모해 보일 수 있다. 그러나 중국의 변화를 온전히 이해하기 위해서는 경제 논리를 넘어 중국 공산당의 의사결정을 지배하는 근본적인 통치 철학을 들여다봐야 한다. 이 책은 중국의 과학기술 굴기를 단순한 산업정책이 아닌, 중국이 견지하고 있는 역사 발전의 논리와 체제 생존의 전략이라는 관점에서 분석한다.

체제의 정당성을 증명하는 생산성의 질적 도약

중국의 사고체계에는 마르크스주의적 생산력 이론이 자리잡고 있다. 이 논리에 따르면, 사회주의 체제가 자본주의보다 우월함을 입증하기 위해서는 반드시 자본주의를 압도하는 생산력을 확보해야 한다. 즉 물질적 토대가 뒷받침되지 않은 이념은 사상누각에 불과하며 압도적인 기술력만이 체제의 정당성을 보장한다는 것이다. 최근 시진핑 주석이 강조하는 신질생산력New Quality Productive Forces이라는 용어는 이러한 인식의 연장선에 있다. 이는 단순히 국내총생산GDP 숫자를 늘리겠다는 목표가 아니다. 노동과 자본을 양적으로 투입해 성장하던 시대는 끝났으며 파괴적인 기술혁신을 통해 생산성의 질적 도약을 이뤄내야만 국가 경쟁력과 체제의 안전을 보장받을 수 있다는 전략적 선언이다.

기술패권 경쟁과 자립의 길

우리가 특히 주목해야 할 지점은 중국이 서방의 기술제재를 받아들이는 방식이다. 중국정부는 미국의 반도체 수출 통제나 공급망 배제를 단순한 무역마찰이 아닌, 기술주권과 공급망 주도권을 둘러싼 구조적 경쟁으로 해석한다. 즉 기술적 의존도가 높을수록 국가 안보와 주권이 위협받는다고 보는 것이다.

이러한 관점에서 중국의 자립자강自立自强 정책은 외부의 불확실성을 제거하고 독자적인 생존공간을 확보하기 위한 필수적인 전략으로 해석할 수 있다. "핵심 기술은 살 수도, 구걸해서 얻을 수도 없다."라는 시진핑 국가주석의 발언은 기술적 종속이 곧 국가 주권의 상실을 의미한다는 현실 인식을 보여준다. 따라서 반도체와 인공지능 등 전략 산업에 대한 중국정부의 대규모 재정지원은 시장 왜곡이 아니라 기술안보를 위한 필수적인 조치로 간주된다. 인민들에게 요구되는 높은 수준의 노동 강도 역시 기술자립을 위한 과도기적 비용으로 인식되며 사회적 수용성을 얻고 있다. 이는 중국이 경제 둔화 국면에서도 기술혁신에 국가적 역량을 결집할 수 있는 내부동력이 되고 있다.

테크노스테이트의 작동원리 직시

이 책은 이러한 중국내부의 작동원리가 실제 산업현장에서 어떻게 구현되고 있는지와 그것이 글로벌 시장에 어떤 파장을 일으키는지를 분석한 결과물이다. 중국의 전기차 공급망 장악, 미국의 봉쇄를 우회하려는 반도체 전략, 인공지능을 통한 사회 효율화 실험 등은 개별적인 사건이 아니다. 이는 기술로 완성되는 강대국이라는 목표 아래 통합적으로 작동하는 거대한 시스템의 일부분이다.

우리는 중국의 기술 추격을 두려워하거나 막연히 비판하는 데 그쳐서는 안 된다. 대신 국가가 시장과 기술을 결합하여 독자적인 발전 모델을 완성해가는 테크노스테이트Techno-State의 작동원리를 있는 그대로 직시해야 한다. 중국발 과잉생산과 기술경쟁이라는 거대한 파고 속에서 대한민국이 중국의 변화를 기회로 활용하며 실리적인 생존 공간을 확보할 수 있도록 해야 한다.

책이 나오기까지

1992년 한중 간에 국교가 맺어진 이후 계속 확장하던 양국의 경제관계가 2015년경부터 둔화되기 시작했다. 여기에는 여러 가지 요인이 작용했지만 근본원인은 양국 간 경쟁력의 균형이 달라지기 시작했기 때문이다. 한국에서 소부장을 중국으로 수출해서 가공하던 방식에 변화가 오기 시작했다. 2023년부터 한중 무역에서 중국의 흑자를 보기 시작했다.

경제교류의 변화는 사람의 이동에 큰 영향을 주기 시작했다. 중국에 진출한 한국의 기업은 물론이고 교민과 유학생도 급격하게 줄어들었다. 중국에 가는 한국인 관광객 수를 보면 지난 10년간 두 차례의 큰 사건이 있었다. 2017년 사드 배치에 대한 중국정부의 보복과 탄압이 있을 때 양국 교류가 크게 축소되었으며 2020년 팬

데믹 때문에 또한 양국간 왕래가 크게 축소되었다.

2022, 2023년경 한국 산업계에서는 중국은 "빨리 떠나고 뒤도 돌아보기 싫은"나라였다. 더 이상 가공무역의 거점도 아니었고 내수 시장에서도 밀리기 시작했기 때문이다. 제이캠퍼스는 그러면 안 된다고 생각했다. 중국경제가 강해져도 한국은 중국을 떠나면 안 되고 오히려 더 연구를 하고 대응책을 마련해야 한다고 생각했다.

그래서 2024년부터 본격적으로 중국에 대한 연구를 시작했다. 2025년에는 「기술선진국 중국」이라는 연구를 수행했다. 한국경제인협회가 이 연구의 필요성에 공감을 해서 연구비를 지원해 주었다. 연구 과정에 많은 도움을 주신 한국경제연구원의 정철 원장과 한종훈 수석에게 감사를 드린다. 3월부터 열 차례에 걸쳐서 산업별 세미나를 온라인으로 했으며 7월에는 연구진들과 참여기업의 관리자들이 선전에 가서 기업을 탐방하고 열띤 토론회를 가졌다. 9월에는 한경협이 주관하는 세미나도 가졌다. 이 책은 2025년 1년간의 연구를 5명의 저자들이 정리한 책이다. 따라서 여러 전문가와 현장 경영인들의 경험과 통찰력이 이 책에 포함되어 있다. 세미나에서 발표를 해 주신 분들과 토론에 참여한 분들에게도 감사를 드린다. 마지막으로 이 책의 출판을 기꺼이 맡아준 클라우드 나인의 안현주 대표에게 감사드린다.

2026. 4.

저자를 대표해서 정구현과 노은영이 같이 씀

차례

1장 제조 강국에서 기술 자립국으로 · 17

2장 국가의 설계, 시장의 혁신 · 53

3장 창업 빅뱅과 공급망의 역동성 · 95

4장 기술이 설계한 사회 · 157

5장 분업의 붕괴, 미중 경쟁의 구조화 · 217

1장

제조 강국에서
기술 자립국으로

　세계의 공장에 머물던 중국은 이제 기술 강국으로 떠오르고 있다. 미국의 관세 장벽과 핵심 장비와 소프트웨어 차단은 오히려 중국을 자극했다. 중국은 막힌 길을 우회하는 대신 길 자체를 새로 놓기 시작했고 압박을 위축이 아니라 각성의 계기로 바꿨다. 중앙이 장기 로드맵으로 방향을 제시하면 지방정부와 기업은 경쟁적으로 실험에 뛰어들었고 기업, 대학, 연구소, 지방정부는 설계부터 소재, 장비, 제조까지를 수직적으로 엮어냈다.

　이제 기술은 개별 기업의 성과를 넘어 국가전략의 성패를 가르는 문제가 됐다. '만드는 나라'에서 '설계하는 나라'로의 전환은 산업 구조의 변화가 아니라 국가의 생존 방식을 다시 쓰는 과정이다. 압박을 연료로 체질을 바꾸는 힘, 그것이 오늘날 중국을 설명하는 핵심 언어다.

1
관세 장벽과 중국 공급망의 재편

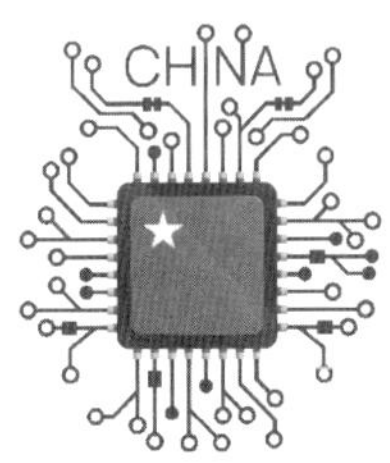

한 나라의 제조업은 전등 스위치처럼 단번에 제어할 수 있는 대상이 아니다. 그것은 수만 개의 생명이 얽힌 숲에 가깝다. 나무 몇 그루를 심거나 베어낸다고 해서 숲의 전체 지도가 하룻밤 사이에 바뀌지는 않는 법이다. 2025년 미국은 다시 관세라는 도끼를 들었다. 목표는 분명하다. 해외로 떠난 공장을 되돌리고 제조업 일자리를 복원하겠다는 것이다. 하지만 질문은 여기서 시작된다. 관세는 과연 산업 구조를 다시 바꿀 수 있을까?

오랜 시간 동안 세계 경제는 보이지 않는 선으로 촘촘히 연결됐다. 설계하는 나라, 핵심 부품을 만드는 나라, 조립하는 나라가 각각 따로 분리되는 구조가 일상이 됐다. 그 과정에서 동아시아는 단순한 생산기지를 넘어 복합적 산업 생태계로 진화했다. 특히 중국은 그 중심에서 공급망의 깊이와 폭을 동시에 확장해 왔다.

아이러니하게도 미국이 장벽을 세울수록 중국은 내부 결속을 강화하고 외연을 넓혀왔다. 외부 압박은 위축이 아니라 가속의 계기가 됐다. 관세가 국경을 높이는 동안 중국은 기술, 부품, 인재와 자본을 엮어 더 촘촘한 네트워크를 만들어왔다. 미국이 보호를 선택했을 때 중국은 확장을 선택했다. 관세 전쟁의 표면 아래에서 실제로 진행된 변화는 미국의 의도대로 흘러가지 않고 있다. 이를 통해 알 수 있는 것은 글로벌 공급망이 정치적 구호만으로 되돌릴 수 없다는 것이다.

관세로는 글로벌 공급망의 흐름을 되돌릴 수 없다

트럼프 대통령이 2025년 1월 두 번째 임기를 시작하며 무역 관계에서 관세를 주무기로 내세웠다. 트럼프의 목표는 '미국을 다시 위대하게MAGA, Make America Great Again'이다. 하지만 관세가 미국을 다시 위대하게 할 것 같지는 않다. 트럼프는 미국의 제조업을 재건하고자 한다. 하지만 이미 생태계가 무너진 미국의 제조업이 관세 장벽만으로 단기간에 부응하기 어렵기 때문이다.

세계 제조업의 중심이 미국을 떠나 동아시아로 이동한 지는 이미 40년이 돼간다. 현재의 글로벌 공급망 질서는 1990년대 이후에 북미와 동아시아 간의 국제분업에 따라 형성돼 왔다. 글로벌 공급망 질서의 현주소는 정보통신기술ICT의 발전 경로와 축을 같이한다. 물론 1990년 이전에도 섬유나 신발과 같은 소비재 분야에서 한국과 대만이 미국 기업을 위해 하청 생산을 한 것은 사실이다. 하지만 1970~1980년대에는 저기술 경공업 제품 위주였기에 하청 생산업체에 큰 능력이 필요하지 않았다. 말하자면 단순 주문자 상표부착생산OEM, Original Equipment Manufacturing 단계였다.

그러나 1990년대 들어 PC(개인용 컴퓨터)가 가장 중요한 정보통신기술 제품으로 부상하면서 상황이 달라졌다. 하청 기업에도 상대적으로 높은 기술 수준이 필요하게 됐다. PC는 1975년에 개발됐지만 인터넷이 본격적으로 보급된 1990년 이후에 수요가 본격적으로 늘었다. 전 세계 PC 생산량은 1999년 1억 대에서 2005년에는 2억 대를 돌파했다. 이 시기 PC의 대량생산과 공급을 주도한 것은 주로 대만 기업이었다.

대만의 PC 기업 에이서Acer나 에이수스ASUS 등은 초기에는 자국에서 제품을 생산했다. 하지만 1992년 중국의 본격적인 개방 이후에는 생산거점을 중국 본토로 옮겨 대량생산체제를 갖추었다. PC는 복잡한 기술과 수많은 부품과 소재가 필요했다. 일본과 한국도 이 공급망에 참여하면서 동아시아 전체에 거대한 생산 생태계가 형성됐다. 이 과정에서 대만 기업의 제품 기술 수준이 향상됐고 단순 생산을 넘어 설계까지 주도하는 제조자 개발생산ODM, Original Development Manufacturing이 본격화됐다.

미국과 동아시아의 이러한 분업은 2007년에 애플이 아이폰을 출시하면서 더 강화됐다. 애플은 제품 개발과 디자인에 집중하고 생산은 전적으로 폭스콘과 같은 전문 제조사에 맡겼다. 대만 기업인 폭스콘은 생산을 거의 전적으로 중국 본토에서 했다. 한때는 단일 공장으로 사원이 100만 명이 넘는 거대한 생산 공장을 운영하기도 했다.*

반도체 산업에서의 분업도 PC나 스마트폰과는 별도로 고도화됐다. 메모리반도체 생산은 삼성전자가 주로 담당했고 시스템 반도체 분야는 1995년 이후 대만의 TSMC가 핵심적인 역할을 했다. 특히 TSMC의 성장은 반도체 설계를 전담하는 팹리스fabless와 위탁 생산을 전담하는 파운드리 간의 분업 모델을 정착시켰다. 이런 과정을 거치면서 미국과 동아시아의 IT 산업 분업이 형성됐다.

세계 경제는 1990년 이후 디지털화와 글로벌화가 결합하면서 높은 생산성을 보였고 사람들은 삶의 질 향상을 경험했다. 1990년을 전후해 세계 경제에는 세 가지 거대한 변화가 동시에 일어났다. 첫째, 기술 축의 변화다. PC와 인터넷이 합쳐지면서 개개인이 자신의 책상에서 인터넷망을 통해 전 세계와 연결됐다. 동시에 단돈 1,000달러 정도면 상당한 수준의 컴퓨팅 파워를 개인 책상 위에서 활용할 수 있게 됐다. 둘째, 1990년대 초 우루과이 라운드가 타결되고 세계무역기구WTO가 출범하면서 자유무역이 더욱 강화됐다. 셋째, 구소련의 붕괴로 냉전이 종식됐고 중국이 본격적으로 개방하기 시작했다.

중국은 개혁·개방 이후 세계의 공장으로 부상하기 시작했다. PC, 모바일폰, 반도체 등 각종 정보통신기술 하드웨어를 대량으로 그리고 저렴하게 공급하기 시작했다. 실리콘밸리의 소프트웨어와 동

---

* 폭스콘Foxconn은 중국에서 주로 네 군데 공장에서 아이폰을 생산하고 있다. 허난성의 정저우鄭州, 광둥성의 선전深圳, 쓰촨성의 청두成都와 충칭重慶이다. 정저우는 아이폰 시티iPhone City라고 불릴 정도로 한때는 전 세계 아이폰의 60%까지 생산했으며 직원의 수가 120만 명에 달하기도 했다.

아시아의 하드웨어 공급 능력이 합쳐지면서 인류 역사에 큰 획을 긋는 정보혁명이 완성되기 시작한 것이다. 정보혁명, 국제 거래의 자유화(글로벌화), 그리고 냉전 종식이라는 세 가지 변화가 동시에 몰아닥치면서 세계 경제는 30년의 장기 호황기를 맞이했다.

30년간 분업 속에서 제조 역량을 조용히 축적하다

정보혁명과 자유무역의 최대 수혜자는 단연 중국이었다. 중국 경제는 1992년 본격적인 개방 이후 20년 동안 연평균 10% 이상의 고도성장을 기록했다. 매년 10%씩 복리로 성장하면 20년 만에 경제 규모는 6.7배가 된다. 1990년 시장 환율 기준으로 일본 경제의 8분의 1 수준에 불과했던 중국은 2010년 일본을 제치고 세계 2위의 경제 대국이 됐다.

중국의 급부상은 미국에 위협적인 도전이 되기 시작했다. 2013년에 국가주석으로 취임한 시진핑은 국제관계에 덩샤오핑의 '야심을 숨기고 때를 기다리며 힘을 기르라.'라는 도광양회韜光養晦와 다른 노선을 취하기 시작했다. 2001년 중국을 세계무역기구WTO에 가입시키면서 체제 변화를 기대했던 미국은 당황했고 2015년경부터 본격적으로 견제하기 시작했다.

한편 미국의 서민층은 지난 35년간의 글로벌화에서 소외됐다고 느꼈다. 특히 글로벌화로 인해 미국의 제조업 일자리가 대거 중국으로 이동했고 그 결과로 미국 근로자의 소득은 정체됐다고 믿게 된다. 사실 1980년 이후 미국 내 빈부격차가 확대된 것은 정보기술이 고학력자에게 유리하게 작용한 탓도 있지만 생산기지가 중국을 비롯한 개도국으로 이전했기 때문이기도 하다.

　도널드 트럼프는 1990년 이후 세계 경제의 번영을 가져온 정보기술과 글로벌화가 미국에는 불리하게 작용했고 중국이 최대의 혜택을 누렸다는 서민층의 박탈감을 정치적으로 잘 활용한 인물이다. 트럼프는 2017년 취임 직후 바로 중국산 수입품에 최고 25%에 달하는 고율 관세를 부과했다. 트럼프 다음에 집권한 민주당의 바이든 역시 반도체와 같은 첨단 산업에서 장비와 기술의 중국 반입을 차단하고 미중 간 공급망 분리를 시도했다. 그러나 미국과 동아시아 간의 공급망 분업은 뿌리가 매우 깊고, 특히 중국의 생산 역량은 거의 전 산업에 걸쳐 유효했다. 미국이 원한다고 해서 공급망이 쉽게 분리되기는 어렵다.

　트럼프는 2025년에 재집권하자마자 더 높은 관세를 부과하며 중국에 대한 본격적인 압박을 가하고 있다. 하지만 2025년의 중국은 2017년의 중국과 달랐다. 중국은 2015년부터 추진한 「중국제조 2025」라는 이름의 산업 및 기술 정책을 통해 대부분의 목표를 달성했으며 트럼프 1기의 무역 관세 경험을 통해 트럼프 2기에 대비한 만반의 준비를 해왔다. 또한 희토류 수출 규제와 같은 맞대응 레버리지도 확보하고 있다. 따라서 현재로서는 미국과 중국 간 무역전쟁과 기술 패권 경쟁의 미래를 섣불리 예견하기 어렵게 됐다. 그러나 트럼프가 관세 장벽을 높이는 동안 중국은 생태계를 넓히고 기술의 깊이를 더해왔다는 점을 주목해야 한다.

2
국가 시스템 설계와 혁신국가 전환

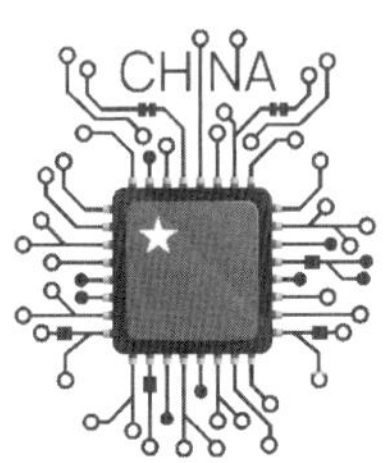

한 나라의 기술 수준은 몇 개의 특허 수치나 연구개발 투자 규모만으로 설명되지 않는다. 그 나라의 기술 수준을 알려면 그 나라의 아이디어는 어디에서 나오고 어떻게 연결되고 어떤 경로를 통해 산업으로 확산되는지를 알아야 한다.

중국을 둘러싼 평가는 늘 극단을 오간다. '보조금으로 키운 거품'이라는 시선과 '미국을 위협하는 기술 패권국'이라는 시선이 동시에 존재한다. 그러나 둘 다 현상의 단면만을 본다. 중국의 도약을 단순한 추격이나 과도한 국가 개입으로 설명하는 순간 우리는 더 중요한 것을 놓치게 된다.

중국의 변화는 개별 기업의 성공 스토리만으로 환원되지 않는다. 그것은 국가 전체가 하나의 거대한 설계도 아래 움직인 결과

다. 대학, 연구소, 국영기업, 민간 스타트업, 지방정부, 중앙정부가
서로 분리된 존재가 아니라 유기적으로 연결된 네트워크로 작동해
왔다.

혁신은 더 이상 선형적 과정이 아니다. 한 연구자의 발견이 기업
의 제품으로 이어지고, 지방정부의 실험이 국가 전략으로 승격되
고, 민간 자본이 그 위를 빠르게 순환하는 구조 속에서 비선형적으
로 증폭된다. 이 연결의 질이 곧 국가 경쟁력을 결정한다. 중국의
부상을 이해하려면 '누가 더 많이 투자했는가?'가 아니라 '어떻게
연결됐는가?'를 보아야 한다. 그것이 바로 국가 혁신 시스템이라는
관점이다.

모방에서 자립형 첨단 산업으로 체질을 바꾸다

중국의 기술 발전은 이제 '빠른 추격자fast follower'라는 수식어만
으로는 설명하기 어렵다. 스마트폰과 전기차 분야에서 보여준 추
격 속도를 넘어 6G 네트워크를 선점하고 리튬인산철LFP 배터리로
시장의 판도를 바꾸고 있다. 이는 전혀 새로운 원천기술을 창조하
는 것과는 결이 다를 수 있다. 하지만 중국 혁신의 가장 큰 특징은
기존 기술을 독자적으로 비틀고 재해석해 압도적인 가성비와 성능
으로 재탄생시키는 것이다. 중국의 혁신은 미국에서 만든 신용카
드 시스템을 건너뛰고 곧바로 모바일 결제 생태계를 구축한 사례
처럼 단순 모방을 넘어 기존 기술을 재해석하고 고도화하는 질적
전환기에 들어섰음을 보여준다.

이러한 변화의 출발점은 1978년 개혁·개방 이후 중국이 외국 기
술의 도입과 제품 모방을 기반으로 '세계의 공장' 역할을 해온 데

있다. 이후 2000년대에 들어서면서 중국은 철강, 조선, 디스플레이 등 핵심 산업에서 선진국을 추격하는 데 성공했다. 2020년대에 이르러서는 과학기술 분야 논문의 양과 질 그리고 특허출원과 등록 건수 등 주요 지표에서 미국을 앞지르며 글로벌 기술 경쟁의 중심 국가로 부상했다.

최근 인공지능 분야의 '딥시크DeepSeek 충격'을 비롯해 전기차, 이차전지, 태양광, 풍력발전 등 신재생에너지 산업에서 중국의 압도적인 시장점유율은 각국이 고율 관세로 자국 시장을 방어해야 할 만큼 강력한 경쟁력을 보여준다. 전 세계 언론에서는 중국의 바이오 신약, 휴머노이드 로봇, 드론 및 전기수직이착륙기eVTOL 등 첨단 분야의 기술혁신과 창어 6호의 달 뒷면 착륙과 같은 우주항공 분야의 성과가 연일 보도되고 있다.

그렇다면 중국은 어떻게 선진기술을 모방하고 추격하는 단계를 넘어 이처럼 짧은 시간 안에 세계 최고 수준의 혁신 강국으로 도약할 수 있었을까? 흔히 중국의 방대한 인구 규모가 만들어내는 엄청난 과학기술 인력의 배출, 미국에 이은 세계 2위의 연구개발R&D 투자 규모, 그리고 미중 패권 경쟁 속에 국가안보 차원에서 과학기술 발전에 막대한 재정 자원을 투입하는 정부 정책을 그 이유로 설명하곤 한다. 이러한 이유로 중국 혁신에 대한 평가는 여전히 극단적이다. '보조금 의존형 혁신'이라는 비판과 '미국을 위협하는 기술 강국'이라는 평가가 동시에 존재한다. 하지만 한 국가의 과학기술 역량과 혁신성과는 단순한 투입 요인이나 정부 정책만으로 만들어지지 않는다. 기업, 중앙과 지방정부, 대학, 연구기관 등 다양한 혁신 주체들의 상호작용과 제도적 환경을 함께 보아야 한다.

중국의 부상을 이해하려면 과학기술과 산업 혁신의 주체와 제도적 환경을 유기적으로 연결해 설명하는 국가 혁신 시스템NIS, National Innovation System 관점에서 접근할 필요가 있다. 중국의 혁신 역량이 어떻게 빠르게 축적되는지와 왜 특정 방식으로 확산되는지를 이해하는 데 핵심적인 분석 틀을 제공한다. 중국이라는 거대한 실험실을 움직이는 붉은 설계도를 해독하기 위해서는 혁신의 주체와 환경이 서로 작용하는 국가 혁신 시스템을 통해 중국의 전략을 입체적으로 분석해야 한다. 과거의 모방자에서 오늘날 핵심기술 확보를 위해 국가 역량과 시장의 자율성을 통합한 신형거국체제新型擧國體制로 진화해 온 중국 혁신의 역사적 경로와 혁신의 5개 사슬이 실제로 어떻게 맞물려 돌아가는지를 아는 게 무엇보다 중요하다.

연결 밀도로 혁신 역량을 끌어올리는 구조를 만들다

혁신이란 새로운 아이디어나 지식이 실제로 가치 있는 제품, 서비스, 또는 사회에 도움이 되는 산출물로 구현되는 과정을 말한다. 이 과정은 단순히 아이디어를 떠올리는 데서 끝나지 않는다. 새로운 지식을 발견하고 만들어내고 문제 해결에 적용하며 그 결과가 다양한 사람과 조직으로 확산되는 흐름이 서로 맞물리면서 이루어진다. 과거에는 혁신이 아이디어 창안에서 상업화와 확산까지 순서대로 진행되는 '선형적 과정'으로 여겨졌다. 하지만 지금은 여러 단계가 동시에 그리고 복잡하게 얽혀 작동하는 '비선형적 과정'으로 이해되고 있다. 즉 혁신은 더 이상 단일한 주체가 순차적으로 수행하는 과정이 아니라 다양한 활동이 상시로 뒤섞여 작동하는 동태적 흐름으로 파악되고 있다.

혁신 과정에는 매우 다양한 주체들이 참여한다. 미시적 차원에서는 새로운 아이디어를 만드는 사람idea champion, 문제를 기술적으로 해결하는 사람technical champion, 그리고 필요한 자원을 연결하고 조정하는 혁신 관리자project champion가 있다. 거시적으로는 대학과 연구소, 기업과 정부, 벤처캐피털 같은 금융기관, 경영, 법률, 세무 등의 컨설팅 회사, 기술거래기관, 창업보육기관과 액셀러레이터 등 폭넓은 조직들이 관여한다. 결국 혁신은 이들 다양한 행위자가 지식을 창출하고 적용하고 확산하는 과정이 서로 연결될 때 가능하다. 그리고 이 연결이 얼마나 원활하게 작동하느냐가 혁신 속도와 성과의 차이를 결정짓는 핵심 요인이 된다.

과학기술이 고도화되고 시장변화가 빨라질수록 어떤 기업도 모든 혁신 활동을 스스로 해결하기는 어렵다. 결국 혁신 주체들은 외부와 협력할 수밖에 없다. 이들의 상호작용은 정치, 경제, 사회 등 제도 환경의 영향을 크게 받는다. 같은 역량을 가진 기업이라도 어떤 제도 환경 속에 있느냐에 따라 혁신 속도와 성과는 크게 달라진다. 이러한 배경에서 등장한 개념이 국가 혁신 시스템이다. 1987년 크리스토퍼 프리먼C. Freeman[1]은 이를 '지속적인 경제성장을 위해 혁신 주체들이 상호 연계된 제도와 조직의 집합 체계'라고 정의했다. 쉽게 말해 대학, 연구소, 기업이 각자 지식과 기술을 만드는 것에 그치지 않고 국가 차원에서 어떻게 연결되고 활용되는지를 파악하는 것이다.

이 관점의 핵심은 명확하다. 한 국가의 혁신 역량은 '누가' 혁신하느냐보다 '어떻게' 연결돼 있는가에 달렸다는 점이다. 즉 개별 행위자의 능력보다는 이들을 조율하고 엮어내는 시스템의 질이 성과를 좌우한다. 이 이론은 1980년대 후반 프리먼, 룬드발B. Lundvall, 넬슨R. Nelson[2]과 같은 학자들에 의해 체계화됐는데 단순한 학술 개념에 머물지 않았다. 경제협력개발기구OECD는 1990년대 이후 이 분석 틀을 도입해 각국의 과학기술 정책을 설계하고 경제성장을 이끄는 핵심 기준으로 삼았다.

국가 혁신 시스템의 핵심 구성요소는 크게 혁신 주체, 제도적 환경, 그리고 이들 간의 상호작용으로 나눌 수 있다.[3] 즉 누가 혁신하는가, 어떤 환경이 뒷받침하는가, 어떻게 이들이 연결되는가가 국가 혁신을 결정하는 세 개의 축이 된다. 먼저 혁신 주체에는 스타트업을 포함한 기업, 대학과 연구소, 그리고 정부와 공공기관이 포함된다. 기업은 새로운 제품과 서비스를 만들어 시장에 확산시키는 역할을 맡고 대학과 연구소는 기초와 응용 연구를 통해 지식의 기반을 제공한다. 정부는 제도와 정책을 통해 혁신의 방향을 설정하고 조정한다.

제도적 환경에는 정치와 경제, 사회와 문화, 혁신 주체 간 협력을 촉진하는 네트워크, 연구개발 자금, 교통 및 통신 등 인프라가 포함된다. 또한 혁신 주체 간 그리고 혁신 주체와 제도적 환경 간의 상호작용은 과학기술 역량과 혁신성과를 좌우한다. 이처럼 각 주체의 역할은 다르지만 결국 '지식 창출-이전 및 확산-상업화'라는 하나의 흐름 속에서 서로 유기적으로 연결될 때 비로소 혁신이 가능하다. 즉 뛰어난 연구자나 지식과 기술이 있어도 서로 연결되지 않으면 혁신은 일어나지 않는다. 연결 구조의 설계가 핵심이기 때문이다.

국가 혁신 시스템에서 지식과 기술의 성장은 교육, 연구개발, 인

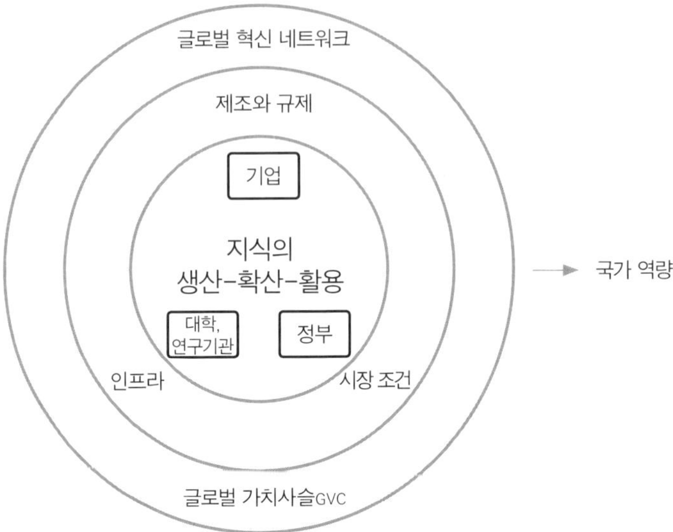

국가 혁신 시스템은 기업·대학·정부 등 핵심 주체가 제도적 환경과 글로벌 네트워크와 유기적으로 연결될 때 지식의 생산·확산·활용이 가능해진다. 이 연결의 질이 곧 국가 역량을 결정한다.

프라, 사업화 연계와 같은 국가의 무형 투자에서 비롯된다. 이런 이유로 제도 환경을 정비하고 주체 간 협력을 조율하는 핵심 역할을 맡는다. 여기에는 연구개발 투자 확대뿐 아니라 규제 설계, 인재 정책, 산학연 협력 모델을 조정하는 기능도 포함된다. 국가 혁신 시스템은 산업 혁신 시스템과 지역 혁신 시스템을 포괄한다. 스타트업 생태계 역시 연구개발 성과의 상업화를 담당하는 중요한 하위 시스템이다. 다시 말해 국가, 지역, 산업이 위계적으로 나뉘는 것이 아니라 서로 얽혀 혁신의 속도와 방향을 함께 결정하는 다층적 구조를 이룬다.

또한 세계화가 진행되면서 지식과 기술의 이동성이 높아져 국가

간 혁신 경계는 점점 흐려지고 있다. 따라서 글로벌 혁신 네트워크와의 적극적인 교류는 필수적이다. 세계 인재, 기술, 산업의 흐름을 빠르게 흡수할 수 있는 능력은 국가 경쟁력의 핵심이며 폐쇄적인 시스템은 속도와 질 모두에서 뒤처질 수밖에 없다.

앞의 그림은 국가 혁신 시스템의 다층구조를 단순화한 것이다. 가장 안쪽에는 기업, 대학과 연구소, 정부로 구성된 핵심 혁신 주체가 있다. 그 바깥에는 이들을 활동할 수 있게 하는 제도와 정책 환경이 자리한다. 가장 바깥쪽에는 국가를 넘어서는 글로벌 혁신 네트워크로 지식, 기술, 인재, 산업의 국제 흐름이 국가 혁신 역량에 직접 영향을 미친다는 점을 나타낸다. 세 개의 층이 유기적으로 연결될 때 지식의 창출, 확산, 활용 과정이 활발히 이루어진다. 이는 곧 국가 경쟁력과 경제성장으로 이어진다.

서구식 잣대와 충돌하며 중국식 모델을 구축하다

국가 혁신 시스템은 한 국가의 정치체제, 경제 발전 단계, 과학기술전략의 우선순위, 그리고 사회, 문화, 역사적 토대에 따라 다른 구조와 거버넌스를 갖게 된다. 예를 들어 중국은 국가가 과학기술의 방향을 집중적으로 조정하는 중앙집권형 모델이지만 미국은 민간의 연구개발과 시장경쟁을 중심으로 하는 분산 다원형 모델로 운영된다.[4] 이처럼 국가마다 혁신 시스템의 형태는 다양하지만 특정 모델을 절대적 정답으로 보기는 어렵다. 각각의 모델은 고유한 장점과 한계를 가지기 때문이다. 그런데 유형의 차이와 관계없이 효과적인 국가 혁신 시스템이 갖추어야 할 핵심 조건은 분명히 존재한다.

그렇다면 어떤 시스템이 효과적인가? 이를 평가할 때 일반적으로 세 가지 기준이 사용된다. 첫째는 혁신 주체의 역량capabilities이다. 둘째는 주체 간 상호작용을 조정하는 거버넌스다. 셋째는 지식, 기술, 자원이 이동하는 경로의 효율성이다.[5] 결국 혁신 주체의 능력이 높고 협력과 교류가 원활하며 필요한 자원과 정보가 막힘없이 흐를수록 더 우수한 혁신성과를 만들어낸다. 이러한 성과에는 특허와 논문뿐 아니라 상업화, 산업 성장, 창업, 고용과 같은 경제 및 사회적 성과도 포함된다.

국제 비교 연구에서는 효과적인 국가 혁신 시스템의 공통 조건으로 충분한 연구개발 투자, 우수한 과학기술 인력, 고등교육 수준, 혁신 친화적 규제 및 지식재산권, 건강한 시장경쟁 구조, 금융시스템의 자금 공급, 산학연 협력, 글로벌 혁신 네트워크와의 개방성, 그리고 장기적이고 일관된 정부 정책 등이 제시된다. 이는 혁신성과가 단순히 혁신 주체의 능력뿐 아니라 제도와 정책 환경의 질에 의해 크게 좌우된다는 점을 보여준다.

여기서 정부는 교육, 인재 정책, 연구개발, 인프라 구축, 규제 설계, 산학연 협력, 사업화 연계 등 시스템 전반을 조정하는 핵심 행위자로 작동한다. 국가 혁신 시스템은 고정적인 구조가 아니라 시간이 지나면서 역동적으로 진화하게 된다. 정부는 국가 혁신 시스템을 운영하는 과정에서 시행착오를 통한 학습을 하게 되고 그에 따라 지속적으로 정책을 조정함으로써 시스템의 고도화를 이끈다. 이러한 점은 후발 국가일수록 더 큰 기회가 되는데 선진국의 국가 혁신 시스템을 학습하고 글로벌 네트워크와의 교류를 적극적으로 활용하면 기술격차를 단기간에 줄일 수 있기 때문이다. 중국은 이

전략을 통해 성공한 대표 사례로 평가받는다.

세계지식재산기구WIPO는 매년 글로벌 혁신지수GII, Global Innovation Index를 통해 각국의 국가 혁신 시스템을 평가한다. 이 지수는 투입과 산출이라는 두 축으로 구성되며 각국의 제도, 인재, 연구 역량, 시장 환경, 기업활동 등이 실제 혁신성과로 어떻게 이어지는지를 종합적으로 측정한다.

투입지표는 총 5가지로 구성된다. 첫째는 먼저 정치 안정성과 정부 효율성 등의 정치 환경, 규제의 질과 법치 같은 규제 환경, 창업과 폐업의 용이성 같은 사업 환경을 아우르는 제도다. 둘째는 교육, 특히 고등교육 수준과 연구개발 역량을 나타내는 인적자본과 연구다. 셋째는 정보통신기술, 에너지, 교통 기반 시설과 생태 지속가능성 등을 포함하는 인프라다. 넷째는 신용 대출과 벤처 투자 등 금융 접근성 그리고 무역 여건과 시장 규모 등을 의미하는 시장 성숙도. 마지막으로 다섯째는 기업의 지식근로자 비중, 클러스터 및 산학연 협력 정도, 그리고 해외 지식의 흡수 역량을 나타내는 사업 성숙도다.

산출지표는 두 가지로 구분된다. 하나는 지식과 기술 산출물은 논문, 특허, 유니콘 기업 수, 첨단 산업 비중 등 과학 기술적 성과를 평가한다. 또 하나는 창의적 산출물로 브랜드, 디자인, 콘텐츠 산업, 소프트웨어 등 창의적 산업의 성과를 측정한다. 이 두 영역은 과학기술혁신과 창의적 혁신을 균형 있게 반영하도록 설계됐다. 세계지식재산기구의 글로벌 혁신지수는 단순한 기술 수준 비교를 넘어 한 국가의 혁신 환경이 얼마나 유기적으로 작동해 혁신성과를 만들어내는지 보여주는 대표적 국제 지표로 활용되고 있다.

글로벌 혁신지수 2025 종합 및 혁신 부문별 순위 톱10

국가	종합순위	제도	인적자본 및 연구	인프라	시장 성숙도	상업 성숙도	지식·기술 산출물	창의적 산출물
스위스	1	3	6	5	3	5	2	1
스웨덴	2	12	3	4	9	2	4	2
미국	3	16	13	32	1	1	3	5
대한민국	4	20	1	7	5	4	9	4
싱가포르	5	1	2	19	6	3	7	15
영국	6	25	7	23	4	17	5	3
핀란드	7	5	5	3	11	12	8	16
네덜란드	8	11	14	30	12	7	10	6
덴마크	9	2	11	8	16	11	13	9
중국	10	44	20	6	13	8	1	14

2025년 글로벌 혁신지수에서 한국은 종합 4위, 중국은 종합 10위를 기록했다. 중국은 지식·기술 산출물 1위에도 불구하고 제도 부문 44위에 그쳤다.
(자료: 세계지식재산기구 글로벌 혁신지수 2025)

2025년은 중국이 세계지식재산기구 글로벌 혁신지수 상위 10위권에 진입한 상징적인 해다. 특히 지식 및 기술 산출물 분야에서 세계 1위를 기록했다는 것은 혁신의 양적팽창을 넘어 질적 성숙기에 접어들었음을 의미한다. 이러한 역동성은 지도를 펼쳐보면 더욱 명확해진다. 전 세계 100대 지역 혁신클러스터 중 무려 24개가 중국에 포진해 있다. 선전-홍콩-광저우(1위), 베이징(4위), 상하이-쑤저우(6위)로 이어지는 거대 거점들은 인공지능, 반도체, 그린테크 등 첨단 산업의 심장 역할을 하고 있다.

주목할 점은 그동안 약점으로 꼽히던 민간 혁신 금융의 반전이다. 최근 중국은 후기 단계 벤처 투자 세계 2위, 기업 연구개발 지출 세계 2위, 글로벌 기업 연구개발 투자 순위 세계 3위를 기록하며 자금흐름의 판도를 바꿨다. 정부 주도를 넘어 민간 부문이 혁신의 강력한 엔진으로 부상하고 있음을 보여주는 결정적 증거다.

글로벌 혁신지수 세부 성적표를 들여다보면 중국 혁신의 극적인 불균형이 눈에 띈다. 지식 및 기술 산출물은 세계 1위를 차지할 만큼 압도적이다. 하지만 이를 뒷받침하는 기반 지표들은 들쑥날쑥하다. 인프라(6위)나 사업 성숙도(8위)는 상위권인 반면 인적자본(20위)은 상대적으로 처져 있다. 가장 눈에 띄는 건 44위에 그친 제도적 환경이다. 기업활동에 대한 국가의 개입이나 규제 집행의 불확실성이 점수에 영향을 준 것이다. 하지만 이 44위라는 성적표를 액면 그대로 믿어도 될까? 일각에서는 이 점수가 서구 중심적인 평가 방식이 낳은 착시라고 비판한다. 78개 평가 항목 중 15개가 서구 전문가들의 주관적 설문으로 채워지다 보니 국가 주도형 시스템을 가진 중국이 구조적으로 저평가될 수밖에 없다는 것이다.

실제로 홍콩 언론 「사우스 차이나 모닝 포스트」는 '과연 스위스가 중국보다 혁신적인가?'[6]라는 도발적인 질문을 던졌다. 연구개발 활동과 성과를 절대 규모가 아닌 비율로 측정함으로써 중국 같이 큰 나라는 불리할 수 밖에 없으며 서구의 자유시장 모델을 기준으로 평가함으로써 중국식 거국체제의 특수성을 외면했다는 지적이다. 결국 이 순위 논쟁은 서구의 잣대로 중국을 재는 것이 타당하냐는 근본적인 물음과 맞닿아 있다. 그렇다면 중국의 국가 혁신 시스템은 어떤 역사적 경로를 통해 발전해 왔고 서구의 시스템과 어떤 점에서 다른가? 그리고 이러한 차이는 어디에서 비롯된 것일까?

3
거대한 국가실험실의 진화

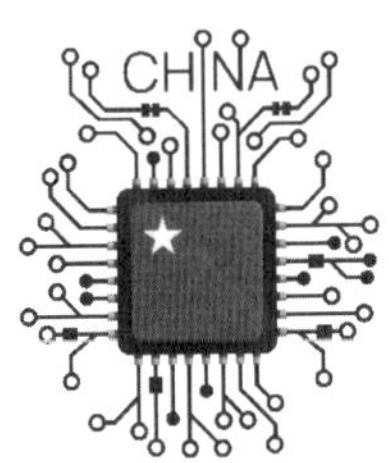

세계는 여전히 두 가지 낡은 프레임으로 중국을 정의하려 한다. 통제 국가라는 정치적 수사와 저가 공장이라는 경제적 낙인이다. 그러나 지금의 중국은 이 박제된 이미지를 훨씬 앞질러 가고 있다. 그들은 더 전략적으로 움직이며 거대한 실험을 멈추지 않는다.

만약 한 나라 전체가 거대한 실험실이라면 어떨까? 중앙정부는 장기 전략을 설계하고 수만 개의 지방정부는 서로 경쟁하며 정책을 시험하고 기업들은 그 실험의 결과를 산업으로 전환한다. 성공한 모델은 전국으로 확산되고 실패한 정책은 치열한 보완과 피드백을 통해 최적화의 길을 찾는다. 이 과정이 40년 가까이 반복된다면 어떤 일이 벌어질까.

중국의 혁신은 바로 이 질문에서 출발한다. 그것은 단순히 연구개발 투자가 많아서 생긴 결과이거나 인구가 많아서 자연스럽게 형성된 현상이 아니다. 중국은 국가를 하나의 조직처럼 재구성했고 중앙의 전략과 지방의 실행을 결합해 '정책 실험의 연쇄 반응'을 만들어냈다. 겉으로는 중앙집권 체제이지만 내부에서는 치열한 지역 경쟁과 기업 참여가 맞물리는 독특한 구조가 작동한다. 중요한 것은 이 시스템이 우연히 형성된 것이 아니라 의도적으로 설계되고 진화해 왔다는 점이다. 기술도입에서 시작해 자립을 거쳐 이제는 외부 압력 속에서 독자 생태계를 구축하는 단계에 이르기까지 스스로의 혁신 체계를 끊임없이 업그레이드해 왔다.

중국을 이해한다는 것은 단일기업이나 특정 산업의 성공을 보는 일이 아니다. 그것은 국가 전체가 어떻게 전략을 세우고 실험하고 수정하며 확산시키는지를 읽어내는 일이다. 그 거대한 실험의 설계도, 즉 중국 국가 혁신 시스템의 작동 방식을 알아야 한다.

중앙 전략과 지방 실험이 맞물린 구조를 만들다

중국의 혁신을 제대로 이해하려면 먼저 독특한 운영체제os를 파악해야 한다. 중국 정치 시스템은 표면적으로는 공산당 중심의 통제 체제처럼 보인다. 하지만 실제 작동 원리를 뜯어보면 이념보다는 경제 발전과 혁신에 최적화된 거대한 경제 시스템에 가깝다. 그 분기점은 1992년 덩샤오핑의 남순강화*였다. 이후 중국 내부에서 소모적인 이념 논쟁은 사실상 자취를 감췄고 국가의 모든 시스템은 오로지 경제성장이라는 목표를 향해 재설계됐다. 법과 제도가

---

* 1992년 발표한 담화로 개혁·개방을 가속화해야 한다는 내용을 골자로 한다.

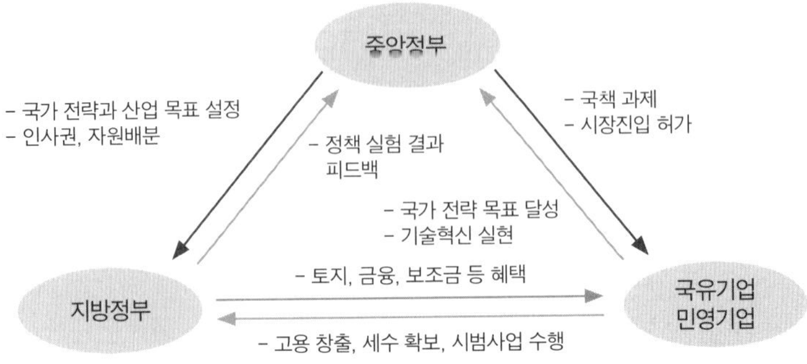

중국의 혁신 시스템은 중앙정부가 전략과 자원을 설계하고 지방정부가 정책을 실험·실행하며 기업이 성과를 구현하는 분업 구조로 작동한다.

경제 목표를 달성하기 위한 수단으로 작용하면서 중국의 정치 시스템은 실질적으로 국가 전체를 운영하는 효율적인 비즈니스 모델처럼 진화했다.

이 시스템의 핵심은 정교하게 설계된 이원화에 있다. 중국의 정치 시스템은 단순한 상명하복의 수직구조가 아니다. 중앙과 지방의 역할은 마치 하나의 거대한 기업 집단 내에서 이루어지는 철저한 분업 체계를 연상시킨다. 중앙정부는 거대한 그룹의 본사처럼 작동한다. 큰 그림을 그리고 5개년 규획과 같은 추상적인 정책 방향을 제시하며 국가 차원의 전략적 로드맵을 설계한다. 반면 4만여 개에 달하는 지방정부는 빠르고 유연한 자회사처럼 움직인다. 중앙이 제시한 방향성을 구체적인 프로젝트로 전환하고 기업과 인재를 유치하기 위해 경쟁하며 실질적인 성과를 만들어내는 실행 조직이다. 이러한 메커니즘은 중국을 하나의 거대한 실험실로 만들었다. 중앙이 "이쪽으로 가자."고 깃발을 들면 지방은 저마다의 방식으로 목적

지에 도달하기 위한 정책 실험을 감행한다. 이것이 바로 중국이 가진 유연성의 비밀이다. 즉 겉보기엔 경직돼 보이지만 실제로는 그 어떤 나라보다 빠르게 정책을 수정하고 집행한다.

이처럼 중앙의 거시적 설계와 지방 및 기업의 미시적 실행이 맞물려 돌아가는 이 거대한 실험실은 과연 지난 40년 동안 어떤 실험을 거쳐왔을까? 단순한 모방자에서 시작해 세계를 위협하는 창조자로 변모해 온 그 4단계의 변화 과정을 살펴보자.

기술 도입기에서 자립형 혁신기로 전환하다

중국 혁신은 4단계로 진화됐다.

첫 번째 단계는 1980년부터 1990년 초반까지의 기술도입 기반 구축기다. 개혁·개방 초기 중국은 기술혁신 역량의 부족을 인정하고 선진기술 학습과 제조 기반 구축에 전략적 우선순위를 두었다. 이 시기의 핵심 접근이 바로 '시장과 기술의 교환市場換技術'이다. 외국 기업이 중국 시장에 진입하는 조건으로 합작회사를 설립하게 하고 그 과정에서 설비, 공정, 관리 방식 등을 도입하는 방식이었다.

중국 제조업은 이를 통해 조립과 가공 중심이었지만 대규모 생산 능력을 빠르게 확보했으며 기술이 산업 경쟁력의 핵심이라는 국가적 인식도 강화됐다. 이런 흐름 속에서 1986년 3월에 시행한 국가 첨단기술 발전 계획인 863 프로그램이 출범해 전략 분야의 핵심기술 확보를 추진했고 1988년 횃불(토치) 프로그램은 고기술 성과의 상품화와 산업단지 육성을 본격화했다. 같은 해 설립된 중관촌中关村은 중국 최초의 국가급 하이테크 기술 산업단지로 이후 자주혁신 시범구의 출발점이자 초기 혁신 클러스터의 모델이 됐다. 당시 기업의 기술 학습 기반은 여전히 미흡했지만 단순 기술도입에서 자체 기술개발로 전환하는 데 필요한 전략적 기반을 다진 단계로 평가된다.

두 번째 단계는 1990년대 초반부터 2012년까지의 자주혁신 체계 구축기다. 이 시기 중국은 기술도입 중심 정책에서 벗어나 국가 차원의 기술개발 역량을 강화하는 방향으로 본격 전환했다. 1980년대 후반 시작된 주요 과학기술 프로그램들도 이때 심화했다. 이 과정에서 기술 타당성 평가, 정책금융, 산업단지 기반이 자리 잡으며 연구 성과의 시장 진입이 점차 제도화됐다.

2006년 발표된 「국가 중장기 과학기술발전규획(2006-2020)」은 이러한 변화를 국가전략 수준으로 끌어올린 전환점이었다. 중국은 외국 기술 활용에서 벗어나 자체 기술 확보와 산업 경쟁력 강화를 국가 목표로 명확히 규정했고 반도체 등 402개 전략 분야와 16개 국가 대형 프로젝트를 추진했다. 이어 2009년의 전략적 신흥산업 정책은 기술 표준 선도와 지식재산권 확보를 중심에 두면서 혁신 체계의 상업화를 한층 강화했다. 중국이 기술도입에서 자체 기술개발과 개발된 기술의 산업 전환으로 이어지는 자주혁신 기반의 국가혁신체계를 구축한 시기였다.

세 번째 단계는 2012년부터 2022년까지의 혁신 주도 체계의 고도화 시기다. 시진핑 체제 이후 중국의 자주혁신 전략은 양적 확대를 넘어 질적 심화로 전환됐다. 2015년 「중국제조 2025」는 차세대 정보기술과 10대 중점 제조업을 결합해 첨단기술 국산화와 가치사슬 현지화를 가속하는 것을 목표로 했다.

2016년에 발표된 「혁신주도 발전전략国家创新驱动发展战略纲要」은

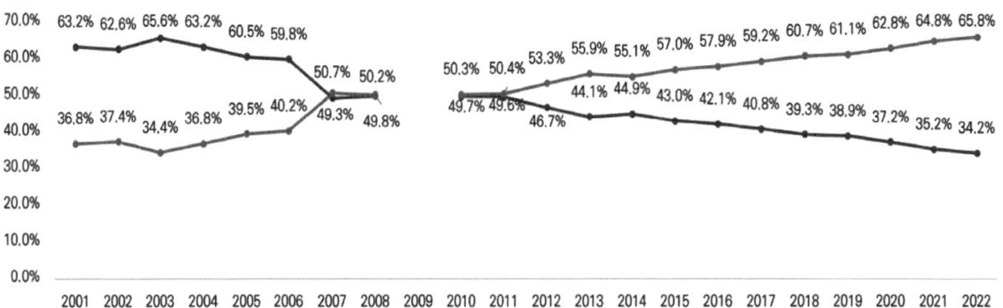

2010년을 전후해 지방정부의 과학기술 지출이 중앙정부를 추월했고 현재는 전체의 약 3분의 2를 차지한다. 중앙의 전략 조정과 지방의 실행이 맞물리는 혼합형 모델로 전환된 결과다.

2050년 세계 과학기술혁신 강국 달성을 국가 비전으로 제시하며 국가 제조업 혁신 센터 구축, 스마트 제조 육성, 핵심부품 공정 기술 확보, 산업 기초 강화, 녹색 제조 확대 등 5대 과제를 추진했다. 이 시기 중국은 외국 기업 합자에 의존하던 방식에서 벗어나 연구 개발 투자 확대와 글로벌 기술 기업 인수 등 더 적극적인 수단으로 원천기술 확보에 나서며 혁신 역량을 끌어올렸다.

이 시기의 중요한 변화 중 하나는 국가 혁신 시스템의 운영 방식이었다. 과거 중앙정부가 일방적으로 주도하던 구조에서 벗어나 지방정부의 자율적 실행과 민간기업의 적극적 참여가 결합한 혼합형 모델로 전환됐다. 실제로 2010년을 전후해 지방정부의 과학기술 지출이 중앙정부를 추월했고 현재는 전체의 약 3분의 2를 차지한다.

중앙정부는 국가발전개혁위원회, 과학기술부, 재정부가 전략 방향을 설정하며 하향식으로 과학기술 정책을 조정했다. 그리고 지방정부는 재정지원과 산업육성 등을 중심으로 상향식 실행을 강화해 왔다. 이 두 방식이 결합하면서 중국의 국가 혁신 시스템은 중앙의 전략 조정과 지방의 실행이 맞물리는 독특한 '변증법적 역동성'을 갖추게 됐다. 이 체계 아래 중국은 대학 설립과 정원 확대를 통해 세계 최대 과학기술 인력을 확보했고 연구개발 투자도 세계 2위 수준까지 증가했다. 베이징, 상하이, 선전 등에서 국가자주혁신시범구国家自主创新示范区를 중심으로 혁신 클러스터가 형성됐고 그 결과 논문과 특허 성과가 크게 상승했다. 특히 전기차, 이차전지, 태양광, 풍력발전 등 신재생에너지 분야에서는 국제 경쟁력을 갖춘 산업 생태계를 구축하는 데 성공했다.

네 번째 단계는 2023년 이후 현재까지 이어지는 신형 국가 혁신 시스템의 시기다. 이 시기는 대대적인 조직 개편을 통해 국가 역량을 과학기술 컨트롤타워로 집결시키며 시작되었다. 중국은 미국의 첨단기술 봉쇄와 공급망 재편 압력이 커지자 질적 경제성장과 안보를 위해 과학기술 자립과 독자 생태계 구축이라는 승부수를 던졌다. 이제 중국의 혁신 시스템은 단순한 효율성을 넘어 생존을 위한 전시 체제에 가깝게 재편되고 있다. 그렇다면 이 새로운 시스템은 구체적으로 어떻게 작동할까? 그 해답은 당과 정부의 강력한 지휘봉에 있다.

4

미국 제재와 중국의 기술 자립

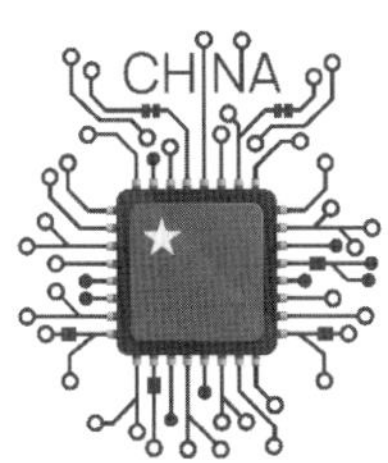

한 기업이 한 국가의 기술전략을 상징할 수 있을까? 그 질문의 답은 화웨이로 알 수 있다. 미국의 제재 명단에 오른 순간 화웨이는 단순한 통신장비 기업이 아니라 미중 기술 패권 경쟁의 최전선이 됐다. 많은 사람이 안드로이드 접근이 차단되고, 최첨단 반도체 수급이 막히고, 글로벌 네트워크에서 배제 압력이 거세졌을 때 화웨이의 몰락을 예상했다.

그러나 역설적으로 제재는 화웨이를 무너뜨리기보다 독자 생태계로 나아가는 체질 개선의 동력이 되었다. 외부 의존을 줄이고 내부 역량을 극대화하는 방향으로 전략을 재설계했다. 그리고 하드웨어와 소프트웨어를 통합한 독자 생태계를 구축하는 계기로 삼았다. 위기는 방어가 아니라 구조 전환의 촉매가 됐다.

화웨이가 내린 결정들은 단일 기업의 위기 관리를 넘어 중국식 기술 거버넌스 안에서 기업의 혁신 동기와 국가의 전략적 지향점이 결합된 결과물이었다. 운영체제, 칩 설계, 클라우드, 스마트카 플랫폼까지 수직적으로 확장된 구조는 한 기업의 생존 전략을 넘어 국가 혁신 시스템의 응축된 단면을 드러낸다.

중요한 것은 화웨이가 보호 속에서 자란 기업이 아니라는 점이다. 치열한 글로벌 경쟁 속에서 성장했고 제재 이후에는 생존을 위해 자신을 다시 설계했다. 정부 정책, 산학연 협력, 민간의 연구개발 투자, 내부 조직문화가 결합하며 하나의 자립형 산업 모델이 구체화됐다. 이러한 화웨이 모델을 통해 우리는 중요한 질문을 떠올릴 수 있다. "외부 기술에 의존하던 기업이 독자적인 생태계를 설계할 수 있는가? 더 나아가 한 국가가 특정 기업을 축으로 기술 자립의 전략적 앵커Anchor를 만들 수 있는가?"라는 물음이다.

외부 압박이 기술 독립과 생태계 확장을 촉발하다

화웨이는 중국의 신형거국체제를 대표하는 가장 상징적인 기업이다. 1987년 선전의 작은 아파트에서 시작해 교환기를 팔던 회사였는데 이제 미중 기술 패권 경쟁의 한복판에서 중국이 추구하는 기술 자립이 가능한지를 가늠하는 기준이 됐다. 특히 2019년 이후 미국의 고강도 제재는 화웨이를 단순한 정보통신기술 기업에서 하드웨어와 소프트웨어를 아우르는 독자적인 기술 기업으로 변모시켰다.

화웨이는 독자적인 생태계를 구축했다. 예컨대 자체 개발한 하모니 운영체제Harmony OS를 스마트폰, 노트북, 스마트카 분야에 확대 적용하여 탈脫 안드로이드 생태계를 구축했다. 또한 스마트카 운영체제와 시스템을 기반으로 플랫폼을 구축하여 전기차 산업 진출을 가속했다. 반도체 분야도 눈에 띈다. 하이실리콘을 통해 반도체 칩 설계와 개발 그리고 중국 반도체 파운드리 기업인 SMIC 등과의 생태계를 연계했다. 통신장비도 글로벌 네트워크 장비 공급을 하고 있고, 특히 동남아시아에서 정보통신기술 인프라 보급에 나섰다. 인공지능과 클라우드 분야에서도 자체 연구개발을 통한 인공지능 솔루션 개발과 클라우드 서비스를 제공한다.

화웨이의 성장은 정부의 보호가 아닌 치열한 시장경쟁에서 시작됐다. 초기에는 다국적 기업이 장악한 내수시장에서 생존하기 위해 기술력을 쌓았고 그 이후에 글로벌 시장에 진출했다. 하지만 미국의 제재로 안드로이드 운영체제와 최신 반도체 수급이 막히자 화웨이는 전략을 전면 수정했다. 남의 기술을 빌려 쓰는 단계에서 벗어나 운영체제부터 반도체와 클라우드까지 모든 것을 내재화하는 완전한 기술 자립을 선택한 것이다. 현재 화웨이는 하모니 운영체제를 중심으로 스마트폰, 전기차, 인공지능을 연결하는 거대한 독자 생태계를 구축하고 있다. 외부 충격에 의한 강제적 혁신이 실제로 어떻게 구현되는지를 보여준 사례다.

2024년 화웨이는 전년 대비 22.4% 증가한 8,621억 위안의 매출을 기록하며 제재 이전 수준의 회복세를 보였다. 이는 글로벌 공급망 단절이라는 위기를 내수시장 심화와 사업 다각화로 돌파한 결과다. 특히 주목할 것은 전기차 시장전략이다. 화웨이는 자동차를 직접 만드는 대신에 파트너사 차량에 운영체제, 자율주행, 인포테인먼트 등 자사의 두뇌를 심는 하모니 인텔리전트 모빌리티 얼라

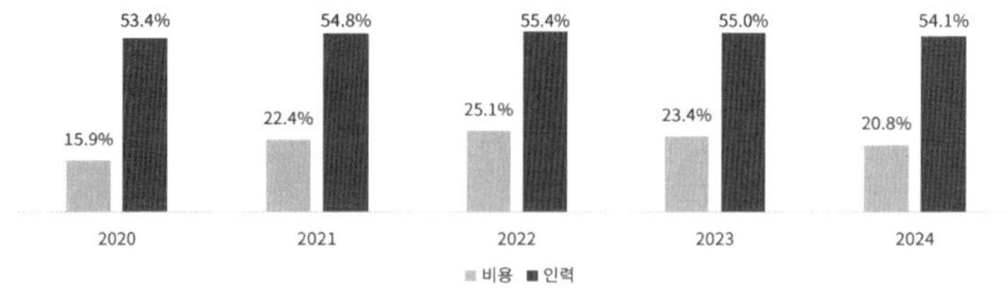

화웨이는 매출의 약 20%를 연구개발에 투자하며 전체 인력의 절반 이상이 연구개발직으로 구성된다. (자료: 화웨이 2020~2024 사업보고서)

이언스HIMA, Harmony Intelligent Mobility Alliance 전략을 택했다. 리스크는 줄이면서 생태계는 빠르게 확장하는 플랫폼 비즈니스의 정석이다. 동시에 해외 시장전략도 수정됐다. 제재가 심한 서구권 대신 동남아시아와 남미 등 디지털 실크로드 거점 국가들에 집중하며 제3세계의 디지털 인프라 표준을 장악해 나가고 있다.

화웨이는 매출의 약 20%를 연구개발에 투자하며 전체 직원의 과반수가 연구개발직인 세계 최고 수준의 연구개발 집약형 기업이다. 이러한 막대한 투자는 화웨이의 장기 경쟁력을 지탱하는 핵심 동력이다. 기술혁신 측면에서는 하모니 운영체제를 모바일에서 노트북과 스마트카로 확장하며 소프트웨어 생태계를 넓히고 있다. 하드웨어에서는 자회사 하이실리콘을 중심으로 칩 설계 역량을 고도화했다. 그리고 또 한편 미국의 제재 이후 SMIC 등 중국 내 파트너와의 협력을 통해 모바일 AP 칩 기린Kirin이나 AI 프로세서 칩 어센드 910Ascend 910 등 핵심 반도체 국산화와 공정 자립을 가속했다. 특히 스마트카 플랫폼 개발을 통해 차량용 운영체제와 인포테인먼트 등 전기차 산업의 고부가가치 영역으로 사업을 성공적으로 다각화하고 있다.

공급망 전략은 철저한 내재화와 다변화로 요약된다. 핵심부품은 자체 개발하거나 중국 내 조달 비중을 높여 리스크를 최소화했다. 글로벌 차원에서는 에메아EMEA, Europe, the Middle East and Africa, 동남아의 말레이시아, 인도네시아 지역으로 생산 거점을 확장해 지리적 분산을 꾀하고 있다. 중국 정부의 디지털 실크로드 정책과 맞물려 인프라 구축과 기술 수출을 병행하는 전략적 행보다.

결국 화웨이의 이러한 움직임은 단순한 기술 확보를 넘어 정치, 경제, 기술이 결합한 완전한 자립형 산업 생태계를 구축하려는 시도다. 이는 미중 전략 경쟁 심화 속에서 외부 의존도를 획기적으로 낮추고 중국과 신흥국을 중심으로 독자적인 산업 표준과 네트워크를 공고히 하려는 장기적 포석으로 해석된다.

굶주린 늑대 문화로 국가전략의 중심축을 세우다

화웨이의 조직문화는 창업자 런정페이Ren Zhengfei의 경영 철학이 투영된 늑대 문화Wolf Culture로 대변된다. 이는 늑대의 세 가지 특성인 민감한 후각(시장 기회 포착), 불굴의 공격성(목표 달성 의지), 팀워크(부서 간 협업)를 기업 운영의 핵심 가치로 삼는 것이다. 런정페이는 평소 "다음 겨울을 준비해야 한다."라며 조직 내부에 끊임없이 위기의식을 불어넣었다. 이러한 절박함은 화웨이가 후발주자의 한계를 극복하고 기술 자립을 추진하는 정신적 토대가 됐다.

화웨이의 조직문화를 시스템적으로 뒷받침하는 것은 독특한 지배구조인 종업원 지주제다. 화웨이는 100% 비상장 기업으로 창업자의 지분은 1% 내외에 불과하며 나머지 99%는 노조를 통해 임직원이 보유하고 있다. 회사의 이익이 구성원에게 직접 배당되는 구조를 만들어 직원들이 단순한 고용인이 아닌 공동의 사업 파트너로서 성과 창출에 몰입하게 만드는 강력한 동기부여 기제로 작동하고 있다.

리더십 측면에서는 2011년부터 정착된 순환 회장 제도가 핵심이다. 3명의 부회장이 6개월마다 번갈아 가며 이사회를 주재하고 최고 의사결정권을 행사한다. 이러한 시스템은 특정인에게 권력이 집중되는 것을 방지하고 리더십 리스크를 분산시키는 역할을 한다. 최근 미국의 고강도 제재 국면에서도 화웨이 연구진이 흔들리지 않고 기술 자립에 매진할 수 있었던 건 이러한 위기관리 리더십과 조직원들의 주인의식이 결합한 결과라 할 수 있다.

과거 민간 주도로 성장했던 화웨이는 이제 시진핑 정부가 추진하는 신형거국체제 안에서 기업 주도의 혁신 생태계를 이끄는 핵심 앵커 역할을 하고 있다. 미국의 반도체 장비 수출 통제에 맞서 중국은 기업이 주도하고 시장이 이끄는 산학연 융합을 통해 돌파구를 찾고 있다. 화웨이의 사례는 이 메커니즘을 가장 잘 보여준다.

특히 이러한 협력 구조는 극자외선EUV 노광 장비와 같은 핵심기술 국산화 과정에서 두드러진다. 공식적인 삼각 편대는 아니지만 역할 분담은 명확하다. 칭화대학교와 같은 연구 중심 대학이 기초 설계와 광원 기술과 같은 원천기술 연구를 맡고 상하이 집적회로 연구개발센터ICRD와 같은 국가급 공용 연구 플랫폼이 기술 검증과 실험을 담당하며 화웨이가 막대한 자본과 엔지니어링 역량을 투입해 이를 상용화하는 구조다.

대외적으로도 화웨이는 각국 정부와의 협력관계를 확대하고 있다. 브라질에서는 정부 데이터 보안 솔루션을 제공하고 우간다에

서는 디지털 혁신 공로를 인정받는 등 디지털 실크로드의 파트너
로서 입지를 다지고 있다. 화웨이가 단순한 개별기업을 넘어 중국
의 국가 혁신 시스템이 글로벌 단위로 확장되는 과정에서 기술과
표준을 전파하는 매개체 역할을 하고 있음을 시사한다.

2장

국가의 설계,
시장의 혁신

서구 자유주의 경제학의 국가와 시장은 대립하는 존재라는 이분법적 공식이 중국에서는 통하지 않는다. 이 나라에서는 국가가 방향을 정하고 시장은 속도를 만든다. 중국은 이 두 요소를 분리하지 않고 구조적으로 결합했다. 전략은 위에서 설계되지만 경쟁은 아래에서 치열하게 벌어진다. 판은 정부가 만들고 승자는 시장이 가린다.

중국의 특구는 제도의 예외가 아니라 혁신의 실험장이 됐고 정책은 단절된 조각이 아니라 연동된 사슬로 작동한다. 점으로 시작한 혁신은 광역권 단위의 면으로 확장되며 거대한 요새를 형성한다. 이 체제의 힘은 통제의 강도에 있지 않다. 설계와 실행이 한몸처럼 움직이는 구조적 결합에 있다.

1

신형거국체제

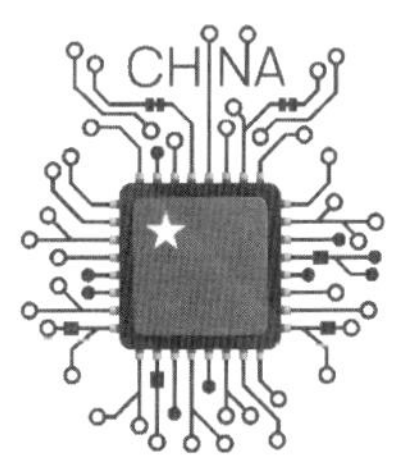

2020년대의 기술 전쟁은 더 이상 기업 간 경쟁이 아니다. 그것은 운영체제 간의 충돌이다. 자유시장에 모든 것을 맡기는 모델과 국가가 전략을 설계하고 시장을 동원하는 모델이 정면으로 부딪치고 있다.

미국이 수출 통제와 반도체 장비 규제로 중국에 압박을 강화했을 때 많은 사람은 위축될 것이라 예상했다. 그러나 상황은 그러한 예상대로 흘러가지 않았다. 중국은 위축되지 않고 방어에 급급하지 않으며 다른 선택을 했다. 바로 재설계였다. 단순히 기술을 더 개발하겠다는 선언이 아니라 기술을 생산하고 연결하고 상용화하는 '패러다임' 자체를 다시 짜기 시작한 것이다.

중국의 선택과 변화는 국가는 어디까지 개입해야 하는가?, 시장은 어디까지 자율성을 가져야 하는가? 기술 자립을 추구하는 순간 안보와 개방은 어떻게 공존할 수 있는가? 등의 과제를 떠올리게 한다. 중국은 이 난제를 피하지 않았다. 오히려 국가라는 조타수와 시장이라는 엔진을 한몸처럼 결합하는 실험에 들어갔다. 과거의 전시 동원형 거국체제를 21세기 기술 경쟁에 맞게 재해석하고 전략 설계는 중앙에서 하고 실행과 확산은 시장과 지방에서 하는 복합 구조를 구축하기 시작했다.

중국의 복합 구조 구축은 단순한 정책 조정이 아니다. 기술을 산업의 한 분야가 아니라 국가 생존 전략의 핵심으로 격상시키는 구조적 전환이다. 연구개발과 산업화, 군사와 민간, 중앙과 지방을 하나의 흐름으로 엮어내는 거버넌스 실험이 본격화된 것이다.

국가 설계와 시장 실행이 기술전략을 빚어내다

2020년대 들어 중국이 마주한 현실은 냉혹했다. 미국의 기술 봉쇄라는 외부 충격과 중진국 함정이라는 내부의 구조적 압력이 동시에 덮쳐왔기 때문이다. 단순히 생산 능력을 확대하는 방식으로는 더 이상 돌파구를 찾을 수 없었다. 국가가 직접 나서서 핵심기술의 설계도를 그리고 판을 짜야 한다는 위기감이 최고조에 달했다.

중국은 이러한 문제 인식 속에서 신형거국체제*를 핵심 전략으로 채택했다. '거국擧国'이란 온 나라의 힘을 모은다는 뜻이다. 과거

---

* 중국의 거국체계는 이번이 4번째로 과거 핵과 미사일을 개발할 때 국가 자원과 역량을 총동원한 경험이 있다. 하지만 이번에는 국제협력과 시장을 포함하는 새로운 방식으로 진보됐다(B. Naughton et al., Reorganization of China's Science and Technology System, IGCC working paper, 2023. 7).

핵무기나 미사일을 개발할 때 국가 자원을 총동원했던 방식과 닮았다. 하지만 이번엔 다르다. 과거의 거국체제가 국가의 일방적인 통제였다면 신형은 정부의 강력한 전략적 조정 능력 위에 시장의 혁신 효율성을 결합한 진화된 모델이다. 즉 경제 발전과 국가안보라는 두 마리 토끼를 잡으려고 시장과 국가가 결합해 전략기술을 직접 확보하겠다는 선언인 셈이다. 이런 배경에서 2023년 중국공산당 중앙위원회와 국무원은 국가 혁신 시스템을 전면적으로 재구성하는 개혁안을 발표했다. 중국의 국가 혁신 시스템은 구조적으로 새로운 단계로 넘어가게 된다.

가장 큰 변화는 중앙과학기술위원회CSTC, Central Science and Technology Commission의 신설이다. 중앙과학기술위원회는 국무원 산하의 정부 기관이 아니라 당의 기관으로 국가의 과학기술전략이 행정부 차원이 아닌 당의 직속 전략 영역으로 격상됐다는 의미다. 위원장은 중국공산당 정치국 상무위원이자 국무원 부총리인 딩쉐샹丁薛祥이 맡고 있다.

중앙과학기술위원회의 핵심 역할은 세 가지로 정리된다. 첫째, 중국 과학기술 발전의 큰 방향을 결정한다. 국가가 집중해야 할 기술 분야, 장기 전략에 부합하는 연구, 정책의 우선순위를 종합적으로 심의한다. 둘째, 국가전략과 연결된 대형 과학기술 과제를 선정하고 배치하는 일이다. 전략기술 임무를 확정하고 국가실험실National Lab 등의 핵심 연구 역량의 투입과 배치를 조율한다. 셋째, 군사와 민간 기술을 아우르는 통합 혁신을 추진한다. 국방과 민간 영역이 하나의 체계에서 협력해 핵심기술 확보를 위한 국가적 역량을 결집하도록 하는 것이다.

중앙과학기술위원회는 중국의 과학기술전략에서 무엇을 연구하고 어디에 자원을 배치하고 어떻게 역량을 집중시킬지를 최종적으로 결정하는 컨트롤타워라고 할 수 있다. 중앙과학기술위원회의 설립은 변화하는 기술 경쟁 환경에서 중국이 핵심기술 문제를 국가안보 차원에서 다루기 시작했다는 신호로 평가할 수 있다. 현재 여러 성省에서도 성급省級 과학기술위원회가 신설되고 있다. 장쑤, 산시, 저장 등에서는 성 서기와 성장省長이 공동으로 위원장을 맡는 '쌍雙위원장' 체계를 구축해 중앙의 기술전략을 지방 혁신 정책과 연결하는 구조를 만들고 있다.[1]

중앙과학기술위원회가 국가 과학기술전략의 최고 사령탑이 되면서 과학기술부MOST는 전략을 구체화하고 이행하는 전문 행정기관으로 그 역할이 재정립됐다. 2023년 개혁의 핵심은 과학기술부가 과거처럼 개별 기술개발 프로젝트와 자금 배분을 직접 관리하던 집행 기능에서 벗어났다는 점이다. 대신 중앙과학기술위원회가 수립한 거시적 전략을 정책과 제도로 구현하고 국가 혁신 자원의 효율적 배치를 감독하는 기획과 조정 기능에 집중하게 됐다. 이에 따라 전략 기획, 체제 개혁, 자원 통합, 국가실험실 감독, 기초연구 기반 강화 등 거시적 관리 업무가 과학기술부의 핵심 과제로 자리 잡았다. 그리고 구체적인 분야별 기술 정책과 프로젝트 관리기능은 해당 산업을 관할하는 전문 부처로 이관됐다. 이는 연구개발과 산업화 사이의 간극을 좁히고 기술 성과가 산업현장에 즉각적으로 적용되도록 하는 조치다.

농업기술은 농업농촌부로 이관돼 식량 안보와 종자 산업 육성과 연계됐다. 하이테크와 산업화는 공업정보화부MIIT로 이관됐다. 이

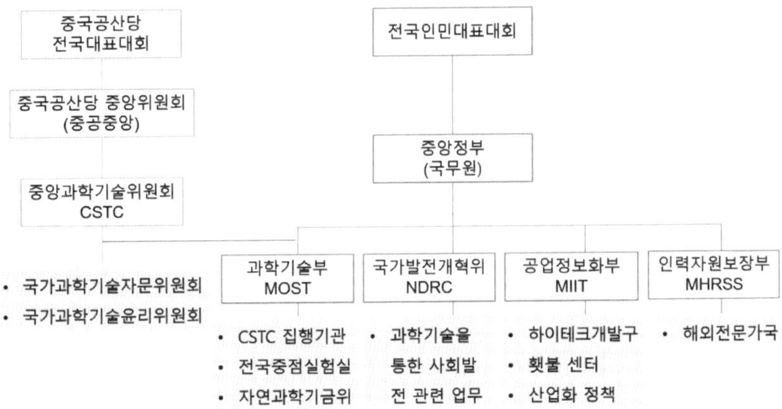

중국의 신형 국가 혁신 시스템

각 부처가 기술개발부터 산업화까지 전 주기를 담당하는 분업 구조로 재편해 연구개발 성과의 산업 현장 적용을 가속화했다.

는 기술창업과 산업단지 관리기능이 제조업 주무 부처로 통합됨으로써 연구개발 성과를 제조 경쟁력으로 전환하는 과정이 더 가속화됨을 의미한다. 외국 인재 유치는 인력자원사회보장부로 이관돼 외국인 전문 인력을 국가 전체의 인적자원관리체계 안에서 통합적으로 운용하게 됐다.

중국의 국가 혁신 시스템은 이처럼 각 부처가 기술개발부터 산업화까지의 전 주기를 책임지는 것으로 전환됐다. 과학기술부는 이들 간의 중복을 방지하고 전체적인 조화를 꾀하는 총괄 조정 역할을 하는 구조를 확립했다.

전략 집중과 수요 연계로 혁신 거버넌스를 운영하다

연구 조직 측면에서는 기존의 국가중점실험실State Key Labs이 전국중점실험실State Key Lab로 명칭이 변경되며 체계적인 구조조정이 단행됐다. 연구 분야가 중복되거나 성과가 미진한 연구실은 통폐합하고 반도체, 인공지능, 양자 기술 등 국가전략기술과 직결되는 핵심 분야에 자원을 집중하는 방식으로 운영 효율성을 높였다. 기초연구 분야에서는 과학기술부 산하 자연과학기금위원회NSFC, National Natural Science Foundation of China의 역할이 대폭 확대됐다. 응용연구 기능이 타 부처로 분산된 반면에 자연과학기금위원회는 기초과학 연구비 배분과 성과 평가의 중심 기능을 수행하며 원천기술 확보를 위한 구심점 역할을 맡게 됐다.

신형 국가 혁신 시스템은 혁신을 수행하는 컨소시엄 구조에서도 질적인 변화를 불러왔다. 기술개발, 산업화, 그리고 최종 시장 적용을 단절된 단계가 아닌 하나의 통합된 흐름으로 재설계한 것이다. 그 중심에는 '정용산학연政用产学研' 체계가 있다. 이는 기존의 산학연(산업-대학-연구소) 모델에 정부(전략 제시)와 사용자(시장 수요)가 결합된 형태다. 정부가 전략적 목표를 제시하고 사용자가 필요한 기술 사양을 정의하면 기업이 시장원리에 따라 주도하고 대학과 연구소가 지식을 공급하는 방식이다. 기술 공급자 중심이 아닌 수요자 중심으로 혁신 프로세스를 전환함으로써 개발된 기술이 상용화 단계에서 사장되는 위험을 줄이고 시장 안착 가능성을 높이는 유기적인 구조다.

이러한 전면적인 개편은 중국 혁신 시스템의 효율성과 실행력을 높이려는 시도이지만 과제는 여전히 남아 있다. 강력한 국가 주도의 전략적 조정 능력, 시장의 자율성이 가진 창의성, 그리고 기술 자립을 위한 안보와 국제 협력을 위한 개방성이라는 상충하는 가치들을 실제 운영 과정에서 어떻게 조화시킬 것인가? 이 균형점을

찾아내는 것이 신형거국체제의 성패를 좌우할 핵심 과제가 될 것
이다.

2
기술 통합의 정책사슬

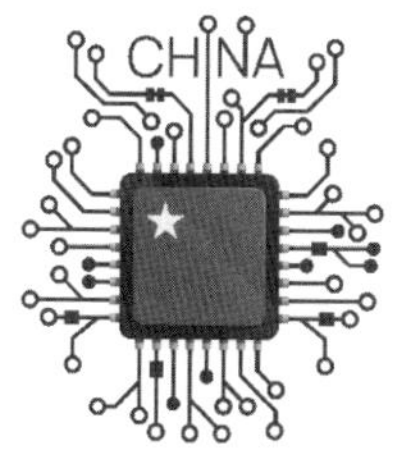

한때 중국의 고속 성장은 '속도'의 문제였다. 더 많이 생산하고 더 빨리 수출하고 더 크게 투자하는 방식이 통했다. 그러나 중국이 2020년대의 마주한 과제는 과거와는 비교할 수 없을 만큼 복합적이다. 오랫동안 누적된 지역 격차와 환경 부담에 미중 전략 경쟁까지 겹치면서 과거의 성장 모델은 한계에 다다랐다.

이제 중국이 넘어야 할 산은 속도가 아니라 구조였다. 중국은 문제 해결의 핵심을 '연결'에서 찾았다. 기술, 자본, 산업, 인재가 따로 움직이는 한 고품질 발전은 불가능하다는 판단이었다. 그래서 중국은 개별 정책을 보완하는 대신 연결 방식을 바꾸는 선택을 했다. 산업사슬, 혁신사슬, 자금사슬, 인재사슬을 각각의 축으로 세우되 이들을 하나의 흐름으로 엮는 국가 차원의 설계를 시작하는 정책사슬을 마련했다. 연구실의 발견이 공장으로, 공장의 생산이 시장으로, 시장의 성과가 다시 연구와 인재로 되돌아오는 순환구조를 만들겠다는 구상이다. 이 전환은 단순한 산업 정책의 강화가 아니다. 그것은 중국 혁신 시스템의 운영 방식을 '분산된 지원'에서 '연동된 체계'로 바꾸는 구조적 개편이다.

연동 구조로 거대한 혁신 시스템을 구축하다

중국은 고속 성장에서 고품질 발전단계로 전환하면서 지역 격차, 환경 부담, 산업 전환 지연이 구조적 한계로 부각됐다. 2024년 기준 베이징의 1인당 국내총생산GDP은 3만 2,000달러, 간쑤성은 7,500달러로 격차가 4배 이상이다. 디지털 인프라도 지역별 편차가 커 기존 방식의 투자나 산업 정책만으로는 대응이 어려운 상황이다. 여기에 녹색 전환 압력과 미중 경쟁 속 전략기술 의존도 축소 요구가 더해지며 효율성 향상과 핵심기술 확보는 중국의 국가적 과제가 됐다.

이런 배경 속에서 중국은 국가 혁신 시스템을 재편했다. 연구개발에서 상용화까지의 전 과정에서 정부의 역할 비중을 높이고 전략기술 분야에 집중적으로 투자하는 방식으로 체계를 바꾼 것이다. 연구개발 투자 규모는 지난 10여 년간 3배 가까이 늘었지만 기술개발과 산업화가 지역과 기관별로 분산되며 중복과 지연이 지속되자 정부가 개입한 결과라 할 수 있다.

특히 2025년 10월 발표된 「15차 5개년 규획 건의안」은 산업사슬Industrial Chain, 혁신사슬Innovation Chain, 자금사슬Capital Chain, 인재사슬Talent Chain의 유기적 결합을 국가적 과제로 제시하며 기업을

중국 혁신의 5개 체인

중국은 산업·혁신·자금·인재·정책 사슬을 유기적으로 연동해 연구개발에서 산업화까지 전 과정을 하나의 흐름으로 통합하는 혁신 체계를 구축했다.

혁신의 중심에 두겠다는 방향을 분명히 했다. 연구개발에서 산업화까지 이어지는 전 과정에 정책, 재정, 인재 지원을 집중해 하나의 흐름으로 묶겠다는 의미다. 이는 중국이 앞으로의 경제와 기술 전략을 개별 정책이 아니라 연동된 체계로 재편하겠다는 선언에 가깝다. 기술이 연구실을 넘어 산업과 시장까지 도달하는 과정에서 필요한 요소들을 단일 시스템으로 연결해야 한다는 인식이 국가전략으로 격상된 것이다. 혁신 생태계에서 산업사슬은 추상적인 기술이나 자본이 구체적인 제품과 비즈니스 모델로 변환되는 현장이라 할 수 있다. 이는 특정 지역이 육성할 전략 산업을 중심으로 기업 유치, 산업단지 조성, 공급망 구축을 아우르는 포괄적인 체계를 의미한다. 즉 산업사슬의 구축은 단순한 기업 유치를 넘어 지역의 성장동력을 구조적으로 설계하는 과정에 가깝다.

베이징 중관촌은 산업사슬이 실제로 어떻게 작동하는지를 보여준다. 국가급 첨단기술 산업 개발구로 지정된 이후 인터넷 기업 클러스터를 형성하며 2024년 총수입 10조 위안, 유효 발명특허 27만 건 등 산업과 기술, 수익이 함께 성장하는 생태계를 구축했다.

항저우는 알리바바를 중심으로 전자상거래를 핵심 산업으로 삼아 산업구조를 재편했다. 2017년 설립된 중국 최초의 인터넷 법원은 온라인 구매 계약 분쟁을 집중 심리하며 전자상거래 기업의 확장을 제도적으로 지원해 산업사슬의 완성도를 높였다. 선전은 광대역 인프라, 벤처캐피털, 가상대학 단지 등을 기반으로 스타트업이 빠르게 성장하는 산업 생태계를 조성해 정보기술 기업이 지역 산업사슬 안에서 자연스럽게 확장되도록 만들었다. 결국 산업사슬은 특정 기업을 유치하는 것을 넘어 지역 산업구조, 공급망, 그리고 제도적 기반을 통합적으로 설계하는 기능을 담당한다. 최근에는 청정생산과 재생에너지 등 녹색 전환 산업이 주요 중심축으로 부상하고 있다.

혁신사슬은 기술이 논문이나 연구 단계에서 멈추지 않고 실제 산업으로 넘어가도록 만드는 일종의 연결 메커니즘이다. 산업이 필요로 하는 기술을 파악하고 개발부터 실증과 적용까지 이어지게 만드는 이 거대한 파이프라인에는 명확한 역할 분담이 존재한다. 그 정점에는 국가실험실이 있다. 과거의 시범 운영 체제를 넘어 최근 중국 정부가 국가전략 과학기술 역량을 결집해 새롭게 출범시킨 이들 기관은 중국 국가혁신체계의 최상위 사령탑이다. 특정 대학이나 연구소에 종속되지 않고 중앙정부가 직접 관리하며 국가안보와 경제의 명운이 걸린 전략기술의 돌파구를 만들어내는 독립적인 전략 기구다. 이곳에는 국가 중대 과학 연구 인프라와 같은 거대 장비들이 집중적으로 배치돼 기초과학부터 공정 기술까지 전 분야를 아우르며 국가의 백년대계를 책임진다.

이 거대한 머리를 받치는 허리는 전국중점실험실이 담당한다.

2021년 「과학기술진보법科学技术进步法」 개정을 통해 국가실험실이 주도하고 전국중점실험실이 지원하는 체계가 확립됐다. 중국은 현재 기존 실험실 체계를 대대적으로 재편하여 약 500개 안팎의 전국중점실험실을 운영하고 있으며 대학, 연구소, 병원, 기업에 분산 배치해 분야별 전문 연구를 담당하도록 하고 있다. 특히 화웨이 등 선도 기업이 대학과 협력해 중점실험실을 구축하는 등 산학 협력의 거점으로 진화 중이다. 마지막 퍼즐은 국가공학연구센터National Engineering Research Center다. 실험실의 기술을 실제 공장에서 쓸 수 있게 만드는 곳이다. 2021년 관련 규정이 정비되면서 그 역할이 더욱 명확해졌다. 연구 성과를 공정화하고 장비, 부품, 소프트웨어를 산업현장에서 사용할 수 있는 형태로 다듬어 내보내는 실질적인 가교 구실을 한다.

이 모든 과정은 기업, 대학, 연구기관의 유기적인 협력, 그리고 국가의 연구기관 평가와 같은 엄격한 관리 제도를 통해 가속화된다. 기업은 현장의 수요, 대학과 연구소는 기술 기반, 센터는 검증과 시제품을 제공한다. 정부는 이들이 보유한 고가의 인프라가 멈추지 않고 공유되도록 평가하고 독려한다. 말하자면 국가공학연구센터와 공유 시스템은 연구실의 언어를 공장의 언어로 번역하는 실전 플랫폼인 셈이다. 이로써 중국의 혁신사슬은 비로소 완성된다. 국가실험실이 전략기술의 원천을 만들고 전국중점실험실이 이를 심화 발전시키면 국가공학연구센터가 최종적으로 산업에 이식하는 구조다.

혁신사슬이 아이디어 창출에서 연구개발, 실증, 상용화, 시장확산으로 이어지는 '기술의 흐름'이라면 자금사슬은 그 흐름이 실제

중국의 국가실험실·전국중점실험실·국가공학연구센터 비교

구분	국가실험실	전국중점실험실	국가공학연구센터
위상	국가 차원의 최상위 전략기술 연구 거점	국가실험실을 보완하는 중간 연구 거점	산업화 중심의 엔지니어링 핵심 거점
설립 목적	국가안보, 경제 발전에 직결되는 중대 과학기술 혁신 대응	특정 학문, 산업 분야의 중점 연구과제 수행	핵심기술의 공정화, 장비, 부품, 소프트웨어의 산업 적용 가속
지원 메커니즘	안정적이고 장기적인 국가 직접 지원	국가 지원은 있으나 분야와 과제별 배분 중심	국가발전개혁위원회 NDRC 주도하에 중앙-지방-기업이 공동지원
기능	공공 과학기술 공급, 전략기술 돌파, 국가전략 수요 대응	특정 분야의 원천기술 연구, 인재 양성, 학문 발전 지원	기술 산업화의 플랫폼 역할

국가실험실이 진략기술의 원천을 만들고, 전국중점실험실이 이를 심화 발전시키고, 국가공학연구센터가 산업에 이식한다.

로 움직이도록 만드는 '자본의 흐름'이다. 기술은 있어도 자금이 따라오지 않으면 산업으로 나갈 수 없다. 자금사슬은 혁신 과정의 초기 불확실성을 버티고 시장에서 가치를 실현하는 데 반드시 필요한 기반이 된다.

자금 공급은 크게 정부기금과 벤처 투자 두 축으로 구성된다. 정부기금은 시장만으로 해결하기 어려운 영역, 즉 민간이 감당하기 어려운 높은 위험과 불확실성을 가진 초기 단계를 주로 담당한다. 당장의 수익성이 보이지 않아 투자가 꺼려지는 영역에 보조금, 연구개발비, 정책 융자, 보증 같은 방식으로 자금이 투입된다. 국가가 필요로 하는 전략기술을 육성하고 시장 실패를 메우기 위한 목적이 크다.

반면 벤처 투자는 기술의 가능성이 어느 정도 검증된 이후부터 본격적으로 움직인다. 기업이 시장점유율을 빠르게 확보하고 제품이나 서비스가 대규모 확장을 준비하는 단계에서 자금이 집중적으로 투입돼 수익 창출과 기업가치 상승을 주요 목적으로 한다. 이렇게 정부기금이 혁신의 초반을 떠받치고 민간투자가 성장 단계에서 속도를 붙이는 구조가 자금사슬의 핵심이다.

이러한 자금의 투입에서 회수로 이어지는 순환 고리의 종착점은 다층적으로 구축된 자본시장이다. 중국은 기업의 성장 단계와 기술적 특성에 맞춰 상하이, 선전, 베이징, 홍콩 거래소의 역할을 명확히 분담하고 있다. 특히 2019년 상하이증권거래소에 개설된 커촹반STAR Market은 이 체계의 핵심이다. 커촹반은 반도체와 바이오 등 국가전략과 직결된 하드테크 기업을 위해 등록제를 도입해 당장의 수익이 없더라도 핵심기술력만 입증되면 상장할 수 있는 길을 열었다.

이와 함께 선전의 촹예반ChiNext은 혁신 벤처 기업과 신기술의 융합을 지원하고 베이징증권거래소는 혁신형 중소기업(전정특신)*의 자금 조달을 전담하며 홍콩증권거래소는 글로벌 자본과의 연결고리 역할을 한다. 결과적으로 이들 시장은 민간 투자자에게는 자금회수의 기회를 주고 혁신기업에는 글로벌 기업으로 도약할 대규모 자금을 제공함으로써 전체 혁신 생태계의 유동성을 완성한다.

한편 중국은 혁신 과정에서 가장 큰 병목으로 '기술은 나오지만

---

* 전정특신专精特新은 전문화, 정밀화, 특색화, 참신화의 약칭으로 중국 정부가 집중적으로 육성하는 기술주도형 강소기업을 의미한다. 주로 반도체, 첨단 제조 등 핵심 소·부·장 분야에서 틈새시장을 점유하고 독자적인 기술력을 갖춘 기업을 지칭하며 독일의 '히든 챔피언' 개념과 유사하다.

산업으로 넘어가지 않는 문제'가 반복적으로 지적됐다. 연구개발 단계에서는 성과가 나오지만 시제품 제작, 양산, 시장 확장 단계로 연결하는 과정에서 자금이 끊기거나 투자위험을 분산할 장치가 부족하다는 것이었다. 이러한 문제의식 속에서 중국은 정부기금, 정책금융, 지방정부의 산업 펀드, 사회자본을 하나의 흐름으로 연결하는 체계를 설계했다. 초기 고위험 기술 단계에는 국가와 지방정부가 실패 위험을 직접 감수하는 재정 및 출자 성격의 정부 자본을 먼저 투입한다. 기술 검증과 시제품 단계에서는 대출 혹은 보증을 지원하는 정책금융이 개입한다. 마지막으로 산업 확장 단계에서는 민간 자본이 자연스럽게 이어지도록 만든다.

이 시스템이 실제로 어떻게 작동하는지를 가장 잘 보여주는 사례가 바로 허페이 모델合肥模式이다. 허페이시는 정부 보조금 지원이라는 전통적 방식 대신 도시가 직접 초기 투자자가 되는 새로운 시도를 했다. 2010년대 초 징둥팡BOE이 경영난을 겪었을 때 허페이시는 재정 부담을 무릅쓰고 약 90억 위안 규모를 직접 투입해 전략적 지분을 확보했다. 징둥팡은 이후 세계 최대 디스플레이 기업으로 성장하면서 허페이시는 투자수익은 물론 막대한 산업 클러스터 효과와 세수를 확보했다. 2020년 전기자동차 스타트업인 웨이라이NIO가 파산 직전의 유동성 위기에 몰렸을 때도 허페이시는 70억 위안 투자와 본사 이전을 조건으로 내세우고 구원투수로 나섰다. 이 투자로 웨이라이는 경영 위기를 극복하고 기업가치가 상승했다. 허페이시는 단기간에 막대한 시세 차익을 거두며 성공적으로 투자금을 회수했다.

허페이시는 3대 국유 투자 플랫폼을 중심으로 누적 3,000억 위안 이상의 산업투자 펀드를 조성해 반도체, 전기차, 양자 정보 등 12개 전략 산업을 지역 경제의 핵심 축으로 육성했다. 민간이 기피하는 초기 고위험 구간을 정부가 먼저 감당하고 기술 검증 후 산업 자본이 연속적으로 유입되도록 설계된 이 구조는 중국식 자금사슬의 작동 원리를 가장 선명하게 보여주는 대표 사례다.

기술과 자본이 준비돼 있어도 설계하고 운영하며 확산시키는 사람을 확보하지 못하면 산업은 절대 움직이지 않는다. 중국이 인재사슬을 독립된 사슬로 설정한 이유도 여기에 있다. 인재는 산업사슬과 혁신사슬을 연결하는 가장 본질적인 요소이며 동시에 자금사슬을 끌어들이는 핵심 신뢰 기반이 되기 때문이다. 중국에서 인재전략은 '인류육용引留育用'으로 표현된다. 인재를 단순히 확보하는 단계를 넘어서 인재의 유치, 정착, 육성, 활용이라는 일련의 순환구조를 하나의 인재사슬로 설계하고 있다.

첫째, 유치引다. 중국은 전략기술 분야의 인재 확보를 국가적 과제로 다루고 있다. 단순한 스카우트가 아니라 주택 지원, 연구비 패키지, 프로젝트 참여권, 지방정부의 우대 정책 같은 다양한 조합을 활용한다. 실제로 해외 인재에게 최대 500만 위안(약 9억 원)의 정착금을 제시하기도 한다. 선전은 해외 고급 인재의 소득세율을 15%로 제한(기본 최고세율 45%)하는 파격적인 정책을 시행하고 있다.

둘째, 정착留이다. 중국은 주요 전략 분야 인재가 수도권이나 해외로 빠져나가는 것을 막기 위해 주거, 의료, 자녀 교육, 연구비 패키지 지원을 함께 제공한다. 선전, 항저우, 충칭 같은 도시들은 기술인재를 위해 맞춤형 거주 허가제, 세제 혜택, 장기 연구 지원을 결합한 인재 정책을 만들어 지역에 붙잡아 두는 데 집중해 왔다.

셋째, 육성育이다. 중국은 유입과 정착만으로는 산업을 지속적으로 굴러가게 만들 수 없어서 지역 산업 전략에 맞춘 장기적 인재육성체계를 구축해 왔다. 대학, 연구소, 기업이 함께 교육과정을 설계해 반도체, 전기차, 로봇, 바이오 등 전략 산업에 필요한 인력을 단계적으로 키운다. 중국은 매년 약 400만 명 이상의 이공계STEM 대학졸업생을 배출하며 지역 산업 전략에 맞춘 장기적 인재육성체계를 구축해 왔다. 최근에는 「탁월한 엔지니어 육성계획卓越工程師教育培养计划」 등을 통해 대학과 기업이 반도체와 전기차 등 전략 산업의 핵심 석박사 인력을 공동으로 육성하는 모델도 빠르게 정착시키고 있다.

넷째, 활용用이다. 인재사슬의 최종 목적은 인재를 확보하는 것이 아니라 제대로 쓰는 것이다. 중국은 전략 산업, 국가 프로젝트, 지역 주력산업 등에 인재를 직접 배치하면서 보상체계와 성과 인센티브를 정교하게 설계한다. 기술 상용화에 성공한 팀에게는 실질적 보상을 제공한다. 실제로 중국은 2015년 「과학기술성과전환촉진법促进科技成果转化法」을 개정해 기술 이전 수익의 최소 50% 이상을 연구자에게 지급하도록 의무화했다. 참고로 과거에는 20%가 기준이었다. 선전의 경우에는 이 비율을 최소 70% 이상으로 규정하며 인재가 연구실을 넘어 산업성과를 창출하도록 강력한 동기를 부여하고 있다.

이런 구조가 만들어지면 지역산업의 기술 난이도가 올라가더라도 지속적인 인재 공급이 가능해진다. 특히 2000년대 이후 중국 혁신의 기틀을 닦았던 중국과학원의 '백인계획百人计划'과 중앙정부의 '천인계획千人计划'은 이러한 선순환의 결정적 마중물이 됐다. 하지만 현재는 미국의 견제 등으로 인해 공식적인 언급은 자제하고 있으나 그 기능은 다양한 형태로 지속되고 있다. 대표적인 사례가 바로 스이공施—公 서호대학교 총장이다. 프린스턴대학교 종신 교수직을 던지고 귀국해 칭화대학교를 거쳐 항저우에 연구 중심 대학인 서호대학교를 직접 설립했다. 그는 해귀(海)ㅋ, 해외파 복귀 인재) 과학자가 단순한 기술 이전을 넘어 현지 혁신 생태계의 판을 새로 짜는 주역이 됐음을 보여준다.

이처럼 허페이(전기차, 반도체), 선전(로봇), 항저우(데이터 플랫폼)의 사례는 모두 산업이 인재를 유인하고 인재가 다시 산업을 고도화하는 선순환이 정착됐기에 가능했다. 결론적으로 인재사슬은 중국의 5개 사슬 구조에서 기술 수준과 혁신 속도를 결정짓는 핵심 동력이다. 산업 수요에 맞는 인재를 적시에 확보하고 지역에 안착시켜 동반 성장을 끌어낼 때 비로소 나머지 사슬도 유기적으로 작동할 수 있기 때문이다.

촘촘한 정책사슬로 통합 메커니즘을 완성하다

정책사슬Policy Chain은 산업, 혁신, 자금, 인재라는 네 가지 톱니바퀴가 겉돌지 않고 맞물려 돌아가도록 설계된 거대한 운영체제다. 중국은 1980년대 후반부터 중앙정부가 직접 정책 실험실을 자처하며 기술이 돈으로 연결되지 못하는 병목 구간을 뚫는 데 활용해왔다.

이 정책사슬의 중심 기관이 바로 횃불 센터Torch Center다. 횃불 센터는 단순한 행정조직이 아니라 중국 혁신 정책의 컨트롤타워다. 인큐베이터에서 산업단지로 이어지는 기업 육성 공식을 표준화하고 기술형 중소기업 인증을 통해 세제, 금융, 인재 혜택이 자동문처럼 열리게 만든 주체다. 특히 2023년 횃불 센터의 소속이 과학기술부에서 공업정보화부로 변경된 것은 의미심장하다. 연구실의 성과를 이제는 적극적으로 실물 산업의 경쟁력으로 전환하겠다는 중국 정부의 의지가 읽히는 대목이다.

이러한 정책사슬이 구현되는 물리적 거점 중 가장 대표적인 곳이 국가급 고신구高新区다. 2023년 기준 178개에 달하는 고신구는 국토 면적의 0.1% 남짓한 공간에서 중국 국내총생산의 13% 이상을 창출하는 고밀도 혁신 단지다. 세제 감면, 토지 공급, 인재 유치까지 모든 지원이 패키지로 제공되는 이곳은 지역이 기술과 자본을 동시에 흡수하는 플랫폼 역할을 한다. 중국의 정책사슬은 개별적인 지원책의 나열이 아니다. 정책 자체가 아니라 정책이 작동하는 방식을 시스템화하여 산업, 혁신, 자금, 인재 등 4대 사슬이 유기적으로 연결되도록 하는 핵심 기능을 담당한다.

3

특구, 중국 혁신의 엔진

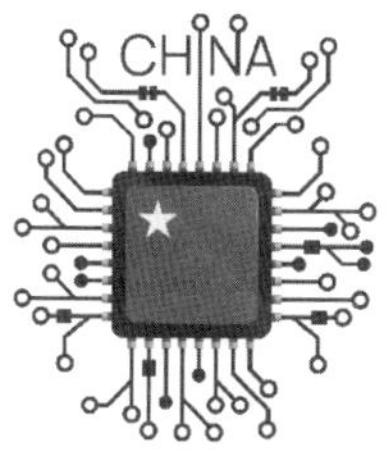

중국의 혁신은 문서 속 전략에 머물지 않고 국토 위에 실체적으로 그려낸 거대한 지형도에 가깝다. 대륙 지도를 펼쳐보면 다양한 명칭의 '특구'라는 이름이 붙은 구역들이 빼곡하게 들어서 있다. 겉으로 보면 유사한 간판이 반복되는 듯하다. 하지만 실제로는 중앙 부처가 각기 다른 목적으로 설계한 기능적 공간들이다. 중국은 혁신을 추상적 정책으로만 다루지 않고 권한과 자원을 집중한 물리적 구역으로 구현해 왔다.

이 방식의 핵심은 '구역화된 실험'이다. 중앙이 전략 방향을 제시하면 특정 지역을 실험장으로 지정해 규제 완화, 재정 지원, 인재 정책, 금융 제도를 한꺼번에 묶어 적용한다. 연구 성과가 산업으로 넘어가지 못하는 병목을 해소하고 제도적 위험을 통제된 공간 안에서 시험한다. 성공한 모델은 전국으로 확산되고 실패의 비용은 해당 구역의 시행착오로 갈무리된다. 혁신의 리스크를 분산하면서도 속도를 끌어올리는 구조다.

특구는 단순한 산업단지나 공단이 아니다. 이곳에서는 산업사슬, 혁신사슬, 자금사슬, 인재사슬, 정책사슬이 하나의 공간 안에서 동시에 작동한다. 기업은 기술을 시험하고, 대학과 연구소는 인력을 공급하고, 지방정부는 세제와 토지와 행정 권한을 결합해 실행력을 높인다. 자본시장은 자금 회수 경로를 제공하고 중앙 부처는 성과를 평가해 다음 단계의 자원을 배분한다. 혁신의 전 주기가 공간 단위로 압축되는 셈이다. 이러한 공간 전략은 중국식 혁신의 속도와 규모를 설명하는 열쇠다. 정책은 문서로만 존재하지 않고 특정 구역에서 실행력을 가진 제도로 작동한다. 중앙의 설계도와 지방의 경쟁이 특구라는 무대 위에서 결합될 때 중국의 지역 혁신 지도는 거대한 조립식 시스템처럼 움직인다.

결국 특구는 중국 국가 혁신 시스템의 현장 버전이다. 전략은 중앙에서 수립되지만 그 전략의 실험과 검증은 특구에서 이루어진다. 중국은 이 공간적 장치를 통해 혁신을 '관리 가능한 실험'으로 전환했고 그 결과 압도적인 속도와 집적 효과를 동시에 확보하고 있다.

거점 도시 중심으로 산업 지도를 다시 그리다

중국에는 국가급 고신구国家高新技术产业开发区, 경제기술개발구, 자유무역시험구, 국가자주혁신시범구国家自主创新示范区, 종합국가과학센터综合性国家科学中心 등 이름만 들어도 헷갈리는 수많은 특구가 대류 곳곳에 포진해 있다. 얼핏 보면 무질서하게 난립한 것 같지만 여기에는 '누가 관리하는가?'에 따라 역할이 명확히 갈리는 숨겨진 질서가 존재한다. 이 복잡한 지도를 읽는 해독법은 간단하다. 주관 부처를 보면 된다. 과학기술부가 설계한 특구는 순수 혁신, 상무부 주도 특구는 시장 개방, 국가발전개혁위원회 소관은 국가 거시 전략, 공업정보화부 관할은 기술 상용화를 각각 담당한다.

결국 중국의 지역 혁신 시스템은 개별 도시의 노력만으로 이루어진 것이 아니다. 중앙 부처가 설계한 이 다양한 특구들이 지역별로 결합해 작동하는 거대한 조립식 구조에 가깝다. 국가 혁신 시스템이 중앙정부가 그린 설계도라면 특구는 기술이 시험되고 산업이 재편되는 실제 건설 현장인 셈이다. 이 현장은 중요도에 따라 크게 세 가지 레벨로 나뉜다.

혁신의 베이스캠프는 국가급 고신구다. 중국 지역 혁신 시스템의 가장 기본이 되는 모델이다. 공업정보화부 산하 횃불 센터가 총괄하며 단순한 공단이 아니라 기술 기반의 산업 생태계를 조성하는 핵심 플랫폼이다. 이곳에서는 기업 성장에 필요한 자금, 기술, 인재, 정책 등 5가지 사슬이 원스톱으로 융합된다. 베이징 중관촌이나 선전의 하드웨어 단지 등 우리가 아는 대부분의 혁신 거점이 바로 이곳에서 시작됐다.

혁신의 메이저리그는 국가자주혁신시범구다. 수많은 고신구 중에서도 탁월한 성과가 입증된 곳을 선별해 한 단계 승격시킨 최상위 모델이다. 2023년 기준 베이징 중관촌, 상하이 장장张江, 선전 등 23곳만이 지정돼 있다. 이 또한 공업정보화부가 관리한다. 이곳의 핵심 임무는 제도 실험이다. 금융 규제 완화, 지식재산권 보호

강화, 데이터 거래 허용 등 민감한 제도들을 가장 먼저 도입해 테스트하고 신기술이 사회에 안착하는 데 필요한 법과 제도를 선제적으로 정비한다.

기초과학의 심장은 종합국가과학센터다. 상용화를 넘어 국가전략기술의 원천을 연구하는 최상위 거점이다. 거시 경제를 총괄하는 국가발전개혁위원회와 과학기술부가 공동으로 지정하고 관리한다는 점에서 그 무게감이 다르다. 베이징(화이러우), 상하이(장장), 허페이, 웨강아오 대만구(선전·광저우), 시안(산시) 등 5곳에 가속기나 중성자원 같은 거대 과학 장비가 구축되며 당장에 돈벌이보다는 물리, 재료, 생명과학 등 기초 분야에서 세계적 수준의 원천 지식을 확보하는 것을 목표로 한다.

상상을 뛰어넘는 속도와 규모로 실험을 확장하다

또 하나의 축으로 혁신이 아닌 개방을 위한 특구들이 있다. 중국의 모든 특구가 기술혁신만을 위해 존재하는 것은 아니다. 상당수는 본질적으로 대외 개방과 무역을 위한 거점이다. 이들의 주관 부처는 상무부MOFCOM다. 대표적인 것이 전국에 230여 개나 퍼져 있는 국가급 경제기술개발구다. 이곳의 주된 임무는 수출 가공과 외자 유치, 즉 글로벌 제조 기지 역할이다. 또한 상하이 등 22곳에 지정된 자유무역시험구는 통관, 투자, 금융 서비스의 빗장을 푸는 제도 실험장이다.

이들의 차이는 출발점부터 다르다. 앞서 본 고신구나 종합국가과학센터가 기술을 만들고 키우는 것, 즉 혁신에 방점을 둔다면 상무부 관할 특구들은 문을 열고 글로벌 공급망을 연결하는 것인 개

방에 사활을 건다. 이 두 축이 맞물려야 비로소 중국 경제가 돌아
간다.

복잡한 특구의 미로에서 길을 잃지 않으려면 다음 세 가지 원칙
만 기억하면 된다. 첫째, 간판보다 설계자를 먼저 봐야 한다. 특구
의 이름이 무엇인지보다 '어떤 부처'가 관할하고 '무엇을 목표'로
하는가를 파악해야 한다. 설계자를 알면 그 특구의 진짜 기능이 보
인다. 이것이 시스템의 구조를 이해하는 지름길이다.

둘째, 같은 이름이라도 전략은 다르다. 동일한 '국가급 고신구'
간판을 달고 있어도 내용은 천차만별이다. 베이징은 기초과학과
소프트웨어, 선전은 하드웨어 제조, 허페이는 국가전략 산업 등 도
시가 처한 환경에 따라 운영 방식과 생존 전략이 완전히 다르다는
점을 염두에 두어야 한다.

셋째, 부동산이 아니라 통합 플랫폼이다. 지역 혁신 시스템을 단
순히 공장이나 연구소를 짓는 부동산 개발 관점으로 봐서는 안 된
다. 이곳은 산업, 혁신, 자금, 인재, 정책이라는 '5가지 사슬'이 하나
의 물리적 공간 안에서 톱니바퀴처럼 맞물려 돌아가도록 설계된
거대한 통합 플랫폼이다. 이 요소들이 따로 놀지 않고 한곳에서 화
학적 결합을 일으킬 때 비로소 중국식 혁신의 본질인 압도적인 속
도와 규모가 만들어진다.

4

광역 혁신 클러스터의 구축

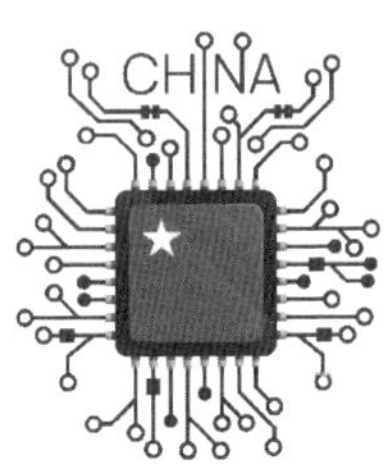

중국의 혁신 전략은 더 이상 도시 하나의 성공에 만족하지 않는다. 중국의 목표는 '권역'이다. 베이징, 상하이, 선전 같은 개별 도시가 기술과 자본을 끌어모으는 중심지로 기능하던 점 단위의 시기를 지나 서로 연결해 거대한 광역 혁신 지대를 구축하는 단계로 넘어갔다. 혁신의 단위가 도시에서 권역으로 확장되면서 정책의 설계 방식도 달라졌다. 연구, 제조, 금융, 인재가 도시 경계를 넘어 통합적으로 배치된다. 그리고 기술개발에서 양산까지 이어지는 전 과정이 하나의 거대 클러스터Cluster 내에서 완결되도록 구조를 재편하고 있다.

이 전환의 배경에는 두 가지 압력이 동시에 작용하고 있다. 하나는 외부의 압박이다. 미중 기술 경쟁이 장기전으로 고착되면서 공급망의 자립성과 완결성이 생존의 조건이 됐다. 다른 하나는 내부의 구조적 과제다. 고속 성장의 시대를 지나 고품질 발전 단계로 접어들면서 지역 간 격차, 산업 전환의 지연, 혁신성과의 공간적 불균형이 뚜렷해졌다. 점 단위의 혁신으로는 복합적인 충격을 흡수하기 어렵다는 판단이 내려진 것이다.

광역화 전략은 단순한 행정 구획 확대가 아니다. 이는 연구 역량이 집중된 핵심 도시와 제조 기반이 강한 주변 지역을 하나의 '완결형 생태계'로 묶는 작업이다. 베이징은 기초과학과 원천기술의 발원지, 상하이는 금융과 제조가 결합된 산업 허브, 선전은 아이디어를 가장 빠르게 제품으로 전환하는 속도전의 전초기지로 기능한다. 이 각각의 점들이 광역권 안에서 역할을 분담하며 연결될 때 기술은 연구실에 머물지 않고 생산 라인으로 이어진다.

이 과정에서 정부와 시장의 역할 배분 역시 재정의된다. 중앙은 전략적 방향과 장기 목표를 설정한다. 지방정부는 산업 유치와 제도 실험을 통해 실행력을 확보한다. 국유기업은 상류 인프라와 전략 자산을 관리하고 민간기업은 하류 산업에서 치열한 경쟁을 통해 효율성을 증명한다. 국가가 혁신의 인프라를 설계하고 시장이 승자를 선별하는 이원적 구조다.

결국 점에서 면으로의 확장은 단순한 공간 전략이 아니라 체제 전략이다. 이는 기술 경쟁의 장기화 속에서 공급망을 내재화하고, 국가전략과 시장경쟁을 동시에 작동시키고, 외부 충격에도 흔들리지 않는 광역 혁신 체계를 구축하려는 시도다. 중국의 혁신 지형은 이제 도시의 성공 사례를 넘어 권역 단위의 구조적 역량으로 재편되고 있다.

광역권 단위의 유기적 거대 혁신 클러스터를 세우다

2025년 12월 중앙경제공작회의에서 확인된 혁신 공간의 전략적 대전환은 주목해야 할 변화다. 중국은 2014년 시진핑 주석의 베이징 시찰을 기점으로 도시의 기능을 재정의하기 시작했다. 그리고 14차 5개년 규획을 거쳐 2025년 기준 베이징, 상하이, 웨강아오 대만구 등 3대 국제과학기술혁신센터를 국제 경쟁력을 갖춘 국가 혁신 엔진으로 육성하고 있다. 핵심은 명확하다. 혁신의 단위가 도시에서 광역권으로 확장됐다는 점이다.

기존 전략이 베이징과 상하이 등 핵심 도시들(점)의 역량 강화에 집중했다면 새로운 전략은 이 점들을 연결해 거대한 광역 경제권(면) 전체를 하나의 혁신 요새로 만드는 것이다. 베이징 센터는 징진지(베이징·톈진·허베이)로, 상하이 센터는 장강 삼각주(상하이·장쑤·저장·안후이) 전역으로 그 외연을 넓혔다.

점에서 면으로 확장한 이유는 하나다. 미중 기술 패권 경쟁 속에서 공급망의 완결성을 확보하기 위해서다. 연구 역량이 뛰어난 핵심 도시와 제조 기반이 탄탄한 주변 지역을 하나의 공급망으로 묶어 기술개발부터 양산까지 지역 내에서 완결하는 내재화된 혁신 생태계를 구축하려는 의도다. 예를 들어 베이징(징진지)은 원천 혁신의 발원지로서 0에서 1을 만드는 기초연구를 주도한다. 상하이(장강 삼각주)는 금융과 제조가 결합한 중국 최강의 산업 생태계로 글로벌 자원을 흡수한다. 웨강아오(선전, 홍콩, 광저우)는 홍콩의 연구력과 선전의 제조력이 결합해 아이디어를 가장 빠르게 제품으로 만드는 속도전의 최전선이다. 결국 3대 센터의 광역화는 외부 충격에 흔들리지 않는 독자적인 붉은 공급망의 완성을 의미한다. 미국의 봉쇄가 아무리 거세도 이 거대한 광역권 안에서 자급자족이 가능한 혁신 요새를 굳건히 세우겠다는 장기적인 생존 전략인 것이다.

중국의 국가 혁신 시스템을 이해하는 마지막 퍼즐은 개입의 범위다. 중국의 경제 발전에서 정부의 역할에 대한 오해가 많다. 이 오해와 관련한 핵심적인 질문은 "중국은 사회주의 체제임에도 불구하고 어떻게 지속적인 경제성장과 국제 경쟁력을 유지하는가?"이다. 중국은 과거의 구소련과 근본적으로 다르다. 우리는 그 원동력을 두 가지 핵심 요인에서 찾는다. 첫째, 중국공산당이 기본적으로 능력주의에 기반해 작동한다는 점이다. 둘째, 중국 경제 내에서 시장의 역할이 외부의 생각보다 훨씬 강력하다는 점이다. 특히 기술 산업 정책에서 중국 정부가 특정 기업을 승자로 미리 낙점한다고 생각하기 쉽다. 하지만 실상은 다르다. 승자를 선택하는 것은 정부가 아니라 시장이다. 시장에서의 치열한 경쟁 끝에 승자가 가려지면 정부의 간섭과 전폭적인 지원은 그 이후에 이루어진다.

그렇지만 "중국에서는 누가 승자를 선택하는가?"라는 질문에 답하기 위해서는 조금 더 복잡한 층위를 들여다봐야 한다. 이는 국유기업과 민간기업의 구분 그리고 중앙정부와 지방정부의 역할 분담이라는 두 가지 축으로 나뉜다. 먼저 국유기업의 영역은 비교적 명확하다. 중국의 국유기업은 중앙정부의 국유자산관리위원회(국자위)가 관리하는 중앙기업과 지방정부 산하 국자위가 관리하는 지방(국유)기업으로 나뉜다. 2025년 7월 기준으로 금융권을 제외하고 총 100개의 중앙기업이 있다. 10년 전인 2015년에 비해 12개 기업이 줄어든 것이다.

중앙 국유기업은 대부분 산업 생태계의 상류 부문을 장악하고 있다. 에너지, 철강, 알루미늄 같은 소재, 석유화학 등이 여기에 해당한다. 통신, 철도, 항공 같은 인프라 산업과 방송 등 공익 서비스도 포함된다. 대표적인 중앙기업으로는 세계 최대 전력망 기업인 국가전망State Grid, 에너지 패권을 쥐고 있는 중국석유CNPC와 중국석유화학Sinopec, 그리고 통신 굴기를 이끄는 차이나모바일China Mobile 등이 있다.

반면에 지방기업의 스펙트럼은 이보다 훨씬 넓고 방대하며 그 수는 자회사를 포함해 약 10만 개에 달한다. 지방 국유기업은 에너지, 교통, 통신과 같은 기반 시설은 물론이고 제조업과 서비스업 등 지역 경제의 실물 영역 전반에 깊숙이 포진해 있다. 즉 중앙기업이 국가 차원의 거시적 인프라와 전략 자원을 관리한다면 지방 국유기업은 지역 내 고용 창출과 경제 활동의 실질적인 주체로서 모세혈관처럼 기능하는 것이다. 가장 대표적인 사례가 상하이시 산하의 상하이자동차SAIC다. 이들은 폭스바겐, GM 등과의 합자사업을 통해 중국 자동차 산업의 기틀을 닦았으며 현재는 자체 브랜드와 전기차로 글로벌 시장을 공략하고 있다. 또한 전 세계 시가총액 1위 주류 기업인 귀주모태(마오타이) 역시 귀주성 산하의 지방국유기업이다. 이들은 단순한 술 회사를 넘어 지역 세수의 압도적인 비중을 차지하며 지역경제를 견인한다.

결국 국유기업은 경쟁이 없는 곳에 머무는 것이 아니라 국가와 지방정부의 산업 전략을 실체화하는 최전선에 서 있다. 이들은 국가의 전략 자산을 관리하는 동시에 중앙정부의 대형 국책 과제와 기술 자립 전략을 현장에서 실행하는 산업 정책의 핵심 거점이다.

다만 이들은 정부의 직접적인 통제와 전략 아래 움직이기에 '시장이 선택하는 승자'의 논리보다는 '국가가 설계한 승자'의 성격이 강하다.

중앙정부와 지방정부의 역할 분담은 조금 더 입체적이다. 중앙정부는 거시적인 방향과 전략적 로드맵을 설계한다. 국가적 어젠다가 중앙정부의 몫이라면 구체적인 산업 정책의 실행과 기업 지원은 성省이나 시市의 역할이 크다. 특히 중국 혁신의 최전선에는 도시가 있다. 실리콘밸리에 버금가는 혁신 허브인 선전이나 항저우의 부상은 시정부市政府의 주도적인 역할 없이는 설명할 수 없다. 예를 들면 광동성 선전에 본사를 둔 비야디BYD가 자율주행 시스템을 상용화하려면 도로 인프라와 규제를 관장하는 선전시 정부와의 긴밀한 협력이 필수적이다.

이러한 맥락에서 런던정경대학교의 케이유 진Keyu Jin 교수는 저서 『뉴 차이나 플레이북The New China Playbook』에서 중국 경제를 시장경제Mayor Economy라고 정의했다. 중국은 단순한 사회주의나 자본주의의 이분법으로 설명되지 않는다. 중앙의 전략적 설계 아래 지방정부의 장Mayor들이 기업 유치와 성장을 위해 서로 경쟁하고 협력한다. 이 독특한 메커니즘이야말로 중국 성장의 숨은 엔진이다.

판은 정부가 깔고 진정한 승부는 시장이 결정하다

가장 중요한 질문인 "기술혁신 분야에서 최종적인 승자는 누가 선택하는가?"로 돌아가 보자. 결론적으로 말하면 승자는 정부가 아닌 시장市場이 선택한다. 정부는 전략 산업을 지정하고 자본을 투하하지만 특정 기업을 미리 낙점하여 승자로 만들지는 못한다. 대신 수많은 기업이 시장 진입 초기 단계에서 난립하게 둔다.

중국의 시장경쟁은 매우 치열하여 흔히 올림픽 경주에 비유된다. 올림픽에서 전 세계의 가장 뛰어난 선수들이 모여서 기량을 겨루듯 중국 내부의 경쟁은 처절하다. 아무리 정부가 육성하려는 산업이라 해도 효율성을 스스로 증명하지 못한 기업은 경쟁에서 탈락한다. 정부의 본격적인 지원은 이 치열한 적자생존의 경쟁을 뚫고 살아남은 승자에게 사후적으로 집중된다. 이것이 바로 민간기업이 국유기업보다 압도적인 효율성을 갖게 되는 이유이다. 또한 중국의 기술혁신을 민간이 주도하는 배경이다.

현재 중국에서 세계적인 경쟁력이 있는 산업은 거의 모두 하류산업, 즉 소비재와 첨단 산업이다. 전자, 특히 가전, 전기차, 배터리, 태양광, 인터넷, 디지털, 전자상거래, 의류 및 패션, 식품까지 이 모든 산업을 주도하는 것은 국유기업이 아닌 민간기업이다. 국유기업이 상류를 지탱하고 민간이 하류에서 뛴다. 이 구조는 수십 년의 시행착오 끝에 자생적으로 안착한 중국식 분업 모델이다. 의도된 기획은 아니었지만 결과적으로 민간기업들이 치열한 경쟁 속에서 혁신을 거듭하며 세계 시장의 주역으로 성장하게 한 결정적 토대가 되었다.

5

국가 설계와 기업 실행의 결합

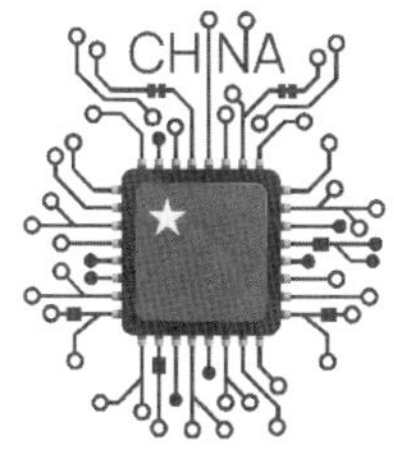

산업 패권은 우연히 탄생하지 않는다. 설계와 통합과 진행이라는 일련의 과정을 거치면서 탄생한다. 중국 철강 산업의 재편 과정은 이 점을 극적으로 보여준다. 과거 수백 개 기업이 난립하며 출혈 경쟁을 벌이던 구조는 단기간에 정리됐고 그 중심에 바오스틸이라는 거대한 구심점이 형성됐다. 2위와 6위 기업의 합병으로 출발한 이 조직은 이후 주요 철강 기업과 광산 기업을 연쇄적으로 흡수하며 단숨에 세계 최대 철강 기업으로 올라섰다. 단순한 기업 확장이 아니라 국가 차원의 산업 구조 재설계에 가까운 변화였다.

이 모델의 핵심은 역할 분담이다. 국가는 방향과 판을 설계한다. 과잉 생산을 줄이고 상위 기업의 점유율을 끌어올리며 공급망을 통합하는 전략적 목표를 제시한다. 기업은 그 설계도 위에서 인수

합병을 하고 가격 결정력을 확보하며 고부가가치 시장을 선점한다. 시장 논리와 국가전략이 분리되지 않고 한 구조 안에서 동시에 작동하는 방식이다.

바오스틸은 이 구조의 전형이다. 압도적인 생산 규모를 바탕으로 범용 철강 시장을 장악하는 동시에 전기차용 전기강판과 초고강도 자동차 강판 같은 첨단 소재 분야에서 기술적 해자를 구축했다. 여기에 철강 유통 플랫폼과 공급망 금융까지 결합하며 제조, 거래, 금융을 하나의 생태계로 묶어냈다. 철강을 만드는 기업을 넘어 산업 플랫폼으로 진화한 셈이다. 더 나아가 이 기업은 인공지능, 스마트팩토리, 수소환원제철 기술까지 전면에 배치하며 전통 제조업을 '신질생산력'의 실험장으로 바꾸고 있다. 탄소 중립과 자원 안보라는 국가 과제를 기업 전략에 내재화한 결과다. 해외 광산 개발부터 원료 확보, 운송, 생산까지 이어지는 수직계열화는 단순한 비용 절감 전략이 아니라 지정학적 리스크를 흡수하는 방어선이기도 하다. 이처럼 바오스틸은 국가가 설계하고 기업이 실행하는 구조, 규모의 경제, 플랫폼 장악이 결합된 모델로 글로벌 제조업 경쟁의 새로운 문법을 제시하고 있다.

규모의 경제로 압도하고 플랫폼으로 영역을 장악하다

바오스틸은 중국의 붉은 공급망 중심에 있다. 중국 상하이에 본사를 둔 바오강철그룹China Baowu, 즉 바오스틸은 단순한 기업을 넘어 중국 근대화의 상징이자 글로벌 철강 산업의 지형도를 바꾼 거대한 항공모함이다. 2016년 당시 중국 2위였던 보산강철과 6위 무한강철의 세기적 합병으로 탄생한 이 거대 기업은 멈추지 않고 마안산강철, 태원강철, 중경강철, 그리고 국유 광산기업인 시노스틸까지 차례로 흡수하며 덩치를 키웠다. 그 결과 2020년 아르셀로미탈ArcelorMit-tal을 제치고 부동의 세계 1위 철강사로 등극했으며 2024년 기준 연간 조강 생산량은 1억 3,000만 톤을 넘어서며 2위와의 격차를 압도적으로 벌렸다. 이는 한국 포스코 생산량의 3배가 넘는 수치로 바오스틸이 명실상부한 슈퍼 을의 지위에 올랐음을 의미한다.

바오스틸의 성장은 중국 정부가 주도하는 공급측 구조개혁의 결정체다. 과거 난립했던 중국의 중소 철강사들을 바오스틸이라는 하나의 구심점으로 통합함으로써 과잉생산 문제를 해결하고 시장 지배력을 극대화하려는 국가적 의지가 투영된 결과물이다. 이제 바오스틸은 20만 명이 넘는 임직원과 약 9,000억 위안(한화 약 170조 원)에 달하는 매출을 창출하며 중국 제조업의 척추 역할을 하고 있다.

바오스틸의 시장전략은 압도적인 규모의 경제를 기반으로 고부가가치 시장을 선점하는 전술로 요약된다. 중국 정부가 목표로 하는 CR10(상위 10대 기업의 시장점유율 60% 달성) 정책의 선봉장으로서 공격적인 인수합병M&A을 통해 시장의 가격 결정권을 행사한다. 이는 공급과잉으로 인한 출혈경쟁을 막고 국유기업 특유의 안정적인 수익 구조를 창출하려는 계산된 행보다.

그러나 바오스틸의 진짜 무기는 범용 철강재가 아닌 첨단 산업을 겨냥한 특수강에 있다. 전기차 모터의 심장인 무방향성 전기강판과 자동차용 초고강도 패널 시장에서 바오스틸은 각각 50%와 70%에 달하는 점유율을 기록하며 기술적 해자를 구축했다. 이는 바오스틸이 단순한 원자재 공급자를 넘어 전기차와 친환경 에너지

순위	1995 업체	1995 생산	2005 업체	2005 생산	2015 업체	2015 생산	2024 업체	2024 생산
1	일본제철	27.8	미탈	63.0	아르셀로미탈	97.1	바오우	130.0
2	포스코	23.4	아르셀로미탈	46.7	허베이 강철그룹	47.7	아르셀로미탈	65.0
3	브리티시 스틸	15.7	일본제철	32.0	신닛테츠 스미킨	46.4	안스틸	59.6
4	유지노르	15.5	포스코	30.5	포스코	42.0	일본제철	43.6
5	리바	14.4	JFE	29.9	바오스틸	34.9	허베이 강철그룹	42.3
6	유에스엑스	12.1	바오스틸	22.7	샤강	34.2	샤강	40.2
7	NKK	12.0	유에스 스틸	19.3	안스틸	32.5	젠룽	39.4
8	아르베드	11.5	뉴코어	18.4	JFE	29.8	포스코	37.8
9	가와사키	11.1	코러스	18.2	서우강	28.6	서우강	31.6
10	스미토모	10.7	리바	17.5	타타	26.3	타타	31.0

1995년 세계 10대 철강사에 이름을 올리지 못했던 중국 기업들은 2024년 바오우, 안스틸, 사강, 젠룽, 서우강 등 5개사가 10위권에 진입했다. 바오우는 2024년 기준 연간 조강 생산량 1억 3,000만 톤으로 2위와의 격차를 압도적으로 벌렸다.
(자료: 월드스틸)

라는 미래 산업의 핵심 파트너로 진화했음을 보여준다.

더불어 바오스틸은 자회사 오우예欧治云商를 통해 유통혁명의 판을 짜고 있다. 그룹 체제하에서 오우예의 지분 약 35%를 보유한 주요 주주로서 이 거대한 제삼자 철강 거래 플랫폼을 실질적으로 지배하고 있다. '철강업계의 알리바바'를 표방하는 오우예는 폐쇄적이었던 철강 거래를 온라인으로 끌어내 투명성을 높일 뿐만 아니라 산하의 오우예 금융欧治金融 등을 통해 공급망 금융 서비스까지 제공한다. 즉 철강을 파는 것에서 그치지 않고 자금의 흐름까지 장악해 제조, 유통, 금융, 물류가 톱니바퀴처럼 맞물리는 생태계를 구축한 것이다.

바오스틸은 더 이상 매연을 뿜어내는 구시대의 제철소가 아니다. 최근 바오스틸이 추진 중인 2526 프로젝트2526工程는 시진핑 정부가 강조하는 신질생산력의 대표적 사례다. 이는 중국의 자체 거대언어모델인 딥시크 등을 제철소의 심장에 이식하는 야심 찬 실험을 포함한다. 마케팅, 생산공정, 공급망 관리에 이르기까지 인공지능 에이전트를 전면적으로 도입하여 인간의 경험에 의존하던 조업 방식을 데이터 기반의 지능형 제조로 탈바꿈시키고 있다. 담강Zhanjiang 제철소와 같은 스마트 팩토리에서는 디지털 트윈과 5G 무인 로봇이 쇳물을 관리한다. 이는 노동 효율을 10% 이상 끌어올리는 성과로 이어졌다.

동시에 바오스틸은 탄소 중립이라는 시대적 파고를 넘기 위해 수소환원제철HyCROF 기술개발에 사활을 걸고 있다. 2050년 완전한 탄소 중립을 목표로 탄소 포집 및 저장 기술을 상용화하며 글로벌 환경 규제에 선제적으로 대응하는 모습은 '그린 스틸' 시대를 주도하겠다는 강력한 의지의 표명이다.

바오스틸의 공급망 전략에서는 수직계열화를 통한 안보 확보가 돋보인다. 자회사 시노스틸을 통해 아프리카 기니의 시만두Simandou 철광석 광산 개발에 참여하는 등 원료 확보, 운송, 제조에 이르는 전 과정을 내재화했다. 이는 미중 갈등과 호주와의 무역 마찰 속에서도 국가전략 자원을 안정적으로 조달할 수 있는 안보 공급망을 구축한 것으로 바오스틸의 생존 본능이 안보와 직결돼 있음을 방증한다.

현장에서 구현된 중국식 시장경제의 실체를 드러내다

바오스틸의 리더십 구조는 서구 기업과는 다르다. 중국 국유기업 특유의 당-정-경 일체 구조를 띤다. 이사회, 경영진, 그리고 공산당 위원회가 한몸처럼 움직인다. 주요 의사결정 과정에서 국가의 전략적 목표가 최우선으로 반영된다. 경영진은 당의 지침인 고품질 발전과 스마트화를 기업경영의 핵심 어젠다로 강력하게 추진한다.

바오스틸은 최근 서안교통리버풀대학교 국제경영대학원과 손잡고 바오우 전략 성장반을 출범시키며 차세대 리더 양성에 집중하고 있다. 그룹의 미래를 짊어질 중청년 간부들을 선발해 진행한 이 프로그램은 철저히 국제화와 기술 융합에 초점을 맞췄다. 참가자들은 글로벌 경제 분석뿐만 아니라 아이플라이텍iFlytek이나 에코백스 같은 첨단 테크 기업을 탐방하며 전통 제조업의 한계를 넘는 시야를 확보한다. 이는 바오스틸이 추진 중인 '3신(새로운 단계, 전략, 모델)과 4화(고급화, 녹색화, 지능화, 효율화)' 전략을 수행할 실질적인 글로벌 두뇌를 키우겠다는 의지의 표현이다. ESG 경영 성과를 임직원의 보상과 연동시키는 등 선진적인 시스템을 도입해 거대 국유기업이 빠지기 쉬운 관료주의를 경계하고 조직 전체가 지속가능한 성장을 향해 한 방향으로 움직이도록 독려하고 있다.

바오스틸을 이해하는 가장 정확한 키워드는 역시 중국 정부다. 국무원 국유자산감독관리위원회SASAC가 관리하는 중앙 국유기업인 바오스틸은 사실상 중국 정부의 산업 전략을 수행하는 최전선

부대다. 중국 정부는 바오스틸을 도구로 삼아 철강 산업의 구조를 재편하고 과잉생산 시설을 감축하는 난제들을 해결해 왔다.

이러한 관계는 일방적인 지시에 그치지 않고 상호 의존적인 전략적 공생으로 이어진다. 바오스틸은 정부의 신형 공업화나 빈곤 완화 같은 정책적 과제를 충실히 이행하는 대신 정부로부터 막대한 제도적 보호와 자금 지원을 받는다. 대규모 인수합병 승인, 시만두 광산 투자와 같은 해외 프로젝트, 그리고 국산 인공지능 및 장비 도입과 같은 리스크가 큰 사업 뒤에는 항상 중국 정부의 지원이 있다.

결국 바오스틸은 시장의 논리로만 움직이는 서구의 민간기업과는 근본적으로 다른 문법을 가진다. 이들은 시장의 목표인 이윤 창출을 추구하면서도 동시에 국가 차원의 산업 자원 안보를 실현하는 전략적 구심점 역할을 한다. 즉 정부의 산업 정책(설계)과 기업의 경영전략(시공)이 정교하게 맞물려 돌아가는 구조다. 바오스틸의 행보는 중국 정부가 그리는 제조업 강국과 자원 안보의 청사진이 현실에서 어떻게 구현되는지를 보여주는 가장 선명한 사례라 할 수 있다.

3장

창업 빅뱅과
공급망의 역동성

어느 순간부터 중국은 대륙 전체가 창업의 실험장이 됐다. 국유 기업 개혁과 디지털 혁명이 맞물리며 체제 설계와 민간 에너지가 동시에 폭발했다. 창업은 선택이 아니라 시대의 기본값이 됐고 극심한 경쟁을 통과한 생존자들만이 다음 단계로 이동했다.

완결형 공급망은 이 거대한 실험의 토양이었다. 설계에서 생산, 유통, 플랫폼까지 이어지는 사슬은 속도와 확장성을 동시에 가능하게 했다. 실리콘밸리식 교과서는 이곳에서 통하지 않았다. 수익보다 생태계 확장을 택한 전략과 적은 자원으로 최대 성능을 구현하는 검소한 혁신이 새로운 기업 문법을 만들어냈다. 집단 경쟁과 탈락을 전제로 한 생태계는 중국 산업을 끊임없이 재편하며 밀어 올렸다.

1

체제 개혁과 디지털 혁명의 창업 빅뱅

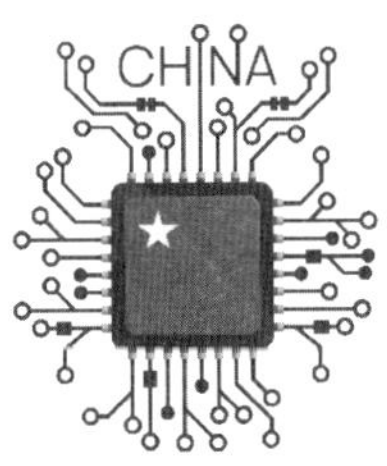

　중국을 이해하는 가장 큰 착시는 '국가가 다 한다.'라는 프레임이다. 거대한 당정 체계가 모든 산업을 통제하고 기업은 그저 국가의 지시를 수행하는 수동적 존재라는 고정관념 말이다. 그런데 중국의 첨단 산업 현장으로 들어가면 정반대의 장면이 펼쳐진다. 한 산업에 기업이 수백 개씩 몰려들고, 같은 목표를 향해 서로를 잡아먹을 듯 경쟁하고, 살아남은 소수만이 표준을 만들고 세계 시장을 뒤흔든다.

　이 난립과 격돌은 우연이 아니다. 중국 정부는 산업의 성격에 따라 지원, 통제, 그리고 방임형 경쟁을 정교하게 섞어 쓰는 플레이어다. 안전과 안보가 걸린 상류 산업은 국유기업과 중앙 기구가 틀을 쥐고 속도와 혁신이 필요한 하류 산업은 민간기업에 전장을 열어준다. 판을 깔아주되 승자는 미리 정해두지 않는 방식이다. 결과는 잔혹하다. 탈락은 빠르고 승자는 더 빠르게 커진다.

중국의 전기차 산업은 그 축소판이다. 한때 기업이 난립하며 가격 경쟁과 기술 경쟁이 동시에 벌어졌고 많은 기업이 탈락했다. 그러나 그 과정을 거치며 공급망은 두꺼워졌고 기술 축적은 가속화됐다. 세계 최대의 생산체제와 배터리 생태계가 형성됐다. 혼란처럼 보였던 경쟁이 오히려 '생태계의 근육'을 키운 셈이다.

이 배경에는 지난 20년간 축적된 창업의 에너지가 있다. 2000년대 초만 해도 중국 기업은 저가 시장에 머무르는 존재였다. 그러나 2010년대를 거치며 대륙 전체가 거대한 인큐베이터로 변했다. 모바일 인터넷과 결제 인프라가 확산되고 신규 사업에 투자하는 자본이 늘어나고 방대한 내수시장이 실험장을 제공하면서 창업은 일시적 유행이 아니라 구조적 흐름이 됐다.

중국의 기술 도약은 위에서만 시작된 것이 아니다. 아래에서 끓어오른 창업의 열기와 위에서 설계된 국가전략이 맞물리며 가속됐다. '짝퉁의 나라'라는 인식이 무너진 순간은 바로 국가의 설계와 민간의 역동성이 만나 창업 혁신의 빅뱅을 일으켰던 바로 그 시점부터다.

짝퉁 국가라는 오명을 벗고 자주혁신 기지로 변신하다

중국 정부는 산업 특성에 따라 지원, 통제, 그리고 방임형 경쟁이라는 다양한 카드를 쓴다. 중국은 도대체 어떻게 이토록 다양한 실험이 가능한 '거대한 실험실'이 됐을까? 특히 전기차와 같은 첨단 산업에서 수백 개의 기업이 난립하며 경쟁할 수 있었던 기초 체력

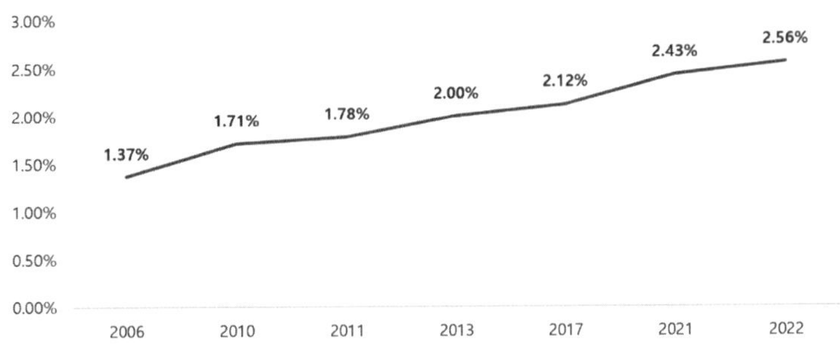

중국의 국내총생산 대비 연구개발 지출 변화

중국의 국내총생산 대비 연구개발 지출은 2006년 1.37%에서 2022년 2.56%로 꾸준히 증가했다. 2015년 처음으로 2%를 넘어선 해는 「중국제조 2025」를 선포한 원년이기도 하며 2018년에는 유럽연합 평균을 추월했다.
(자료: 세계은행 그룹)

은 어디서 나왔을까? 그 답은 지난 20년간 중국 대륙을 뒤흔든 기술과 창업의 빅뱅에 있다.

불과 20년 전만 해도 중국의 기술은 선진국을 베끼는 수준이었다. 2001년 세계무역기구wto 가입 당시에는 기술력과 품질 열세로 중국 기업들이 줄도산할 것이라는 우려가 팽배했다. 실제로 2007년경 무렵까지 중국 기업은 저가 시장에서 소위 '그렇고 그런 제품'으로 연명하는 수준이었다.

반전의 계기는 2008년 글로벌 금융위기였다. 서방 세계가 불황에 허덕일 때 중국은 오히려 대규모 사회간접자본soc과 설비투자를 단행하며 자신감을 키웠다. 하지만 이는 위기에 대한 즉흥적인 대응이 아니었다. 이미 3년 전인 2005년 공산당 16기 5중전회(2005년 10월)에서 천명한 '자주혁신自主创新'이라는 확고한 이정표가 있었기에 가능한 일이었다. 중국 정부는 이 방향성에 맞춰 2006년 수립한 「국가 중장기 과학기술발전 규획(2006-2020)国家中

長期科学和技術发展规划纲要」을 통해 위기 속에서도 지능형 자동차와 반도체 등 첨단 분야에 세제 혜택과 금융 지원을 쏟아부으며 기술 자립의 씨앗을 뿌릴 수 있었다.

이 시기부터 중국의 연구개발 집약도(국내총생산 대비 연구개발 지출)는 2006년 1.37%에서 2010년에 1.71%로 상승했고 민간기업이 기술혁신의 주체로 부상했다. 바로 이때부터 기업 부문의 연구개발 투자 비중이 급속도로 늘어났다. 2008년부터는 중국 기업의 기술력과 품질이 눈에 띄게 나타났다. 예를 들면 건설중장비 시장에서 중국 기업은 저가에서 탈피해 중가 시장 진출을 본격화하면서 외국 기업과 경쟁 구도를 형성하기 시작했다. 이에 발맞춰 2008년 중국 정부는 10대 전략 산업을 선정해 집중 지원에 나섰다. 자동차, 철강, 섬유 등 전통 산업뿐만 아니라 반도체, 5G, 항공우주 등 첨단 산업에 자원을 쏟아부었다. '저가 생산국'에서 '첨단 기술 강국'으로 체질을 바꾸겠다는 중국 정부의 의지는 이미 그때부터 확고했다.

특히 IT 산업에서 중국 민간기업의 경쟁력이 크게 향상됐다. 2013년만 해도 중국 스마트폰 시장에서 19.8%의 점유율로 1위를 달렸던 삼성전자는 이후 매년 점유율이 떨어져서 5년 만에 1% 미만으로 추락했다. 2018년부터 애플을 제외한 상위 5위권을 화웨이, 오포, 비보, 샤오미 등 모두 중국 민간기업이 차지하게 된다.

중국의 연구개발 집약도가 처음으로 2%를 처음 넘어선 것은 2015년이었다. 이 해는 중국이 「중국제조 2025」라는 정책을 통해 본격적으로 신기술과 신산업 육성을 선포한 원년이기도 하다. 이후 투자는 더욱 가속화돼 2018년 연구개발 집약도는 2.14%를 기록해 유럽연합 평균인 약 2.1%를 추월했다. 같은 해 중국의 연구개발 절대 지출액은 미국을 제외한 상위 4개국인 일본, 독일, 한국, 프랑스의 합계와 맞먹는 규모로 성장했다.

혁신의 연료가 돈과 연구개발이라면 엔진은 사람이다. 중국 기술 굴기의 진짜 저력은 압도적인 이공계 인재의 물량 공세에서 나온다. 중국 대학이 우수한 이공계 인재를 대량으로 배출하기 시작한 시기는 대체로 2018년경이다. 수치를 보면 그 속도가 더욱 더 극적이다. 중국 고등학교 졸업생의 대학 진학률은 2010년까지도 26.5% 수준에 머무르다가 2015년에 39%로 급증했다. 특히 2015년 대학 신입생 738만 명 중 이공계 전공자는 330만 명으로 44.7%에 달했다.

고교 졸업생의 50% 이상이 대학에 진학한 첫해는 2019년이었고 이공계 졸업생이 연간 400만 명을 돌파한 것은 2018년부터였다. 2019년 입학한 신입생들이 졸업해 산업현장에 나온 시점이 2023년경이니 이는 아주 최근의 변화다. 참고로 한국이 대학 진학률 50%를 넘긴 해가 1995년이었음을 고려하면 중국의 고등교육 대중화와 기술 발전 역사는 아주 짧으며 이제 막 폭발적인 성장기에 진입했다고 볼 수 있다.

그렇다면 과연 중국이 기술 선진국이라고 불릴 만한 '와해적 혁신disruptive innovation*'을 한 사례가 있었을까? 이에 대한 대답으로

---

* 와해적 혁신은 클레이튼 크리스텐슨C. Christenson 교수가 하드디스크 산업 연구를 통해 밝혀낸 개념이다. 초기에는 기존 제품에 비해 성능이 떨어져 틈새시장에서 경쟁하지만 점차 기술적 개선과 생산량이 늘어나면서 기존 시장의 주류 제품을 대체하는 파괴적인 결과를 가져오는 혁신을 의미한다.

두 가지 사례를 꼽을 수 있다. 첫째, 전기차 제조 혁신이다. 중국은 2005년경부터 이를 국가 프로젝트로 지정해 개발에 착수했고 15년 만에 세계 최고 수준의 생태계를 구축했다. 특히 비야디는 부품의 75%를 자체 생산하는 수직계열화와 동시공학同時工學*을 통해 제조원가를 획기적으로 낮췄다. 그 결과 2024년 비야디의 매출은 1,070억 달러를 기록해 테슬라를 추월하며 세계 1위의 전기차 회사가 됐다.

둘째, 리튬인산철 배터리의 역습이다. 초기 리튬인산철 배터리는 한국과 일본이 주도하던 삼원계 니켈코발트망간NCM 배터리에 비해 에너지 밀도가 낮고 무거워서 저가형 자동차나 버스에나 쓰이는 싸구려 기술 취급을 받았다. 주류 시장에 영향을 주지 못했기에 기존 강자들은 이를 방심하고 무시했다.

하지만 닝더스다이CATL나 비야디와 같은 중국 기업들은 값비싼 희귀 금속 대신 배터리 모듈을 없애고 공간 효율을 극대화하는 '셀투팩Cell-to-Pack'이라는 구조 혁신으로 단점을 극복했다. 가격은 저렴하면서도 주류 시장이 요구하는 주행거리를 충족시키자 테슬라를 비롯한 글로벌 완성차 업체들이 앞다퉈 리튬인산철을 채택하기 시작했다. 결국 중국발 저가 기술이 고성능 위주의 글로벌 배터리 시장 표준을 무너뜨리고 메인 스트림을 장악하게 된 것이다.

지난 20년간 중국의 기술 도약은 대체로 다음의 3단계를 거

---

* 동시공학Simultaneous Engineering이란 제품의 기획, 설계, 생산 준비 등 개발의 전 과정을 순차적이 아닌 병렬적으로 진행하는 방식을 말한다. 개발 기간을 단축하고 비용을 절감하는 제조 혁신 기법으로 부품 내재화율이 높은 비야디와 같은 기업에 유리하다.

쳐 완성됐다. 1단계(2005~2012)는 '기술 자립'이라는 정책 목표가 2005년에 천명되고 혁신을 위한 제도적 기반이 닦인 시기다. 2단계(2012~2018)는 연구개발 투자가 급증하여 2013년 연구개발 집약도가 2%를 돌파했고 이후 「중국제조 2025」가 발표되며 산업 고도화의 분기점을 맞았다. 3단계(2018~현재)는 대학 진학률이 2019년에 50%를 넘어서고 연간 400만 명 이상의 이공계 인력이 쏟아져 나오기 시작한 인재 폭발의 시기다.

중국의 기술 도약은 표면적으로는 불과 5~10년 된 현상처럼 보인다. 하지만 그 수면 아래에는 지난 20년간 축적된 10년의 투자와 10년의 인재 양성이라는 단단한 지반이 있다. 2025년 기준 중국이 미국의 전방위적 공세에도 자신감을 잃지 않는 배경에는 자본, 연구개발, 인력 면에서 미국과 대등하거나 더 유리한 고지를 점령했다는 확신이 깔려 있기 때문일 것이다.

중국 창업 생태계 특유의 와해적 혁신을 보여주다

1978년 개혁·개방 초기에는 사실상 존재감이 없었던 민간기업은 1999년 헌법 개정을 통해 '사회주의 시장 경제의 주요 구성 부분'으로 법적 지위를 확립했다. 이후 시진핑 지도부 출범 후 개최된 2013년의 중국공산당 18기 3중전회에서는 국유와 민영을 막론하고 모든 소유제 경제의 재산권을 평등하게 보호한다고 천명하며 민간기업 성장의 빗장을 풀었다.

이러한 제도적 진화를 발판으로 2010년대 들어 알리바바와 텐센트 등 인터넷 플랫폼 기업들이 본격적으로 도약하면서 민간 부문은 명실상부한 중국 경제성장의 주역으로 등극했다. 이를 상징

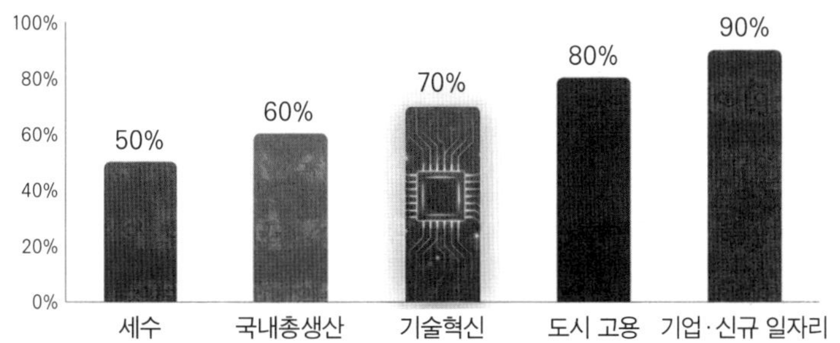

중국 민간 부문은 세수의 50%, 국내총생산의 60%, 기술혁신의 70%, 도시 고용의 80%, 기업 수와 신규 일자리의 90% 이상을 담당한다.

하는 숫자가 바로 '56789'다.[1] 중국 민간 부문이 전체 세수의 50%, 국내총생산의 60%, 기술혁신의 70%, 도시 고용의 80%, 그리고 전체 기업 수와 신규 일자리의 90% 이상을 담당한다는 의미다. 특히 주목할 것은 70%라는 기술혁신 기여도다. 민간기업은 중국 전체 연구개발 투자의 78%를 차지하며 혁신성과의 70% 이상을 창출하는 기술 굴기의 최전선이다.

한국, 일본, 중국 3국의 국가 총연구개발 지출에서 민간기업이 차지하는 비중이 모두 76~79%로 비슷하다. 세 나라 경제 모두 민간이 기술혁신을 주도하는데 왜 결과물은 다를까? 수치로만 보면 한국과 일본은 중국보다 연구개발 집약도가 높다. 경제협력개발기구 추계로 2024년 기준 연구개발 집약도는 한국 5.0%, 일본 3.4%, 중국 2.7% 수준이다. 물론 절대 규모인 구매력 평가PPP, Purchasing Power Parity 기준 연구개발 지출액은 중국이 약 8,118억 달러로 2,008억 달러인 일본과 1,390억 달러인 한국을 압도한다. 문제는 투입 대비 산출이다. 일본은 수십 년간 국내총생산의 3% 이상을 연구개발에 쏟아부었지만 디지털과 인공지능 등 첨단 분야에서 눈에 띄는 성과를 내지 못하고 있다. 막대한 투자가 상업적 성공으로 이어지지 않는 이 현상을 우리는 '일본의 연구개발 역설Japan R&D Paradox'이라 부른다. 그 원인은 두 가지다. 첫째, 연구 인력의 양적 열세와 파격적인 인재 대우의 부재다. 둘째, 더 근본적인 이유는 창업의 부진이다. 일본은 연구실의 기술을 시장의 상품으로 전환하는 스타트업 생태계가 약하다 보니 투입은 많으나 이렇다고 할 결과물이 부재하다.

결국 중국이 한국 및 일본과 차별화되는 지점은 기업가정신의 유무다. 현재 세계 경제의 패권은 미국과 중국의 빅테크들이 쥐고 있다. 미국의 매그니피센트7과 중국의 알리바바, 텐센트, 화웨이, 샤오미, 비야디, 닝더스다이, DJI 등은 모두 2000년 전후에 등장해 급성장한 기업들이다. 이 기업들은 현재 디지털과 인공지능 혁신을 주도하고 있다. 최근 인공지능에서 데이터센터 건립에 천문학적인 자금을 쏟아붓는 하이퍼 스케일러 역시 모두 이들 기업이다.

이들 기업의 경영을 여전히 창업 세대가 주도하고 있다. 창업자와 전문 경영자는 사고 자체가 다르며 리스크에 대한 태도 또한 근본적으로 다르다. 창업가는 한 마디로 창의적이고 대담하다. 클레이튼 크리스텐슨 교수가 주창한 '혁신가의 딜레마'가 여기에 정확히 적용된다. 와해적 혁신은 기업의 기존 질서를 흔들기 때문에 잃을 것이 많은 대기업의 임원들은 태생적으로 주도하기가 어렵다. 따라서 세상을 바꾸는 와해적 혁신은 대개 기존 기업의 바깥에 있는 스타트업에서 나오게 된다.

그렇다면 무엇이 미국과 중국의 활발한 창업과 한국, 일본, 독일의 정체를 가르는가? 창업 성향을 결정하는 다섯 가지 핵심 변수를 꼽을 수 있다. 실패에 대한 사회적 용인, 모험 자본의 가용성, 시장의 규모, 노동시장의 유연성, 우수 인재의 공급 등이다. 이 다섯 가지 변수를 대입해 보면 세계 경제는 명확히 두 그룹으로 나뉜다. 먼저 창업이 부진한 3대 제조업 강국인 일본, 독일, 한국이다. 이들 국가는 전통적인 대기업이 여전히 경제를 주도하고 있어 인재들이 자연스럽게 대기업으로 몰리는 구조다. 사회 전반적으로 사업 실패에 대한 수용도가 낮아 인재들이 창업과 같은 모험을 기피한다. 특히 세 나라는 모두 노동시장이 경직돼 있어 기존 대기업 울타리 안에서 안전을 도모하는 것이 합리적인 선택이 된다.

반면 미국과 중국은 이들 세 나라에 비해 압도적으로 거대한 내수시장을 보유하고 있다. 이 변수는 특히 디지털 혁신에서 결정적이다. 인터넷을 기반으로 하는 검색, SNS, 전자상거래는 네트워크 효과가 핵심이기 때문에 시장선도자가 누리는 이점이 막대하다. 내수시장이 클수록 기업의 성장 속도는 기하급수적으로 빨라진다. 그런 점에서 미국과 중국은 다른 나라가 넘볼 수 없는 구조적 이점을 공유한다.

또한 미국은 성숙 경제이고 중국은 신흥공업국임에도 불구하고 두 국가는 일확천금의 기회가 열려 있다는 공통점이 있다. 미국과 중국에서는 크게 성공하면 억만장자가 된다. 개인 재산 1조 원이 넘는 억만장자가 두 나라에 각각 1,000명 가까이 존재한다는 사실이 이를 방증한다. 부의 축적이 가능한 제도적 환경도 유사하다. 중국은 상속세와 증여세가 없으며 미국의 자산가들도 여러 가지 방법으로 절세할 수 있다. 반면 다른 세 나라는 세율이 높고 사회

정서상 억만장자를 쉽게 용인하지 않는 뜻이다.

결국 혁신의 대가는 불평등이다. 미국과 중국은 소득 불평등이 다른 세 나라보다 훨씬 심하다. 두 나라 모두 지니계수가 0.4를 넘으며 중국은 실질적으로 0.5를 웃돈다는 분석도 있다. 독일, 일본, 한국의 지니계수는 0.3 언저리다. 사회주의 국가인 중국이 아이러니하게도 자본주의의 상징인 소득 불평등이 가장 심한 것이다.

국유기업 개편과 디지털 전환이 창업 국가를 만들다

민간 경제의 흐름이 수십 년간 단절되었던 중국에서 21세기에 들어서자마자 걸출한 창업가들이 쏟아져 나온 비결은 무엇일까? 중국의 창업사는 크게 1984년, 1998년, 2010년, 그리고 2015년이라는 네 차례의 거대한 파도를 거치며 진화했다. 특히 앞선 두 번의 파도가 떠밀리듯 시작된 수동적 생존의 역사였다면 뒤이어 찾아온 두 번의 파도는 기술과 정책이 빚어낸 능동적 기회의 역사였다는 점에서 질적으로 다르다.

첫째, 국유기업 개혁과 샤하이下海의 물결이다. 샤하이란 문자 그대로 '바다로 내려간다.'는 뜻이다. 이는 공무원이나 국유기업 직원처럼 안정적인 신분, 즉 철밥통을 버리고 위험하지만 기회가 있는 민간 상업의 바다로 투신하는 현상을 일컫는 시대의 유행어였다.

중국 창업 역사에서 1984년과 1998년은 매우 중요한 해다. 1984년이 장루이민(하이얼), 류융하오(희망그룹) 같은 선구자들이 정책의 빈틈을 뚫고 모험적으로 뛰어든 제1차 창업 붐이었다면 1998년은 생존을 위한 대전환이었다. 당시 주룽지 총리의 주도로 단행된 국유기업 개혁은 정리해고를 뜻하는 '샤강下崗'이라는 사회적 충격을 동반했다. 수많은 인재가 철밥통을 잃고 시장이라는 거친 바다로 뛰어드는 샤하이를 강요받았다. 하지만 이 위기는 역설적으로 거대한 기회가 됐다. 체제 내에서 경험을 쌓은 유능한 인력들이 생존을 위해 기술과 서비스업으로 눈을 돌렸기 때문이다. 실제로 이 시기 베이징 중관춘의 IT 기업 수는 1년 만에 5,180개로 두 배 가까이 폭증했다. 즉 1998년의 구조조정은 단순한 실업 사태가 아니라 국유 부문에 갇혀 있던 인적자본이 민간 시장으로 대거 방출돼 시장 경제의 주체로 재탄생한 역사적 모멘텀이었다.

둘째, 디지털 혁명이라는 시대적 배경이다. 중국 경제가 고도성장기에 진입하며 사업 기회가 폭발했다. 특히 디지털 기술의 확산과 2010~2012년의 '모바일 인터넷 혁명'이 결정적이었다. 2010년 중국의 인터넷 사용자는 5억 명을 넘어섰다. 특히 2013년부터 알리페이와 위챗페이가 보편화되면서 큐알QR 코드 기반의 모바일 결제 시스템이 빠르게 확산됐다. 이 디지털 결제 인프라는 모든 신생 기업들이 딛고 일어설 수 있는 기초 플랫폼이 됐다. 전자상거래, 음식 배달, 택시 호출 등 거의 모든 온라인 투 오프라인O2O 서비스가 이 결제 인프라 위에서 폭발적으로 성장할 수 있었다.

셋째, 국가가 설계한 창업 드라이브다. 중국 정부는 2015년을 기점으로 소극적 지원을 넘어 적극적인 창업 인큐베이터로 변신했다. 당시 리커창 총리는 '대중창업大众创业 만인혁신万众创新'이라는 슬로건을 내걸고 국가적 역량을 총동원했다. 정부는 기업등록 절차를 간소화하고 세금 감면과 보조금 지급을 지원했다. 그리고 전국 수천 개 도시에 창업 공간을 설립했다. 무엇보다 중요한 것은 정부가 직접 벤처 투자 유도 펀드를 설립해 마중물을 부었고

2015~2020년 사이 펀드 규모는 5배 이상 급증했다. 그 결과는 극적이었다. 2014년 365만 개였던 신규 등록 기업 수는 불과 1년 만인 2015년 443만 개, 2016년에는 553만 개로 치솟았다. 2005년 319개에 불과했던 벤처캐피털 역시 2015년 1,775개로 늘어났다. 투자액은 10년 만에 10배로 폭증하며 중국 벤처캐피털 생태계의 골격을 완성했다.

넷째, 해외 유학에서 돌아온 인재 해귀파海归派의 힘이다. 1990년대부터 우수 인재를 해외로 보냈던 중국 정부의 장기투자가 2010년대 중반부터 회수되기 시작했다. 실리콘밸리에서 기술과 네트워크를 익힌 엔지니어들이 대거 귀국길에 오른 것이다. 통계에 따르면 2010년 13만 5,000명이던 귀국 인재는 2016년 43만 명으로 3배 이상 급증했다. 2015년 말 기준 해외 유학 졸업생의 약 80%가 중국으로 돌아왔다. 이들 해귀파가 중국으로 복귀하며 일으킨 화학적 결합이 바로 '창업 빅뱅'의 시작이 됐다. 앞서 언급한 2015년 기술 도약 엔진의 주역이었다.

이처럼 민간기업이 혁신을 주도하는 이 거대한 흐름 속에서 과연 공산당과 정부는 강력한 통제력을 유지할 수 있을까? 중국 정부는 민간 부분의 성장에 대해 늘 이중적 태도를 보여왔다. 경제성장과 혁신을 위해서는 민간의 활력이 필수적이지만 민간이 비대해질수록 공산당의 경제와 사회에 대한 통제력이 약화되지 않을까 하는 우려가 있었다. 2012년 시진핑의 총서기 집권 이후의 정책은 이 딜레마 속에서 줄타기를 해왔다. '시장의 결정적 역할'을 강조하면서도 동시에 핵심 산업에 대한 '정부의 통제'를 강화하는 이중적 행보가 이를 방증한다.

중국공산당과 정부는 지금까지는 실력주의 인사시스템을 통해 유능한 관료가 국가를 이끌며 고도성장을 견인했다. 이를 통해 인민의 지지를 확보했다. 하지만 1인당 소득이 1만 달러를 넘어선 지금 권리 의식이 성장한 거대한 중산층과 고도로 복잡해진 시장 경제에 중국 정부가 어떻게 언제까지 영향력을 유지할 수 있을지는 미지수다. 이는 향후 중국 경제가 풀어야 할 가장 난해한 고차방정식이 될 것이다.

민간에 길을 터주고 국가가 전략을 조정하다

중국 민간기업이 주도하는 도약의 역사는 길게 봐야 20년 남짓이다. 1999년 헌법 개정으로 민간기업의 법적 정통성이 인정됐고 비슷한 시기 국유기업 구조조정을 통해 민간이 뛰어놀 수 있는 시장의 공간이 마련됐다. 여기서 중국 정부의 전략적 선택이 돋보인다. 2001년 세계무역기구 가입을 전후해 중국은 이원적 접근을 취했다. 기초 소재, 사회간접자본, 공공재 산업은 국유기업에 맡겨 안정을 꾀하고 신기술, 소비재, 유통 등 창의성이 필요한 영역은 민간기업에 맡긴 것이다.

크리스텐센의 '혁신가의 딜레마'가 시사하듯 와해적 혁신은 대기업에서 나오기 힘들다. 만약 중국 정부가 민간기업 제도를 도입하지 않았다면 오늘날의 기술 발전은 불가능했을 것이다. 정부의 이러한 역할 분담 의도는 마침 도래한 디지털 혁명과 절묘하게 맞아떨어졌다. 1999년 이후 창업한 알리바바와 텐센트 등 1세대 인터넷 기업들이 전자상거래와 전자결제 시스템을 장악하며 중국 사회의 디지털 대전환을 견인한 것이 그 증거다.

중국 정부는 2005년경부터 기술 자립을 국가적 목표로 설정하고 자원을 쏟아부었다. 이러한 노력은 2015년 대중 창업 열풍을 거치며 연구개발 집약도가 국내총생산의 2%를 넘어서는 양적팽창으로 이어졌다. 주목할 점은 2017년경부터 본격화된 미국의 중국에 대한 제재와 압박이 미친 영향이다. 역설적으로 이 외부의 거센 도전은 중국 정부와 기업에 강력한 자극제가 됐다.

중국은 이런 도전을 맞아 기술 자립 없이는 생존할 수 없다는 위기감이 고조되면서 공산당, 정부, 기업, 대학, 그리고 일반 시민까지 '자주혁신'의 기치 아래 결속하게 된 것이다. 2020년을 전후해 시작돼 중국의 기술 도약은 탄력을 받기 시작했다. 이미 커진 경제 규모, 축적된 자본, 그리고 무엇보다 이공계 인재들이 대량으로 배출되기 시작한 상태에서 미국의 압박은 오히려 14억 거대 국가가 일사불란하게 움직이며 폭발적인 에너지를 뿜어내도록 만들었다.

2015년 창업 빅뱅 이후 중국의 창업 생태계는 인재, 자본, 시장의 3박자가 맞아떨어지면서 중국 곳곳에 실리콘밸리와 유사한 창업 생태계가 형성됐다. 그 정점에 있는 도시가 바로 선전이다. 선전은 완벽한 입지적 조건을 갖췄다. 세계의 공장인 광둥성의 막강한 제조업 기반을 등에 업고 금융과 무역의 중심인 홍콩과 인접해 있다. 아이디어만 있으면 부품 조달부터 시제품 제작, 금융 지원까지 원스톱으로 해결된다. 텐센트, 화웨이, DJI, 비야디 등 글로벌 혁신 기업들이 모두 이 도시에 본사를 두고 있는 것은 우연이 아니다. 선전에서 입증된 성공 모델은 항저우(알리바바)와 베이징(중관춘) 등지로 확산되며 중국 경제를 떠받치는 핵심 기둥이 됐다.

2

완결형 공급망의 구축

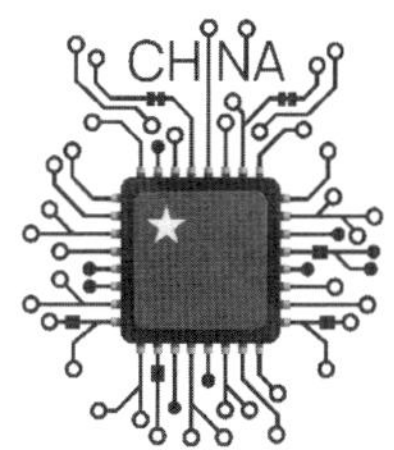

미국이 중국을 위협으로 인식하는 이유는 단순히 국내총생산 규모가 커서가 아니다. 더 본질적인 이유는 '완결성'에 있다. 중국은 기술을 설계하고 부품을 조달하고 시제품을 만들고 대량생산해 글로벌 시장에 밀어내는 전 과정을 하나의 공간 안에서 소화할 수 있는 구조를 갖추었다. 이것이 바로 미국이 가장 예민하게 바라보는 지점이다.

14억 인구와 광대한 영토는 단순한 소비 기반이 아니라 거대한 실험 환경이다. 중국에서는 다른 나라에서 시장 규모가 작아 사라질 기술도 생존할 수 있다. 전기차 배터리만 보더라도 하나의 표준이 독점하기보다 여러 기술이 동시에 경쟁한다. 리튬인산철, 삼원계, 나트륨 배터리까지 공존하며 시장에서 검증된다. 이 다층 경쟁 속에서 살아남은 기술이 곧 세계 표준이 된다.

또한 중국에서는 '틈새'조차 작지 않다. 중국에서는 다른 나라라면 수요가 부족해 유지되지 못할 특수 부품이나 장비 기업도 충분한 시장을 확보한다. 이 덕분에 소재, 부품, 장비의 국산화가 가속화되고 수입 의존도가 빠르게 낮아진다. 결과적으로 외부 충격에 대한 내성이 커진다. 공급망을 끊어 압박하는 전략이 쉽게 통하지 않는 이유다.

이 구조를 설명하기 위해서는 개별 기업의 규모의 경제나 범위의 경제만으로는 부족하다. 중국은 사실상 전 산업 카테고리를 갖춘 풀셋Full-set 산업구조를 형성했다. 여기에 공급망의 완결성과 지역별 산업 클러스터가 결합한다. 그 결과 중국은 단순한 제조 강국이 아니라 하나의 거대한 조립식 실험실이 됐다. 하단의 수많은 중소기업이 유연성을 담당하고, 중층의 전정특신 기업들이 핵심기술을 지탱하고, 상단의 플랫폼 기업이 글로벌 시장으로 확장한다. 비용 효율성, 기술 신뢰성, 시장 확장성이 동시에 작동하는 다층적 구조다.

이 구조의 위력은 속도에서 드러난다. 아이디어가 제품으로 전환되는 시간이 짧고 부품을 구하기 위해 국경을 넘을 필요가 없다. 개별 기업의 역량만으로 설명하기 어려운 이 집적 효과가 바로 중국 산업 생태계의 진짜 경쟁력이다. 그리고 이러한 '완결형 공급망'이야말로 미국이 가장 경계하는 대상이다.

14억 시장이라는 압도적 규모로 거대한 실험실을 운영하다

중국의 산업 생태계를 이해하려면 먼저 압도적인 규모가 가져오는 질적인 변화를 봐야 한다. 14억 인구와 거대한 영토는 단순한 소비시장이 아니라 모든 기술적 가능성을 테스트할 수 있는 거대한 실험실 역할을 한다. 예컨대 전기차 배터리 시장을 보자. 시장이 작다면 효율성이 입증된 하나의 표준, 가령 삼원계 니켈코발트망간만 살아남을 것이다. 하지만 중국은 시장이 워낙 방대하니 리튬인산철과 니켈코발트망간, 심지어 나트륨 배터리까지 다양한 기술 표준이 동시에 공존하며 경쟁할 수 있다. 이 과정에서 살아남은 승자가 결국 글로벌 표준이 된다.

또한 여기엔 롱테일의 원칙이 적용된다. 상위 20%가 아닌 나머지 80%의 니치 마켓이라 해도 중국에서는 그 규모가 웬만한 국가 전체 시장보다 크다. 덕분에 특화된 부품이나 장비 기업이 생존할 수 있다. 이는 제조업의 허리인 소재, 부품, 장비의 국산화와 고도화로 이어진다. 과거에는 수입에 의존하던 고기술 부품까지 중국 내부에서 조달 가능해지면서 경쟁국들은 감당하기 힘든 상대를 마주하게 됐다.

이러한 특징을 설명하려면 새로운 표현이 필요하다. 중국의 독특한 산업구조는 기존 경영학 이론으로는 설명하기 어렵다. 미국의 경영사학자 알프레드 챈들러Alfred Chandler는 기업의 성장을 설명하며 '규모의 경제'와 '범위의 경제'라는 개념을 제시했다. 하지만 이는 개별 기업의 원가 절감이나 시너지를 설명하는 도구일 뿐 거대한 산업 생태계를 설명하기엔 역부족이다. 또한 서구의 거래비용이론 역시 기업 간 협력 시너지를 설명하는 데 한계가 있다.

중국 산업 생태계의 핵심인 '없는 것이 없고 서로 유기적으로 시너지를 낸다.'라는 현상을 정의하기 위해 다음 세 가지 개념을 고려해 볼 수 있다. 첫째, 풀셋 산업구조Full-set Industrial Structure다. 국제연합UN이 분류한 전 세계 모든 산업 카테고리, 즉 제조업 분류 전체를 보유한 유일한 국가라는 뜻이다. 나사를 만드는 뿌리 산업부터 우주선을 쏘아 올리는 첨단 산업까지 타국의 도움 없이 자급자족이 가능한 완결성을 의미한다. 비유하자면 '중국은 거대한 다이소가 아니라 그 수만 가지 물건을 직접 만드는 공장들이 모인 한 마을'이다.

둘째, 공급망의 완결성Supply Chain Completeness이다. 서구 기업들이 가장 두려워하는 강점이다. 제품 하나를 만들기 위해 부품을 구하러 국경을 넘을 필요가 없다. 선전 같은 곳에서는 반경 50킬로미터 내에서 설계, 조달, 조립, 포장이 끝난다. '아침에 아이디어를 내면 저녁에 시제품이 나온다.'는 압도적 속도는 바로 이 완결성에서 나온다.

셋째, 산업 클러스터 효과Industrial Cluster Effect이다. 특정 지역에 관련 업종이 포도송이처럼 밀집된 현상이다. 이우(소상품), 선전(전자), 항저우(이커머스)처럼 지역마다 특정 산업의 A부터 Z까지가 집적돼 있어 서로 다른 기술 간의 재조합과 융합이 폭발적으로 일어난다.

이와 같이 중국은 풀셋 산업구조, 공급망의 완결성, 산업 클러스터 효과 등이 통합돼 이른바 '풀셋 산업공급망'을 갖춘 거의 유일한 나라라고 부를 수 있다.

하이브리드 생태계로 속도와 확장성을 동시에 거머쥐다

중국의 다층적 하이브리드 생태계는 어떻게 작동하는가? 우선

수평적 협력 네트워크의 관점에서 보자. 이는 공급망이 한 기업 내에 수직적으로 통합된 것이 아니라 독립된 기업들이 자율적으로 연결돼 공급망을 형성하는 형태다. 이러한 구조는 유기적으로 연결돼 시장변화나 외부 충격에 유연하게 대응할 수 있다는 장점이 있다. 물론 거래비용이론에서는 이런 경우 참여기업의 기회주의적 행동으로 인해 안정성이 떨어진다고 경고한다. 그러나 대만의 IT 생태계를 보면 독립된 기업 간에 장기간 신뢰가 축적되면 기회주의적 행동의 가능성은 축소되고 효율성은 극대화된다.

하지만 중국의 산업 생태계가 오직 수평적 네트워크만으로 구성된 것은 아니다. 전기차 산업만 보더라도 비야디와 같은 완결형 수직적 통합 모델이 존재한다. 화웨이나 닝더스다이를 중심으로 다수의 파트너가 연합하는 수평적 네트워크 모델과 공존하는 형태다. 즉 중국은 산업 생태계에서도 단일 모델이 아니라 다양한 생존 방식을 실험하고 있다. 결론적으로 중국의 산업 생태계는 단순한 수직과 수평의 이분법을 넘어선 다층적 생태계 모델로 정의할 수 있다. 그 구조는 다음과 같다. 먼저 가장 하단에는 지역 클러스터의 수평적 협력이 있다. 선전과 이우 등 지역 내 중소기업들이 촘촘하게 얽혀 협력하는 형태다. 이들은 모듈화된 부품을 신속하게 공급하며 생태계의 기초 체력인 유연성을 담당한다.

중층에는 가치사슬의 연계가 있으며 이 허리를 지탱하는 핵심이 바로 중국 정부가 국가전략으로 육성 중인 '전정특신专精特新' 기업군이다. 전정특신이란 전문화专, 정밀화精, 특색화特, 참신화新의 앞글자를 딴 용어로 대기업에 의존하지 않고 특정 분야에서 독보적인 기술력을 갖춘 중국의 강소기업을 뜻한다. 독일의 '히든 챔피언’을 벤치마킹한 것으로 반도체와 신소재 등 해외 의존도가 높은 기술을 국산화해 미국의 제재로 인한 공급망의 병목을 해소하는 역할을 한다.

2025년 11월 기준 전정특신 기업은 14만 개를 넘어섰으며 국가급 ‘작은 거인’은 약 1만 7,000개에 달한다. 특히 주목할 점은 이들이 전체 규모 이상 중소기업 수의 3.5%에 불과하지만 전체 영업이익의 13.7%를 창출할 만큼 압도적인 고부가가치를 자랑한다는 것이다. 중국 휴머노이드 로봇의 선두 주자 유니트리Unitree가 대표적인 국가급 작은 거인에 해당한다. 이들은 하단의 제조 능력과 상단의 플랫폼을 기술적으로 연결하는 가교 구실을 한다.

상단에는 플랫폼 기업의 지배력이 있다. 알리바바, 텐센트 등 대형 플랫폼 기업이 생태계 전체를 조율하며 글로벌로 확산시키는 구조다. 이러한 다층적 구조는 비용 효율성(하단), 기술적 신뢰성(중층), 그리고 시장 확장성(상단)을 동시에 달성할 수 있는 중국만의 독특하고 강력한 경쟁 모델이 됐다. 이 다층적 생태계의 위력을 가장 극명하게 보여주는 사례가 바로 샤오미의 전기차 시장 진출이다.

압도적인 자본과 기술력의 애플은 10년간 전기차 개발에 매달렸으나 공급망 구축의 난항으로 결국 2024년 프로젝트를 포기했다. 반면 스마트폰 제조사였던 샤오미는 2021년 개발 선언 불과 3년 만에 고성능 전기차를 시장에 내놓았다. 이 믿기 힘든 속도의 차이가 바로 중국의 다층적 생태계 모델에 있다. 샤오미는 애플처럼 자동차를 처음부터 자체 개발하지 않았다. 대신 중국의 3층 생태계를 완벽하게 활용했다. 먼저 중층의 활용을 보면 샤오미는 전기차의

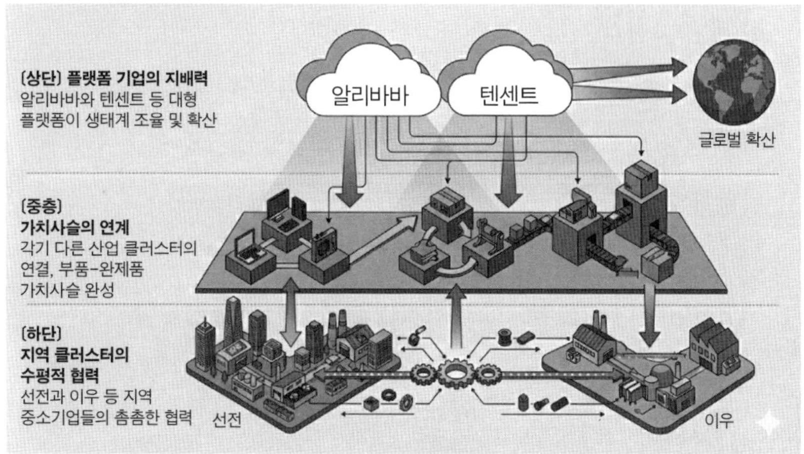

중국의 산업 생태계는 지역 클러스터의 수평적 협력(하단), 전정특신 기업이 연결하는 가치사슬(중층), 알리바바·텐센트 등 플랫폼 기업의 지배력(상단)이 유기적으로 맞물린 다층적 구조다.

심장인 배터리는 닝더스다이와 비야디에서, 구동 모터는 전정특신 기업인 이노방스Inovance, 汇川技术 등에서 조달했다. 이미 세계 최고 수준에 도달한 중국의 히든 챔피언(중층)들이 제공하는 검증된 모듈을 가져다 썼기에 연구개발 비용과 시간을 획기적으로 줄일 수 있었다.

하단도 적극적으로 활용했다. 샤오미는 베이징에 본사를 뒀지만 하드웨어 제조는 중국 전역의 클러스터(하단)를 활용했다. 부품의 프로토타입을 의뢰하면 하루 만에 만들어내는 선전과 닝보의 수만 개 중소기업이 샤오미의 손발이 돼주었다. 중층과 하단을 적극적으로 활용한 샤오미는 상단의 역할에 충실했다. 샤오미는 하드웨어에 해당하는 차체는 생태계에 맡기고 자신들이 가장 잘하는 소프트웨어 하이퍼 운영체제Hyper OS와 사용자 경험에 집중했다. 자동차를 '바퀴 달린 스마트폰'으로 정의하고 생태계가 만든 하드웨어 위에 자신의 프로그램을 장착한 것이다.

결국 샤오미의 성공은 개별 기업의 승리가 아니다. 부품을 구하러 국경을 넘을 필요가 없는 중국의 풀셋 산업 공급망 덕분이었다. 미국이 중국의 산업 생태계를 두려워하는 진짜 이유다.

도시마다 다른 전략으로 진화하는 창업 생태계를 만들다

중국의 주요 창업 허브 도시들은 각각 고유한 지역 특성, 산업 기초, 그리고 정부의 설계 방식에 따라 뚜렷하게 다른 운영 모델을 형성하고 있다. 중국의 창업 생태계는 동쪽이 강하고 서쪽이 약하다는 '동강서약'의 특징이 두드러진다. 2025년 중국 도시 과학기술 창업 평가 보고서에 따르면 창업 능력 상위 5개 도시는 베이징(1위), 선전(2위), 난징(3위), 항저우(4위), 주하이(5위)이며 상위 10개 중 내륙의 우한을 제외하면 모든 도시가 동부에 있다.

베이징은 자본 주도 모델의 대표적 사례로 정부의 정책 수립 능력, 대학의 고급인재, 그리고 강력한 자본시장이 결합한 창업 생태계를 구축하고 있다. 2025년 평가에서 베이징은 기업 양성, 혁신 네트워크, 플랫폼 환경 등 3개 차원에서 전국 1위를 차지했다. 베이징 생태계의 핵심은 대학과 국가 지원이 핵심이다. 중관춘은 중국의 실리콘밸리로 불리며 칭화대학교, 베이징대학교, 중국과학원 등 최고 두뇌들의 연구 성과를 상업화하고 있다. 이곳에서는 대학의 스핀오프 창업이 활발하며 국가 차원의 대형 프로젝트와 딥테크 기술이 자본과 만나는 하향식 혁신의 정점을 보여준다.

선전은 하드웨어 혁신과 인공지능 기술 중심의 고품질 혁신 창업을 특징으로 한다. 선전의 가장 큰 무기는 강력한 실물 제조 기반과 첨단기술의 결합이다. 화웨이, 텐센트, DJI, 비야디 등 거대 기술 기업들이 이곳에 본사를 두고 있다. 특히 선전 모델의 본질은 단순한 기술 집적을 넘어선 제도 실험에 있다. 선전시 정부는 중앙으로부터 부여받은 종합개혁시범구의 권한을 활용해 신기술 도입의 규제 장벽을 가장 먼저 허무는 '실험형 정부'의 역할을 한다.

시민들 또한 혁신의 중요한 축이다. 평균 연령 33세에 외지인 비중 66%에 달하는 선전의 인구 구조는 새로운 기술에 대한 편견 없는 개방적 수용성을 만들어냈다. 덕분에 드론 배송이나 자율주행 같은 파격적인 기술이 별다른 사회적 저항 없이 도시 인프라로 빠르게 통합될 수 있었다. 2025년 선전이 인공지능과 로봇 스타트업 펀드를 조성해 모델 개발 비용을 지원하는 것 역시 이러한 도시 전체를 하나의 거대한 테스트베드로 활용하려는 전략의 하나이다.

항저우는 시장 기회 지향 모델의 대표주자다. 알리바바의 영향력 아래 전자상거래, 서비스형 소프트웨어SaaS, 디지털 결제 등 디지털 경제 중심의 창업 생태계를 구축했다. 2025년 기준 항저우의 스타트업 생태계는 전년 대비 39.2% 성장하며 세계 29위에 올랐고 중국 내 4위를 기록했다. 이곳의 핵심 경영 방식은 '상인 정신'에 기반한 빠른 시장 적응이다. 알리바바의 플랫폼을 활용해 소규모 기업들이 글로벌 시장에 접근하고 항저우의 창업 기업들은 이러한 생태계 내에서 신속한 시장 적응을 추구한다.

최근 항저우 모델은 '조율형 혁신'으로 진화하고 있다. 항저우 정부는 직접 산업을 설계하기보다 '시티 브레인City Brain 프로젝트'처럼 데이터 인프라를 구축하고 사회적 신뢰를 조율하는 역할에 집중한다. 이러한 토양 위에서 최근 '항주 6소룡杭州六小龙'이라 불리는 차세대 기술 기업들이 부상하고 있다. 거대언어모델 분야의 딥시크나 로봇 기업 유니트리 등이 대표적이다. 이는 항저우가 알리바바 중심의 1세대 플랫폼 생태계를 넘어 데이터와 인공지능이 결합한 차세대 혁신 실험장으로 변모하고 있음을 보여준다.

3

창업가 세대와 중국식 기업 문법

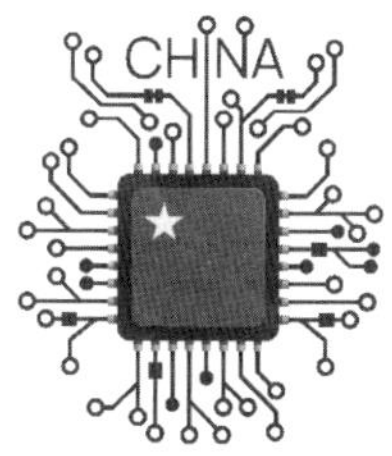

중국에서는 오전 회의에서 나온 아이디어가 저녁이면 이미 프로토타입으로 구현된다. 기획서는 얇고 의사결정은 짧다. 토론은 길지 않지만 결론은 빠르다. 누군가는 이 속도를 무모하다고 말하지만 그들에게는 표준이다. 중국 기업의 하루는 관리가 아니라 실험으로 시작한다.

오늘의 중국 기업을 이해하려면 대기업을 바라보는 렌즈를 잠시 내려놓아야 한다. 중국에서 기업은 여전히 창업자의 역동성이 살아 움직인다. 이사회보다 창업자의 결단이 빠르고 내부 규정보다 시장의 반응이 먼저다. 조직은 통제의 정교함이 아니라 방향의 선명함을 중심으로 설계된다. 속도는 전략이 아니라 생존 조건이다.

이 장면은 거대 기업이 체계화되기 전의 미국을 떠올리게 한다.

그때까지는 지금과 같은 질서가 아직 굳지 않았다. 거대한 단일 시장이 막 형성되고 기업가들이 시장의 질서나 관련 제도보다 앞서 뛰던 시대였다. 그러나 우리가 교과서로 배운 경영학은 그다음 단계, 즉 이미 대기업 체제가 굳어진 이후에 만들어졌다. 반면에 지금의 중국은 그 이전의 역동적 구간을 통과하고 있다.

2015년 전후 폭발한 창업 물결의 중심에는 디지털 환경에서 자란 세대가 있다. 그들에게 모바일 결제와 플랫폼 생태계는 혁신이 아니라 일상이다. 선전과 항저우 같은 도시는 단순한 산업 집적지가 아니라 거대한 실험실이다. 신기술은 발표와 동시에 거리, 상점, 주거 공간 속으로 스며든다. 도시 전체가 베타 버전처럼 작동한다.

이미 자리 잡은 플랫폼 인프라는 이 속도를 더 가속한다. 방대한 사용자 기반 위에서 스타트업은 국경을 넘지 않아도 규모의 경제를 경험한다. 과거 시스템을 유지한 채 점진적으로 전환할 필요도 없었다. 중국은 때로는 단계를 건너뛰듯 미래로 이동해 왔다. 이것이 '후발주자의 약점'이 아니라 '구조적 기회'로 작동한 지점이다. 물론 이 역동성은 완전한 자유의 산물이 아니다. 창업자 중심의 강한 소유 구조 위에 당 조직이 상장기업의 지배구조에 통합되는 독특한 체제가 얹혀 있다. 기업은 감시받는 자율과 보호받는 종속 사이에서 균형을 잡는다. 국가는 전략 방향을 제시하고 제도적 방패를 제공하는 대신 기업이 항로를 벗어나지 않도록 조율한다.

조직 내부를 들여다보면 또 다른 결합이 보인다. 유교적 위계와 파격적 성과주의가 동시에 작동한다. 의사결정은 위에서 아래로 빠르게 떨어지지만 성과가 없으면 그 자리 역시 빠르게 흔들린다. 충성심과 결과가 같은 무게로 요구된다.

이 하이브리드 구조 속에서 새로운 기업 문법이 쓰이고 있다. 안정 대신 확장, 관리 대신 돌파, 절차 대신 실험을 선택하는 문법이다. 창업가 세대는 중국 기업을 운영하는 것이 아니라 매일 다시 설계하고 있다.

창업가 세대의 생존 전략이 디지털 도약 시대를 설계하다

중국 경제는 지난 15년 이상 전문경영인이 아닌 창업가가 주도해 왔다. 따라서 기존 서구 경영학의 프레임으로 중국 기업을 설명하거나 재단하려 해서는 안 된다. 역사적으로 볼 때 지금의 중국 경제는 미국의 1920~1940년대와 비슷한 면이 있다. 미국이 교통과 통신의 발달로 거대한 단일시장으로 통합되고 GM이나 듀폰 같은 현대적 대기업이 태동하던 시기가 바로 1920년대였다. 지금 중국 기업들이 구축하는 독자적인 경영시스템은 바로 그 시절 미국 기업들이 맨땅에서 새로운 규칙을 만들어내던 시대와 궤를 같이한다.

지금 우리가 배우는 현대 경영학은 1950년 이후 정립됐다. 1950년대부터 미국 경영학의 주류를 이룬 것은 이미 거대해진 기업의 관리법이었다. 미국 경제는 제2차 세계대전 이후 50년 가까이 기존 대기업들이 주도했고 자연스럽게 경영학의 관심사도 거대 관료 조직의 효율적 운영에 맞춰졌다. 경영학의 대부 피터 드러커조차 GM이나 시어스 로벅Sears, Roebuck and Company 같은 대기업을 연구하며 이론을 정립했다. 즉 현대 경영학은 본질적으로 대기업 경영 관리를 위한 학문이었다. 미국의 역동적인 창업의 시대는 그 이전 1900~1940년이었다.

하지만 중국은 다르다. 현재 중국 기업의 대부분은 창업 세대가

현역에서 뛰고 있다. 중국 민간기업은 관리가 아닌 '창업 기업의 경영'이라는 틀로 해석해야 한다. 창업가는 태생적으로 긍정적이고 유능하며 리스크를 두려워하지 않는다. 그들은 하향식으로 의사결정을 내리고 경영의 모든 디테일을 직접 챙긴다. 중국 혁신기업들은 이러한 창업가 기질을 바탕으로 혁신과 인재를 최우선 가치로 두며 산업 생태계를 적극적으로 활용하는 경향을 보인다. 또한 미국식의 '주주 지향' 경영보다는 창업자와 핵심기술 인력이 중심이 되는 경영을 펼치며 지역 사회와의 연계를 중시한다. 특히 주목할 것은 세대다. 중국의 스타트업을 주도하는 35세 이하, 즉 1990년대 이후 출생한 젊은 층은 태어날 때부터 디지털 환경에서 자란 태생적 디지털 세대다.

중국의 창업 빅뱅이 2015년에 일어났다는 것은 이 스타트업 세대의 절대다수가 태생적 디지털임을 의미한다. 중국의 스타트업은 적어도 다음과 같은 세 가지 면에서 선진국보다 유리한 출발선에 서 있다. 첫째, 청년층이 주도하고 있다는 점이다. 중국은 대학 재학생조차 창업을 당연한 진로로 여길 만큼 열기가 뜨겁다. 2020년 전후 데이터에 따르면 중국 창업가의 30~40%가 30세 이하다. 약 2억 8,000만 명에 달하는 1996~2010년생의 중국 Z세대는 컴퓨터와 스마트폰이 없는 세상을 본 적이 없는 디지털 원주민이다. 이들은 중국이 본격적인 개방을 하고 중진국 수준의 소비생활을 누리기 시작한 1990년 이후에 태어났다. 따라서 빈곤의 기억이 없고 새로운 가치관과 라이프스타일을 선도하는 데 주저함이 없다.

이러한 세대적 특징은 중국 혁신의 심장부인 선전에서 더욱 극명하게 드러난다. 선전 시민의 평균 연령은 33세로 중국 주요 도시

중 가장 젊다. 또한 전체 인구의 약 66%가 외지인으로 구성돼 있어 전통적인 관습에 얽매이지 않고 유입과 이동을 당연시한다. 이 젊고 유동적인 인구 구조는 신기술에 대한 파격적인 수용성으로 이어진다. 선전에서 가장 먼저 얼굴 인식 출입, 드론 배송, 무인 로봇 서비스가 상용화될 수 있었던 건 기술을 거부감 없이 놀이처럼 받아들이는 이들 태생적 디지털 시민들이 존재했기 때문이다.

두 번째 동력은 이미 구축된 디지털 플랫폼 인프라다. 2005년 이후 알리바바, 텐센트, 바이두 등 1세대 인터넷 기업들이 이미 세계적 수준의 디지털 플랫폼을 구축해 놓았다. 덕분에 2015년 이후 등장한 스타트업들은 맨땅에서 시작하는 것이 아니라 거인의 어깨 위에서 비즈니스를 시작했다. 중국은 9억 명이 넘는 인터넷 사용자가 있다. 그중 3억 명 이상이 태생적 디지털 세대다. 이러한 거대한 사용자 기반은 스타트업에 저렴하고 빠른 테스트 환경을 제공해 기업이 신속히 제품을 반복해서 개선할 수 있게 한다. 예를 들어 알리바바의 생태계에는 약 1,100만 개의 중소기업이 있으며 지난 10년간 창출한 일자리만 3,000만 개가 넘는다. 디지털 플랫폼이 단순한 기업을 넘어 국가 경제 전체를 떠받치는 운영체제가 됐음을 의미한다.

마지막 동력은 단계를 건너뛰는 립프로그leapfrog, 즉 퀀텀 점프 현상이다. 실리콘밸리나 다른 나라에서도 태생적 디지털 세대가 창업을 주도하지만 중국의 경우는 스케일이 다르다. 중국에서는 수백만 개의 신규 기업이 태생적 디지털 창업을 했기 때문에 그 규모나 경쟁 정도가 훨씬 더 강력했다. 선진국 기업들이 기존의 레거시 시스템을 교체하느라 씨름할 때 중국은 교체할 과거가 없기에 바로 미래로 점프했다.

맥킨지 분석에 따르면 중국은 거대한 디지털 소비자 기반, 빠른 규모 달성 압박, 혁신 촉진 생태계, 정부의 형성적 역할 등 4가지 조건이 모두 충족되는 유일한 국가다. 중국 기업이 전자상거래, 옴니채널 무역, 서비스 가상화, 모빌리티 혁명, 사회생활 디지털화, 산업 사물인터넷, 디지털 도시화 등에서 글로벌 선도국이 된 것은 우연이 아니라 압도적인 뛰어난 디지털 역량이 빚어낸 필연적 결과다.

감시와 자율이 동시에 작동하는 지배 구조를 구축하다

중국 민간기업 지배구조의 특징은 소유권이 개인이나 가족에 집중돼 있다는 점이다. 중국 기업 소유 구조의 원형을 보여주는 2008년 통계를 보면 상장기업의 최대 주주 지분율은 평균 36%에 달했고 상위 5개 주주가 과반인 52%를 장악했다. 중국 민간기업이 사실상 창업자 또는 그 일가의 절대적인 통제 아래에 있는 '가족 기업' 형태임을 의미한다.

창업자들은 기업경영에서 직접 지휘하고 통제하려는 욕구가 매우 강하다. 많은 기업이 다층적 피라미드 소유 구조를 채택한다. 비상장 모회사가 다수의 자회사를 소유하고 그중 일부만 상장시키는 방식이다. 이러한 구조 때문에 오너는 최상위 기업의 정보공개 의무는 피하면서도 자회사의 상장을 통해 외부 자금을 조달할 수 있다.

하지만 2018년 이후 중국 자본시장의 지배구조 공식이 바뀌었다. 가장 큰 변화는 공산당 조직이 상장기업의 지배구조에 공식적으로 통합됐다는 점이다. 그 결정적 계기는 2018년 개정된 「상장회사 거버넌스 준칙上市公司治理准则」 제5조다. 이 조항은 '상장회사는 '회사법' 규정에 따라 중국공산당 조직을 설립하고 당의 활동을 전개해야 하며 이를 위해 필요한 조건을 제공해야 한다.'라고 명시했다. 이제 상장사의 이사회 옆에 당 위원회가 자리 잡는 것은 거스를 수 없는 뉴노멀이 됐다.

이 현상은 동전의 양면처럼 두 가지 의미로 해석할 수 있다. 첫째는 명백한 '통제의 강화'다. 당 조직이 이사회의 상위 개념처럼 작동하며 민간기업의 의사결정이 공산당의 정치적 목표에서 벗어나지 않도록 감시하는 새장 역할을 한다는 점이다. 이는 기업의 자율성을 침해하고 관치 경영을 심화시킬 수 있다는 리스크로 작용한다.

둘째는 역설적으로 국가적 지원이다. 2025년 4월 제정된 「민영경제촉진법民营经济促进法」의 맥락에서 보면 당 조직의 수용은 민간기업이 국유기업과 동등한 법적이고 제도적인 보호를 받기 위해 치러야 할 '입장료'와 같다. 국가는 민간기업을 제도권 안으로 받아들여 차별 없이 지원하되 그 대가로 국가전략에 대한 정합을 요구하는 것이다.[2]

결국 중국의 민간기업 지배구조는 '감시받는 자율'과 '보호받는 종속' 사이에서 줄타기하는 형국이다. 이 구조적 결합을 통해 중국의 민간기업들은 시장 플레이어를 넘어 사실상 국가의 자원을 지원받고 국가의 미션을 수행해야 하는 이중적 성격을 갖게 됐다.

유교에 현대적 성과주의를 결합해 조직 문화를 혁신하다

전통적인 중국 기업 조직구조의 가장 큰 특징은 유교 철학에 기반한 위계 문화였다. 이는 신뢰, 선배에 대한 존경, 그리고 집단적 책임을 중시하는 관계의 네트워크다. 유교 철학에서 나오는 조직 특징은 리더는 부하직원을 가부장적으로 보살피고 보호해야 하며 부하직원은 상급자에게 존경과 복종을 하는 것이 미덕이다. 따라서 의사결정 구조는 철저히 하향식이다. 사내에서 광범위한 토론이 있더라도 실제 결정권은 피라미드 최상단의 소수에게 집중된다. 이는 빠른 실행력을 담보하는 중국 기업의 전통적 강점이기도 하다.

그러나 혁신적인 기업은 이 유교적 전통에만 매달리지 않았다. 그에 더해 파격적인 성과주의를 도입했다. 기술 기업의 성패는 뛰어난 소수의 인재에 달려 있기 때문이다. 혁신 기업들은 기본급 외에 스톡옵션이나 양도제한조건부주식RSU 같은 장기 인센티브를 활용한다.* 화웨이는 직원들이 주식을 보유하는 '종업원 지주제'를 통해 성과 우수자에게 막대한 배당금을 지급하는 것으로 유명하다. 알리바바와 텐센트 역시 근속과 성과 조건을 충족한 인재에게 주식을 무상으로 지급하거나 스톡옵션을 부여해 직원이 아닌 주주로서 일하게 만든다.

현금 보상 또한 파격적이다. 기술 기업에서 연봉의 50% 수준의

---

* RSU는 양도제한조건부주식Restricted Stock Units으로 일정한 조건 충족 시에 주식을 무상으로 제공한다. 혁신기업의 경우 스타트업에서는 스톡옵션이 선호되고 어느 정도 성장한 기업에서는 양도제한조건부주식RSU이 많이 활용된다.

성과급은 일반적이다. 최근에는 인공지능 핵심 인재 확보를 위해 1인당 1억 위안(약 190억 원)에 달하는 천문학적 패키지를 제시하는 경우도 등장했다. 이는 연공서열과 호봉제가 여전히 지배적인 한국이나 일본 기업과는 질적으로 다른 생태계다.

중국 기업의 성과 관리는 목표관리제도MBO를 기반으로 하며 업적 평가와 역량 평가를 대략 50:50으로 반영해 입체적으로 검증한다. 가장 대표적인 예가 하이얼Haier 그룹이다. 하이얼의 '많이 일한 사람은 많이 받고, 적게 일한 사람은 적게 받고, 일하지 않은 사람은 받지 못한다.'라는 원칙은 중국 기업의 성과주의를 관통하는 철학이다. 성과 우수자는 상상을 초월하는 보너스를 챙기지만 저성과자는 보너스 삭감을 넘어 가차 없는 퇴출의 압박을 받는다. 즉 중국의 성과주의는 기회와 생존 공포가 공존하는 구조다.

결론적으로 중국의 혁신 기업들은 전통적 위계 문화(유교)라는 그릇에 현대적 성과주의(시장)라는 내용물을 담아낸 독특한 하이브리드 모델이다. 알리바바나 바이트댄스 같은 기업들은 창업자의 강력한 가부장적 리더십으로 방향을 잡으면서도 실무에서는 디지털 시대의 민첩성을 발휘하는 조직문화를 실험 중이다. 최근에는 장시간 근무 문화인 '996', 즉 아침 9시에 출근해 밤 9시에 퇴근하고 주 6일을 일하는 방식으로 하루 12시간 이상 주 72시간 가까이 일하는 구조에서 탈피하는 움직임이 확산되고 있다. 이와 같은 시도로 청년 인재를 육성하고 인간 중심적이며 성과를 보상하는 지속가능한 조직문화로의 전환을 꾀하고 있다.

4

야생의 생존 경쟁과 승자 선별

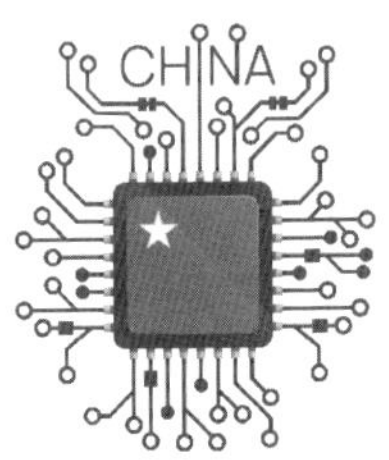

중국의 대표 기업을 이야기할 때 가장 흔히 등장하는 서사는 단순하다. 국가가 전략 산업을 정하고 유망 기업을 골라 집중적으로 지원해 세계적 기업으로 키워냈다는 스토리이다. 이 설명은 직관적이고 설득력 있어 보인다. 실제로 중국 정부는 산업 정책을 통해 자원을 집중해 왔고 전략기술을 국가적 과제로 격상시켜 왔다. 그러나 표면 아래를 들여다보면 전혀 다른 풍경이 펼쳐진다.

중국의 산업 현장은 처음부터 '선발된 소수'가 독주하는 구조가 아니었다. 오히려 수백 개 기업이 동시에 출발선에 서는 과잉 경쟁의 장에 가까웠다. 거대한 내수시장과 빠른 성장 기대가 맞물리면서 하나의 산업이 열리면 기업이 폭발적으로 난립했다. 통신장비, 스마트폰, 전기차, 인터넷 플랫폼에 이르기까지 거의 모든 분야에서 유사한 패턴이 반복됐다. 보호받는 챔피언이 아니라 탈락자가 산처럼 쌓이는 소모전 속에서 마지막까지 버틴 기업이 전면에 등장했다.

중국은 먼저 경쟁을 허용한다. 진입 장벽을 낮추고 수많은 플레이어가 링 위에 오르도록 판을 깐다. 그 과정에서 가격 전쟁, 기술 경쟁, 속도 경쟁이 극단적으로 전개된다. 상당수 기업은 자금난과 구조조정 속에 사라진다. 생존을 통해 효율성과 기술력을 입증한 기업이 나타난 이후에야 국가 자원이 본격적으로 결합된다. 즉 정부가 승자를 미리 설계한다기보다 시장이 거칠게 압축한 후보군 중에서 살아남은 자에게 전략적 무게를 싣는 방식에 가깝다. 이 메커니즘을 이해하지 못하면 중국 기업의 성장을 '국가의 특혜'라는 단어 하나로 환원하게 된다.

결국 오늘날 중국의 글로벌 기업들은 기획된 영웅이 아니라 생존을 통해 증명된 결과물이다. 중국 산업 정책의 진짜 특징은 '선先 지원'이 아니라 '선先 경쟁'이다. 그리고 이 혹독한 선별 과정이 끝난 뒤에야 비로소 국가의 전략과 기업의 역량이 결합된다.

무한 경쟁 뒤에 살아남은 기업에 지원을 몰아주다

화웨이는 중국의 삼성전자라고 할 수 있다. 연구 인력 비중이 50%가 넘고 연구개발 투자도 매출의 20%를 차지하고 있다. 세계 지식재산권기구 기준 국제 특허출원 건수에서 부동의 세계 1위를 지키고 있다. 화웨이는 오늘날 중국 기술 굴기의 상징이자 국가대표 기업으로 불린다. 하지만 그 시작이 정부의 전폭적인 지원 아래 이루어졌다는 시각은 오해다.

객관적인 자료에 따르면 화웨이의 성공이 필연적이었다거나 그 과정이 순탄했다고 보는 것은 전형적인 고정관념이다.[3] 1987년 런정페이가 선전에서 화웨이를 창업했을 당시 회사는 기술을 개발하는 제조사가 아니라 전화 교환기PBX를 수입해 파는 영세한 무역상에 불과했다.

물론 창업자 런정페이가 인민해방군의 인프라 건설 공병 출신이고 당시 중국 정부가 1980년대 선전을 경제특구로 지정하며 통신 인프라 확충에 나섰던 것은 기회요인이었다. 하지만 이러한 시장의 기회는 화웨이에만 주어진 특혜가 아니었다. 당시 중국 시장은 개방됐고 기회를 포착한 수많은 경쟁자가 동시에 링 위에 올랐기 때문이다. 초기 화웨이가 마주한 시장 환경은 '보호받는 온실'이 아니라 '야생의 정글'이었다. 당시 중국 통신 시장에는 에릭슨, 알카텔, 지멘스, NEC, 후지쯔 등 기술력으로 무장한 글로벌 거인들이 이미 진입해 시장을 선점하고 있었다.

더욱 무서운 것은 내부 경쟁이었다. 1980년대 중반 통신 시장의 성장성을 보고 뛰어든 중국 토종 기업 수는 최소 400개에 달했다. 이는 다른 국가의 산업 발전 역사에서는 찾아보기 힘든 중국만의 특징이다. 중국 시장은 인구가 미국의 4배에 달하는 거대 시장인 만큼 진입하는 기업의 숫자도 압도적으로 많다. 참고로 2015년 스마트폰 시장에서도 중국에는 445개의 제조사가 난립해 있었다. 즉 화웨이는 창업 초기부터 정부의 선택을 받은 것이 아니라 저가 시장에서 400여 개의 경쟁자와 치열한 혈투를 벌여야 했다. 화웨이도 1995년 이전까지 매출 성장세가 미미했다. 생존경쟁이 얼마나 처절했는지를 보여준다.

화웨이가 진정한 승자로 부상한 것은 정부의 지원 때문이 아니라 시장의 위기 속에서 살아남았기 때문이다. 2001년 전 세계적인 닷컴 버블 붕괴 당시 수많은 통신장비 기업이 과잉 설비와 적자를 견디지 못하고 도태됐다. 글로벌 강자들조차 생존을 위해 노키아, 지멘스, 알카텔, 루슨트 등은 합병을 거듭하며 몸집 불리기에 나섰다. 이 시기 화웨이는 독자적인 생존력을 증명하며 오히려 시장점유율을 확대했다.

화웨이는 경쟁자들이 사라진 폐허 위에서 기술력과 가격경쟁력을 입증하며 2013년에 이르러서야 세계 최대의 통신장비 공급 업체로 등극했다. 결론적으로 화웨이는 정부가 처음부터 찍어서 키운 기획된 승자가 아니다. 400대 1의 경쟁률을 뚫고 글로벌 기업과의 싸움에서 시장에 의해 선택받은 최후의 생존자다. 중국 정부의 전폭적인 지원은 화웨이가 경쟁에서 승리하여 효용성을 입증한 이후에 비로소 집중됐다. 이것이 바로 중국 산업 정책의 본질인 '선 경쟁 후 지원'의 메커니즘이다.

창업자 런정페이의 군 복무 경력은 서구에서 정부 특혜 의혹의 단골 소재다. 물론 초기 시장 진입에 그의 배경과 개인적 관시关系가 윤활유 역할을 했을 가능성은 있다. 하지만 관시는 400개의 경쟁사와 경쟁할 수 있는 그야말로 입장권일 뿐이다. 화웨이의 성공을 단순히 정부의 비호로만 환원하는 것은 진짜 경쟁력을 놓치는 단편적 시각이다.

정부 지원에 안주하는 기업이라면 절대 하지 않았을 선택을 런정페이는 감행했다. 그는 1998년부터 IBM을 비롯한 서구 컨설팅 기업들에 거액의 비용을 지불하며 선진 경영 프로세스를 도입했다. 당시 내부의 반발이 거세자 런정페이는 "발을 깎아서라도 신발에 맞춰라." 즉 '삭족적리削足适履'라며 변화를 강요했다. 중국식 주먹구구 관행을 버리겠다는 의미였다.

그는 심지어 임원 전원에게 사표를 쓰게 하는 등 기득권을 깨는 충격요법도 마다하지 않았다. 이는 화웨이가 관시가 아닌 철저한 실력과 시스템으로 무장한 시장의 전사warrior임을 증명한다. 런정페이의 군대 경험은 외부의 특혜보다는 내부의 조직문화에 더 깊게 각인됐다. 그는 항상 "죽음은 영원하고 번영은 찰나다."라며 구성원들에게 극도의 위기의식을 불어넣었다. 화웨이 특유의 '늑대 문화'는 런정페이의 군인 DNA가 기업경영에 투영된 결과다. 결국 화웨이는 정부가 만들어준 온실 속 화초가 아니다. 군인의 규율로 무장하고 상인의 현실 감각으로 서구의 시스템을 흡수해 시장의 승자가 된 대표 사례라 할 수 있다.

보호와 통제가 교차하는 환경에서 승자를 골라내다

화웨이가 시장경쟁에서 살아남아 정부의 인정을 받은 자수성가형이라면 바이두, 알리바바, 텐센트의 성장 방정식은 이와는 결이 다르다. 이 세 회사는 2000년 전후 닷컴 버블 시기에 설립돼 정부와는 일정한 거리를 둔 채 성장했다. 이들에게는 몇 가지 뚜렷한 공통점이 있다. 첫째, 창업 초기 정부자금이 아닌 외국자본의 결정적인 수혈을 받았다. 둘째, 시장에서 소비자의 선택을 받았고 플랫폼 비즈니스의 핵심인 네트워크 효과를 통해 독점적 지위를 선점했다. 셋째, 중국 정부가 구글, 페이스북, 아마존 등 미국 빅테크의 진입을 막아준 '만리방화벽Great Firewall'이라는 거대한 울타리 안에서 반사이익을 누렸다. 넷째, 2020년 이후 정부가 데이터 주권과 공동 부유Common Prosperity를 내세우며 규제를 강화하자 급격히 국가의 통제 영역으로 편입됐다.

알리바바의 마윈은 항저우의 영어 교사 출신이었다. 그는 미국 연수 중 인터넷의 잠재력을 목격하고 1999년 창업에 나섰다. 그의 성공에서 결정적인 순간은 일본 소프트뱅크의 손정의 회장을 만난 것이었다. 손정의는 단 5분 만에 마윈의 비전에 베팅해 당시 지분 30%에 달하는 2,000만 달러를 투자했고 2004년에는 6,000만 달러를 추가로 투자했다. 이는 정부가 아닌 외국자본이 중국의 혁신 기업을 인큐베이팅했음을 보여주는 결정적 장면이다.

알리바바는 이후 중국 최대 전자상거래 기업이 됐고 앤트그룹을 통해 금융업까지 진출했다. 경쟁사인 아마존의 경우 중국 정부가 직접 진입을 막은 것은 아니었다. 아마존은 2004년 중국에 진출했으나 현지 적응 실패로 점유율을 잃고 2019년 결국 중국 내 마켓플레이스 사업에서 철수했다.

1998년 마화텅 등 선전대학교 동창들이 설립한 텐센트 역시 남아프리카공화국의 미디어 그룹 내스퍼스Naspers라는 든든한 우군이 있었다. 내스퍼스는 초기부터 대규모 투자를 단행해 최대 주주가 됐다. 현재도 약 24.6%의 지분을 보유하고 있지만 경영에는 관여하지 않는 재무적 투자자다.

텐센트의 무기는 연결이다. 대표 상품인 위챗은 2023년 말 기준 월간 사용자 13억 4,000만 명에 달하는 슈퍼 앱이며 결제 인프라인 위챗페이를 출시했다. 텐센트는 여러 한국 기업의 큰손이기도 하다. 카카오의 3대 주주이며 넷마블, 크래프톤, 펄어비스 등 한국의 게임 및 테크 기업에 광범위하게 투자하고 있다.

2000년 베이징에서 리옌훙과 쉬융에 의해 설립된 바이두는 2010년 구글이 중국 정부와의 갈등으로 철수하면서 생긴 무주공산을 차지하며 급성장했다. 초기에는 DFJ 등 미국계 벤처캐피털의 투자를 받았으나 현재는 외국자본의 영향력이 많이 희석됐다. 최근에는 검색엔진의 한계를 넘어 인공지능, 자율주행, 클라우드 등 딥테크 기업으로 체질을 개선하고 있다. 2005년에 미국 나스닥에 상장했고 2021년에는 홍콩증시에도 상장했다.

바이두, 알리바바, 탄센트 등 이른바 '배트BAT'의 운명은 2020년 11월 앤트그룹 상장 중단을 기점으로 변곡점을 맞았다. 하지만 이를 단순히 정부의 일방적인 '때리기'로만 보기는 어렵다. 당시 빅테크 기업들은 시장지배력을 남용해 양자택일을 강요하거나 금융 규제를 우회하여 레버리지를 일으키는 행위가 많아졌다. 이에 중국 정부는 '자본의 무질서한 확장 방지防止资本无序扩张'를 정책 구호로 내걸고 강력한 규제 드라이브를 걸었다.

100만 명 이상 사용자 데이터를 가진 기업의 해외 상장 심사를 의무화하고 데이터 안보, 금융 리스크 방지, 그리고 공정경쟁을 규제 명분으로 내세웠다. 대표적인 수단이 소위 황금주Golden Share라 불리는 특수관리주의 도입이다. 이는 정부 산하기관이 기업 지분의 단 1%만을 보유하더라도 이사회 구성원 지명 등 특정 핵심 사안에 대해 거부권을 행사할 수 있도록 한 특수한 거버넌스 장치다.

실제로 2023년 1월 중국 국가사이버정보판공실CAC 산하의 국유 펀드가 알리바바의 미디어 콘텐츠 자회사인 광저우 루요우广州路优信息科技有限公司의 지분 1%를 인수하고 이사 선임권을 확보한 것이 대표적이다.[4] 중국 정부는 황금주를 통해 알리바바와 텐센트 등 핵심 빅테크 기업의 콘텐츠, 데이터, 전략 영역에 대한 제도적 통제장치를 마련했다.

이러한 기조 변화에 따라 초기 성장을 견인했던 소프트뱅크와 내스퍼스 등 외국 자본은 리스크 관리를 위해 지분을 축소하고 있다. 정부 또한 이들에게 천문학적인 반독점 벌금 부과와 함께 '공동부유'라는 사회적 책무를 강조하며 압박했다. 결국 오늘날의 배트는 '민간 기업가+외국 자본'이 주도하던 통제되지 않은 거인에서 국가의 관리 감독 아래 사회적 가치와 안보를 우선시해야 하는 '국가 발전 전략의 제도적 파트너'로 그 성격이 재정립됐다고 평가할 수 있다.

중국의 산업 정책을 단 하나의 모델로 일반화하는 것은 불가능하다. 중국 정부는 산업의 성격과 전략적 중요도에 따라 각기 다른 이중적 잣대를 적용하기 때문이다. 이를 3가지 유형으로 분류하면 다음과 같다. 첫째, 전략적 공생 모델로 화웨이가 해당한다. 시장에서의 처절한 경쟁을 통해 기술력과 생존력을 스스로 입증한 기업에 대해서는 정부가 전폭적인 지원을 통해 글로벌 챔피언으로 육성한다. 이는 시장이 검증하고 정부가 힘을 싣는다는 가장 이상적인 민관 협력 모델이다.

둘째, 보호 후 통제 모델로 바이두, 알리바바, 텐센트가 대표적이다. 만리방화벽이라는 보호막 안에서 외국자본으로 성장해 독점적 지위를 누렸지만 그 영향력이 국가 시스템을 위협할 수준이 됐다. 그러자 정부는 강력한 규제와 황금주를 통해 이들을 국가의 통제 아래 두었다. 즉 시장의 독점을 국가가 관리한다는 논리다.

셋째, 다원주의적 경쟁 모델로 앞에서 다루었던 전기차EV 산업
이다. 이곳은 아직 천하를 통일한 진정한 승자가 정해지지 않은 춘
추전국시대다. 정부는 보조금과 인프라라는 판을 깔아주지만 특정
기업을 미리 낙점하지 않는다. 수백 개의 기업이 난립해 적자생존
의 혈투를 벌이고 그 과정에서 살아남은 자만이 미래의 화웨이가
될 수 있다.

이처럼 중국의 산업 정책은 시장의 효율성과 국가의 통제력이
복합적으로 얽힌 하이브리드 시스템이다. 이러한 독특한 하이브리
드 시스템으로 기업과 시장을 키우며 글로벌 경제의 주도권까지
노리고 있다.

5

중국식 플랫폼 전략의 역전

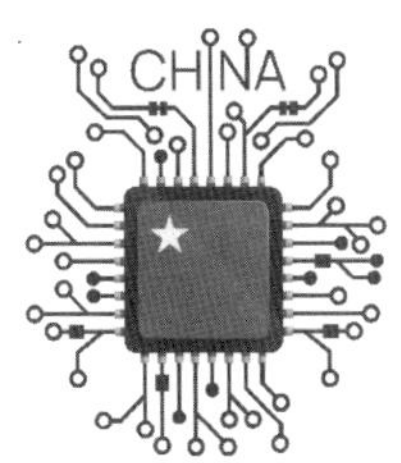

실리콘밸리의 플랫폼 성공 공식은 비교적 분명했다. 하나의 킬러 서비스로 네트워크 효과를 선점하고, 이용자 규모를 기반으로 광고나 구독 모델을 확장하고, 규제 리스크는 사후적으로 대응하는 방식이다. 인맥 중심의 소셜 그래프를 먼저 장악한 기업이 시장을 독식하고 이후 생태계를 넓혀가는 구조가 전형적인 문법이었다.

바이트댄스의 등장은 이 공식을 정면으로 흔들었다. 이 기업은 실패를 두려워하지 않고 성공 신호가 보이면 곧바로 글로벌로 복제하는 속도전이 기본 전략이었다. 네트워크를 쌓는 대신 알고리즘을 정교화했고 친구 관계보다 관심 데이터를 자산으로 삼았다. 소셜 그래프가 아니라 관심 그래프Interest Graph를 기반으로 플랫폼의 주도권을 가져오는 전혀 다른 접근이었다.

더 중요한 차이는 구조에 있다. 바이트댄스는 기술과 운영을 의도적으로 분리했다. 핵심 알고리즘과 기술 역량은 공유하되 각 시장에서 작동하는 앱과 법인은 철저히 이원화했다. 중국 내수와 글로벌 시장을 분리해 지정학적 리스크를 관리하는 전략은 단순한 법적 대응이 아니라 사업 설계 단계부터 반영된 구조적 선택이었다. 이는 플랫폼 기업이 기술 기업이면서 동시에 정치적 행위자라는 현실을 전제로 한 성장 모델이다.

또한 이들은 광고 수익에 안주하지 않았다. 콘텐츠를 통해 수요를 창출하고 커머스를 직접 장악하며 물류와 결제까지 확장하는 수직적 통합을 시도했다. 플랫폼이 중개자를 넘어 제조와 유통의 영역까지 침투하는 이 전략은 전통적인 실리콘밸리식 자산 경량화 모델과는 결이 다르다. 데이터와 알고리즘을 기반으로 유행을 만들고 그 유행을 곧바로 상품으로 연결하는 전방위적 확장 전략이 플랫폼의 정의 자체를 바꾸고 있다.

바이트댄스의 부상은 하나의 기업 사례를 넘어선다. 이는 플랫폼이 어떻게 지정학, 데이터 주권, 공급망, 알고리즘 경쟁이 뒤엉킨 21세기 환경에서 설계돼야 하는지를 보여주는 실험이다. 실리콘밸리의 교과서를 뒤집는 이 성장 전략은 중국식 플랫폼 모델이 단순한 추격이 아니라 별도의 문법을 구축하고 있음을 분명히 드러낸다.

데이터 주권과 커머스를 통합한 플랫폼 구조를 마련하다

틱톡의 모회사 바이트댄스는 더 이상 단순한 중국의 스타트업이 아니다. 2024년 기준 매출 약 1,550억 달러(약 210조 원)를 기록하며 중국 IT 업계의 터줏대감인 텐센트마저 추월하며 기업가치

3,000억 달러에 육박하는 세계에서 가장 비싼 유니콘 기업으로 성장했다. 바이트댄스의 성공 방정식은 기존 실리콘밸리의 문법과는 다르다. 이들은 뉴스 앱 터우탸오부터 영상 편집 툴 캡컷CapCut과 업무용 협업 도구 라크Lark에 이르기까지 성공할 때까지 끊임없이 제품을 출시하는 이른바 앱 공장 모델을 통해 시장을 장악했다.

특히 주목할 점은 지정학적 리스크를 관리하는 이원화 전략이다. 핵심기술은 공유하되 운영App은 철저히 분리해 규제 리스크를 회피하는 전략이다. 대표적인 예로 중국 내수용인 도우인Douyin과 글로벌용인 틱톡을 철저히 분리했다. 도우인은 중국의 검열 시스템과 위챗과 알리페이 생태계에 최적화된 반면에 틱톡은 글로벌 스탠다드에 맞춘 별도 법인으로 운영된다. 이는 바이트댄스가 중국 기업이 갖는 한계를 보완하고 글로벌 기업으로 성장할 수 있었던 가장 핵심적인 구조적 토대라 할 수 있다.

틱톡이 글로벌 시장을 흔든 비결은 페이스북이나 인스타그램이 십수 년간 쌓아 올린 소셜 그래프를 무너뜨린 데 있다. 틱톡은 내가 누구와 친한지 묻지 않는다. 대신 내가 무엇을 1초라도 더 오래 보는지 파악하는 관심사에 집중한다. 사용자가 팔로우하지 않아도 알고리즘이 끊임없이 취향에 맞는 콘텐츠를 공급하는 이 몰입형 인터페이스는 소셜 미디어의 패러다임을 발견으로 완전히 뒤바꾸어 놓았다.

틱톡의 시장전략은 광고 수익 모델을 넘어 커머스 생태계를 직접 장악하는 전방위적 수직계열화로 요약된다. 이는 크게 쇼퍼테인먼트Shoppertainment를 통한 수요 창출과 공급망 장악이라는 두 가지 축으로 전개된다. 첫째, 쇼퍼테인먼트를 통한 커머스의 재정의다. 틱톡은 '물건을 팔기 위해 콘텐츠를 만드는 것'이 아니라 '즐거운 콘텐츠를 보다 보니 자연스럽게 물건을 사게 되는' 새로운 소비 문법을 창시했다. 이는 기존 이커머스의 검색 후 구매하는 목적형 쇼핑의 지루함을 타파하고 틱톡의 핵심 자산인 관심 그래프를 구매 데이터와 결합한 모델이다. 사용자가 춤추는 영상을 보다가 입고 있는 옷을 즉흥적으로 구매하게 만드는 전략은 적중했다. 실제로 틱톡 숍의 2024년 총거래액GMV은 폭발적으로 성장해 미국 시장에서만 연간 175억 달러 목표를 제시할 정도로 급성장했다.

둘째, 공급망 직접 장악하려는 프로젝트 S 시도다. 최근 틱톡은 플랫폼의 역할을 중개자에서 직접 판매자로 확장하는 과감한 실험을 단행했다. 트렌디 비트Trendy Beat라는 기능으로 영국 등에서 테스트됐다. 틱톡이 앱 내에서 바이럴 되는 인기 상품을 데이터로 포착한 뒤 중국 내 공급망을 통해 직접 제조하거나 매입해 판매하는 것이다. 이는 틱톡이 아마존의 자체 브랜드 상품PB이나 쉬인Shein의 모델을 벤치마킹했는데 이제는 유행을 만드는 능력을 갖춘 공장의 역할까지 겸하겠다는 의지를 드러낸 것이다. 현재는 이를 풀필먼트 바이 틱톡FBT 서비스로 고도화해 판매자의 물류와 배송까지 대행하며 생태계 장악력을 높이고 있다.

틱톡을 지탱하는 핵심기술은 모놀리스Monolith라 불리는 독보적인 추천 아키텍처다. 기존 시스템들이 데이터 양이 늘어날수록 실시간 학습에 병목현상을 보였던 것과 달리 바이트댄스의 기술은 사용자 반응을 실시간으로 학습하고 충돌 없이 반영하는 고도화된

틱톡 숍 풀필먼트

틱톡 숍 풀필먼트FBT는 주문부터 포장과 배송까지 틱톡 숍이 대행하는 구조다. 플랫폼이 물류와 공급망까지 직접 장악하는 수직계열화 전략의 일환이다.
(자료: 틱톡 숍 홈페이지)

임베딩 기술*을 자랑한다. 사용자가 앱을 켜자마자 틱톡이 사용자의 취향을 간파하는 것은 우연이 아니라 이 압도적인 연산 능력이 빚어낸 기술적 성취다.

그러나 기술적 우위만으로는 지정학적 압력을 견딜 수 없기에 틱톡은 데이터 공급망을 물리적으로 분리하는 전략을 쓰고 있다. 미국 사용자의 데이터를 오라클 클라우드에 가두고 미국 법인의 통제를 받게 하는 프로젝트 텍사스Project Texas, 유럽 사용자의 데이터를 아일랜드와 노르웨이 데이터센터에 격리하고 제삼자의 감시를 받는 프로젝트 클로버Project Clover가 그 대표적인 예다. 이는 틱톡이 기술 기업으로서의 효율성을 일부 포기하면서까지 데이터 주권 논란을 잠재우고 생존하기 위해 구축한 디지털 시대의 새로운 방어선이라 할 수 있다.

---

*   임베딩embedding 기술은 텍스트, 이미지, 오디오 등 현실 세계의 데이터를 인공지능이 처리할 수 있는 의미를 가진 고차원의 숫자 배열로 변환하는 것을 말한다.

거대 조직을 스타트업처럼 기민하게 움직이도록 설계하다

10만 명이 넘는 거대 조직이 스타트업처럼 기민하게 움직일 수 있는 비결은 창업자 장이밍Zhang Yiming이 심어 놓은 독특한 야생의 DNA에 있다. 그의 경영 철학은 지연 만족Delayed Gratification으로 요약된다. 당장의 수익이나 안락함보다는 더 큰 목표를 위해 만족을 뒤로 미루고 고통스러운 장기 투자를 감내한다는 원칙이다.

이 철학이 가장 극적으로 드러난 사건이 바로 텐센트의 투자 제안 거절이다. 2016년 무렵 중국 스타트업 생태계에서 바이두, 알리바바, 텐센트의 투자를 받는 것은 성공의 보증수표이자 생존 공식이었다. 텐센트는 당시 성장 가도를 달리던 바이트댄스에 거액의 투자와 트래픽 지원을 제안하며 사실상의 인수 의사를 내비쳤다. 하지만 장이밍은 이를 단칼에 거절했다. 당시 그가 남긴 "텐센트의 직원이 되려고 창업한 것이 아니다."라는 말은 전설처럼 회자된다.

대다수 창업자가 거대 플랫폼의 우산 아래로 들어가 안정을 택할 때 그는 "거인의 어깨 위에 올라타면 결국 그 거인이 보는 풍경 밖에 보지 못한다."라며 독자 노선을 고집했다. 이 결정은 바이트댄스가 알리바바와 텐센트의 대리전 양상이었던 중국 인터넷 판도를 깨고 글로벌 빅테크로 도약하는 결정적인 분기점이 됐다. 또한 바이트댄스는 통제Control하지 말고 맥락Context을 제공하라는 원칙에 따라 운영된다. 리더의 역할은 지시를 내리는 것이 아니라 팀원들이 올바른 판단을 할 수 있도록 충분한 정보와 배경을 투명하게 공유하는 것이다. 최고경영자의 목표를 말단 직원도 열람할 수 있는 극단적인 투명성과 직급에 상관없이 서로를 동등하게 부르는 수평적 문화 등은 빠른 의사결정의 원동력이 된다.

현재 바이트댄스의 리더십은 창업자 장이밍이 기술과 장기 전략을 구상하고 그의 대학 동기인 량루보Liang Rubo 최고경영자가 조직 관리를 맡고 서우쯔추Shou Zi Chew 틱톡 최고경영자가 서구권의 정치적 압박을 방어하는 삼각 편대 체제로 운영된다. 이들은 각각 장기 전략, 내부 결속, 대외 방어의 역할을 분담하며 위기 속에서도 조직의 균형을 유지하고 있다.

바이트댄스의 글로벌 전략은 중국 정부와의 제도적 연계성이라는 상수 위에서 작동한다. 그 중심에는 이른바 황금주가 존재한다. 중국 정부는 국유 펀드를 통해 베이징 바이트댄스 테크놀로지 등 바이트댄스의 중국 내 핵심 자회사 지분 1%를 보유함으로써 이사 선임권과 주요 콘텐츠의 감독권을 확보하고 있다. 이는 단순한 지분투자를 넘어선 구조적 거버넌스 장치로 기능한다. 이러한 지배 구조는 서구권 국가들이 틱톡의 데이터 안보를 리스크로 인식하는 핵심 근거가 되며 글로벌 시장에서 기업의 독립성을 지속적으로 증명해야 하는 딜레마의 원인이 되고 있다.

또한 2020년 개정된 중국의 「수출 금지 및 제한 기술 목록中国禁止出口限制出口技术目录」에는 데이터 분석에 기반한 개인화 정보 추천 서비스 기술이 새롭게 추가됐다. 이는 틱톡의 알고리즘이 단순한 기업의 사유재산을 넘어 국가의 승인 없이는 반출이 불가능한 국가전략 자산으로 격상됐음을 시사한다. 즉 향후 미국 사업 매각과 같은 지정학적 변수가 발생하더라도 핵심 경쟁력인 추천 알고리즘의 이전은 중국 법령에 따라 제한될 수 있음을 의미한다. 결과적으로 틱톡은 글로벌 빅테크로서의 상업적 확장성과 자국의 기술 안

보 규제 사이에서 정교한 균형점을 찾아야 하는 고도의 전략적 과
제를 안고 있다.

6

생태계 장악형 확장 성장 모델

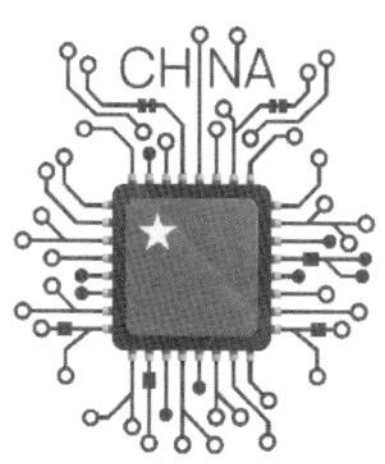

최근 몇 년간 인공지능 경쟁의 상징은 거대 자본과 수만 장의 최신 그래픽처리장치GPU, 수천 명의 연구 인력 등 '규모'였다. 더 많은 연산, 더 큰 모델, 더 많은 투자금이 곧 경쟁력이라는 믿음이 지배했다. 실리콘밸리의 빅테크들은 천문학적 자본을 태우며 인공지능 패권 전쟁을 벌였고 산업의 진입 장벽은 점점 더 높아지는 듯 보였다.

이 구도에 균열을 낸 존재가 딥시크다. 이 기업은 '더 많이'가 아니라 '더 적게 쓰고 더 잘 쓰는 것'을 무기로 등장했다. 막대한 외부 투자에 의존하기보다 창업자가 금융시장에서 축적한 자본과 선제적으로 확보한 연산 자원을 기반으로 독자적인 길을 택했다. 무엇보다 이들은 기술을 폐쇄적으로 감추기보다 공개하고 단기 수익을 극대화하기보다 생태계를 먼저 넓히는 전략을 선택했다.

딥시크의 등장은 인공지능 경쟁의 좌표를 바꿔놓았다. 비용을 압축하면서도 성능을 끌어올리는 알고리즘 최적화, 기업과 개인 간 상거래B2C 무료 개방을 통한 사용자 기반 확대, 공공·국유 부문과의 전략적 결합을 통한 안정적 수요 확보까지 아예 판을 확 바꿔놓았다. 이들의 전략은 단순한 기술혁신을 넘어 '효율을 앞세운 구조 혁신'에 가깝다.

더 주목할 점은 방향성이다. 딥시크는 수익을 최우선 목표로 내세우지 않는다. 대신 가격 장벽을 낮춰 전 세계 개발자와 기업을 자사 모델 위로 끌어들이고 오픈소스를 매개로 영향력을 확산시킨다. 이는 플랫폼을 먼저 장악한 뒤 수익 모델을 설계하는 장기전이다. 단기 실적보다 생태계 지배력을 우선하는 전략은 기존 빅테크의 자본 집약형 성장 모델과는 다른 궤적을 그린다.

눈앞의 이익보다 영토 확장을 선택해 산업 구조를 바꾸다

딥시크는 2025년 혜성처럼 등장해 전 세계 인공지능 판도를 뒤흔든 가장 야생적인 스타트업이다. 범용 인공지능AGI을 목표로 하는 이 기업의 탄생 배경에는 창업자 량원펑의 독특한 이력이 자리 잡고 있다. 절강대학교 출신의 천재 엔지니어인 그는 남들처럼 바로 인공지능 판에 뛰어드는 대신 먼저 퀀트Quant 투자 전문기업인 환팡양화High-Flyer Quant를 창업하는 우회로를 택했다.

그는 금융시장에서 알고리즘으로 막대한 자본을 축적하고 미국의 제재가 시작되기 전 핵심 자원인 고성능 그래픽처리장치GPU를 약 1만 장 규모나 미리 확보했다. 그리고 2023년 돌연 범용 인공지능 개발을 선언하며 자신이 번 돈과 장비를 쏟아부었다. 자신을 철저한 기술 덕후로 규정하는 그는 오픈소스 생태계에 대한 신념을 바탕으로 기술을 대중에 공개하며 폐쇄적인 빅테크들의 독점 구조에 정면으로 도전장을 던졌다.

딥시크의 시장전략은 거대 자본을 앞세운 오픈AI나 구글과는 다른 철저한 비대칭 전력의 구사다. 단기적인 수익 창출보다는 압도적인 효율성으로 트래픽을 확보하고 사용자를 록인Lock-in하는 데 방점을 둔다. 업계 일각에서는 수익 모델의 부재를 지적하지만 데이터가 보여주는 잠재력은 명확하다.

딥시크가 깃허브 등에 공개한 V3와 R1 모델의 일일 사용량 데이터를 기반으로 추산하면 일 매출은 약 56만 2,000달러(한화 약 7억 원), 연간 환산 시 약 2억 달러(한화 약 2,600억 원) 이상의 매출 규모가 예측된다. 반면 같은 기간 추정 그래픽처리장치GPU 임대 비용은 일 매출의 15% 수준인 약 8.7만 달러에 불과하다. 이는 딥시크가 가진 압도적인 운영 효율성과 수익 창출 가능성이 이미 수치로 입증됐음을 의미한다. 그럼에도 딥시크는 B2C 서비스를 대부분 무료로 개방하고 일부 B2B 영역에서만 고가 정책을 취하고 있다. 이는 당장의 이익보다는 기술 민주화를 기치로 내걸고 글로벌 인공지능 시장의 가격 장벽을 무너뜨려 전 세계 개발자들을 자사 생태계로 빠르게 흡수하려는 고도의 전략적 선택이다.

또한 딥시크의 지속가능성을 담보하는 핵심축은 중국 정부 및 국유기업과의 전략적 연계다. 딥시크는 주요 국유기업들이 딥시크 모델 탑재를 경쟁적으로 발표하며 사실상 공공부문의 표준 모델로 자리 잡고 있다. 특히 보안이 중요한 항공과 방산 분야에서의 도입이 두드러진다. 중국항공공업그룹 레이화전자기술연구소는 딥시크의 온프레미스On-premise(사내 구축형) 배포와 통합 응용 시스템 구축을 완료했다. 칭안그룹庆安集团은 딥시크 등 다수의 국산 거대 언어모델을 도입해 실무에 적용이 가능한 '칭안 스마트 어시스턴트'를 출시했다. 베이징 칭원 항공계기는 R1 70B 버전을 로컬 서버에 구축하여 정보 검색, 소프트웨어 개발 등에 활용하고 있다.

시장 확대 전략은 투트랙으로 진행된다. 국내에서는 개인 대상의 경량화 모델과 기업 대상의 심층 서비스를 결합한 계층형 상업화 모델로 침투 속도를 높인다. 해외에서는 아세안ASEAN과 브릭스BRICS 국가를 타깃으로 중국산 인공지능 생태계를 확장하고 있다.

적은 자원으로 최대 성능을 구현하는 검소한 혁신을 하다

딥시크 기술의 뿌리는 창업자 량원평의 독특한 이력인 퀀트 투자에서 시작된다. 그는 2008년부터 완전 자동화 퀀트 시스템을 연구했고 2013년 딥시크의 모태가 되는 환팡양화를 설립했다. 그는 '시장의 노이즈 속에서 패턴을 찾듯' 인공지능 모델 학습에서도 불필요한 연산을 제거하는 데 집착했다.

딥시크 기술전략의 핵심은 적은 자원으로 최대 성능을 내는 검약적 혁신Frugal Innovation이다. 미국의 제재로 최신 그래픽처리장치GPU 수급이 어려워진 상황을 오히려 알고리즘 혁신의 기회로 삼았다. 이들은 전문가 혼합 모델MoE, 그룹 상대 정책 최적화GRPO 등 고도화된 최적화 기법을 총동원해 메모리 사용량은 줄이면서 추론 속도와 정확도는 비약적으로 향상시켰다.

업계 일각에서는 딥시크가 오픈AI 대비 수십 분의 1 수준에 불과한 비용으로 동등한 성능을 구현했다고 평가한다. 투입 자원 규모에 대한 논란은 있으나 H800 그래픽처리장치GPU 2,000장만으로도 현재 성능 구현이 가능하다는 자사 보고서 내용은 하드웨어 의존도를 소프트웨어 혁신으로 극복했다는 자신감을 보여준다. 참고로 실제 그래픽처리장치GPU 보유량은 약 5만 장으로 추정된다. 이러한 기술력을 바탕으로 응용 분야도 전방위로 확장 중이다.

공급망 전략에서 딥시크는 외부 클라우드 의존도를 낮추고 시스템의 70% 이상을 자체 데이터센터나 전산실을 활용하는 온프레미스 방식으로 전환하여 보안성과 안정성을 강화했다. 이는 국방, 항공, 금융 등 보안에 민감한 산업의 수요를 충족시키는 동시에 데이터 주권을 강조하는 중국 정부의 정책 기조와도 정확히 부합한다.

딥시크의 조직문화는 창업자 량원평의 성향이 짙게 투영된 철저한 실용주의로 정의된다. 그는 대외적인 강연이나 명망가로서의 활동을 즐기는 전형적인 빅테크 최고경영자와 달리 자신을 엔지니어로 규정하며 기술적 성취 자체를 최우선 가치로 둔다. 그는 과거 퀀트 투자 기업을 운영할 때부터 '코드는 거짓말을 하지 않는다.'라는 원칙을 고수해 왔다. 이러한 리더십은 화려한 비전 선포보다는 조용하지만 기민하게 기술적 난제를 해결하는 딥시크 특유의 해커 문화로 조직 전반에 자리 잡았다.

이러한 기조는 기존 기업의 관행을 거부하는 파격적인 운영 방식으로 구체화됐다. 전체 200여 명의 임직원 중 연구개발 인력이 140명에 달하지만 의외로 해외 유학파 비중은 10% 미만이다. 고정된 팀, 연간 계획, 정량적 핵심성과지표KPI를 없앤 이른바 '3무' 정책은 불필요한 보고 체계와 관료주의를 배제하기 위한 고도의

딥시크 인공지능 산업별 응용 분야

분야	주요 활용 사례
산업	차량 및 건축 설계 최적화, 제품 시뮬레이션, 3D 모델링, 스마트 제조 검사
의료	단백질 구조 예측, 신약 개발, 영상 진단, 치료 방안 추천, 개인 건강관리
금융	인공지능 고객 서비스, 투자 자문, 자산관리, 리스크 분석
교육	교재 및 시험문제 자동 생성, 지능형 보조교사, 학습 효과 분석
전자상거래	3D 상품 전시, 몰입형 쇼핑 경험
미디어	뉴스 수집　편집　방송, 음성 인식, 콘텐츠 자동 생성
영화 영상	인공지능 각본 작성, 장면 구성, 가상 촬영, 후반 제작
엔터테인먼트	얼굴 합성, 음성 변환, 음악 작곡, 가상 아이돌 육성
게임	스토리 및 캐릭터 개발, 게임 밸런스 테스트, 비플레이어 캐릭터NPC 대화
기타	가상 상점, 소셜 아바타, 임신 및 육아 가이드

딥시크는 산업·의료·금융·교육 등 전 산업 분야에 걸쳐 응용 범위를 확장하고 있다. 적은 자원으로 최대 성능을 구현하는 검약적 혁신을 바탕으로 기존 빅테크와 대등하게 경쟁하는 게임 체인저로 평가받는다. (자료: 딥시크)

전략이다. 연구원들은 상부의 지시를 기다리지 않고 자발적으로 프로젝트를 발제하고 팀을 꾸린다. 이는 변화 주기가 극도로 짧은 인공지능 기술 트렌드에 대해 의사결정 단계를 최소화하고 즉각적으로 반응할 수 있는 조직적 유연성을 확보하게 해주었다.

인재 운용에서도 순혈주의보다는 실력 중심의 평등주의를 지향한다. 딥시크는 알리바바나 텐센트 등 기존 빅테크 출신의 고위 경력직 영입을 지양함으로써 대기업 특유의 파벌 문화나 사내 정치가 뿌리내릴 가능성을 원천 차단했다. 대신 해외 유학 경험이 없는 토종 인재라도 실력만 입증되면 핵심 연구를 주도할 기회를 부여한다. 배경이나 직급에 얽매이지 않고 오로지 문제 해결 능력만을 평가하는 이러한 문화는 200명 남짓한 소수 정예 조직이 거대 자본과 인력을 앞세운 미국 빅테크들과 대등하게 맞설 수 있는 핵심 원동력이 되고 있다. 딥시크가 중국 인공지능 업계의 다크호스를 넘어 세계적인 게임 체인저로 평가받는 핵심 이유다.

중국 정부의 인공지능 굴기는 하루아침에 시작된 것이 아니다. 2017년 발표된 「차세대 인공지능 발전규획新一代人工智能发展规划」이 본격적인 기폭제가 됐지만 이미 그 이전부터 인터넷 플러스 정책 등을 통해 딥러닝 개념이 국가전략에 내재해 있었다. 중국 정부는 베이징, 상하이, 선전 등을 '인공지능 혁신 발전 시험구'로 지정하고 각 산업 분야를 대표하는 15개 기업을 국가 표준 플랫폼 기업으로 지정해 생태계 조성을 주도했다. 이는 딥시크와 같은 민간 인공지능 기업이 공공부문과 전략적으로 결합할 수 있는 제도적 토대가 됐다.

딥시크는 이러한 중국 특유의 제도적 환경을 가장 영리하게 활용한 사례다. 엄격한 데이터 및 콘텐츠 규제 환경을 제약 조건이 아닌 기회로 역이용했다. 그들은 고성능 오픈소스 모델을 공개하면서도 중국 당국의 가이드라인에 맞는 검열 친화적 튜닝을 선제적으로 적용했다. 이는 단순한 규제 준수를 넘어 기술개발의 방향성을 국가정책과 정합적으로 일치시킨 생존형 혁신이다. 결과적으로 딥시크는 정부 당국의 신뢰와 시장의 안정성을 동시에 확보하며 리스크가 큰 인공지능 시장에서 탄탄한 사업 기반을 마련하는 데 성공했다.

4장

기술이 설계한 사회

도심의 한 교차로에서 신호등이 바뀌기 전에 도로 위 차량 흐름은 이미 조정된다. 교통 카메라가 수집한 데이터가 도시 관제 센터로 모이고 알고리즘은 실시간으로 신호체계를 재배치한다. 시민은 그 과정을 체감하지 못한 채 더 빠른 출퇴근을 경험한다. 편리함은 자연스럽게 받아들여지지만 그 배후에서 작동하는 것은 코드, 서버, 그리고 그 코드를 설계한 권력이다.

중국의 도시는 이제 단순한 생활 공간이 아니라 거대한 운영체제에 가깝다. 전기차 보조금 정책 하나가 산업 지형을 바꾸고 배터리 공급망 재편이 도시의 고용 구조를 흔든다. 데이터 플랫폼은 소비 패턴을 읽고 금융시스템은 디지털 결제로 재구성된다. 기술은 더 이상 산업의 도구가 아니라 사회 인프라의 뼈대가 됐다.

국가가 방향을 설정하고 기업이 이를 속도감 있게 실행에 옮기는 구조는 놀라운 성과를 만들어냈다. 그러나 그 압축 성장의 구조는 언제나 긴장을 동반한다. 국가전략에 들어맞는 기업은 빠르게 자원을 배분받지만 그렇지 않은 기업은 순식간에 제동이 걸린다. 디커플링의 압박은 외부에서 다가오고 내부에서는 자율성과 통제 사이의 보이지 않는 줄다리기가 이어진다. 혁신을 촉진하기 위해 권력을 집중시키는 방식은 동시에 감시와 규율의 밀도를 높인다.

이 체제의 특징은 명확하다. 기술을 통해 산업을 키우는 데서 멈추지 않고 기술을 통해 사회를 재설계하려는 시도다. 행정 효율화, 도시 관리, 산업 정책, 금융시스템까지 하나의 데이터 네트워크로 연결된다. 문제는 속도가 아니라 방향이다. 혁신과 통제가 함께 강화되는 구조 속에서 그 균형은 아직 고정되지 않았다. 테크노스테이트는 완성된 모델이 아니라 지금도 실험 중인 시스템이다.

1
알고리즘 국가 운영 체제

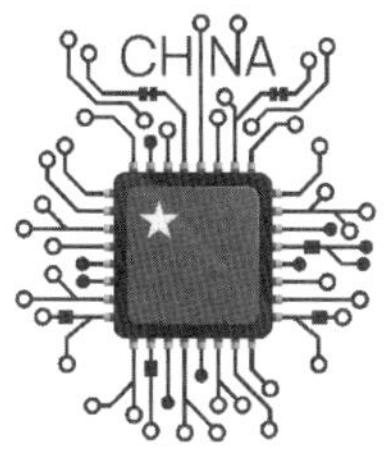

중국에서는 국가를 움직이는 힘은 전통적인 법과 제도의 틀을 넘어 점차 정교한 코드와 알고리즘의 영역으로 확장되고 있다. 중국은 기술을 산업 경쟁력의 수단으로 사용하는 수준을 넘어 통치의 구조 자체를 디지털로 재설계하는 단계에 들어섰다. 인공지능, 빅데이터, 플랫폼 결제망, 신용 시스템이 행정과 치안, 금융과 소비를 하나의 데이터 흐름으로 묶어낸다. 14억 인구의 행동, 거래, 이동과 평판이 실시간으로 기록되고 분석되는 거대한 운영체제가 구축되고 있는 것이다.

이 변화의 본질은 '효율'이다. 과거 낙후된 치안, 불투명한 신용 관행, 지역 간 행정 격차는 거대한 인구 규모와 맞물려 중국 사회의 고질적 비용을 만들어왔다. 중국은 이를 제도 개혁만으로 풀기보다 기술로 우회했다. 도시에는 초정밀 영상망이 깔리고 농촌에는 주민 참여형 디지털 감시 체계가 확산됐다. 금융 기록이 없던 개인에게는 플랫폼 데이터로 신용 점수가 부여됐다. 신뢰를 도덕이나 관습이 아니라 데이터와 알고리즘으로 계산하는 구조가 자리 잡은 것이다.

이 모델은 서구의 자유주의적 통치 전통과는 전혀 다른 방향을 택한다. 또한 오늘날 중국의 시스템은 물리적 공간과 디지털 세계를 실시간으로 통합하여 관리하는 거대한 지능형 인프라에 가깝다. 이 체제는 단순한 억압 장치로만 설명되지 않는다. 많은 시민은 이를 범죄 감소, 거래비용 절감, 행정 효율 향상이라는 실질적 성과와 연결해 인식한다. 개인의 자유와 프라이버시라는 가치가 집단적 안정과 질서라는 목표와 교환되는 구조가 사회적으로 일정 부분 수용되고 있는 셈이다. 감시는 위협이면서 동시에 안전장치로 경험된다.

중국은 지금 '신뢰'를 설계 가능한 변수로 취급하는 국가 모델을 실험하고 있다. 알고리즘으로 질서를 배분하고 데이터로 평판을 관리하며 플랫폼으로 일상을 조직하는 통치 방식이다. 중국은 국가의 통제망과 기업의 플랫폼 생태계가 맞물려 작동하고 기술이 체제의 근간으로 자리 잡을 때 어떤 새로운 권력 구조가 형성되는지를 보여준다.

첨단 기술로 국가 운영 시스템 자체를 다시 설계하다

중국은 지금껏 인류 역사에서 본 적 없는 새로운 형태의 국가 모델을 실험 중이다. 바로 테크노스테이트Techno-State다. 이는 기술을 단순히 산업 발전의 도구로 쓰는 것을 넘어 사회질서 관리, 행정, 경제의 작동 방식 자체를 재설계하는 국가를 뜻한다.

과거 어떤 국가가 이런 방식으로 운영된 적이 있을까? 중국은 디지털 기술을 활용해 14억 인구의 거대한 신용 사회를 구축했다. 게다가 전기차 생태계를 통해 에너지 안보를 해결하려 하고 인공지능과 반도체로 부국강병을 도모한다. 즉 기술이 국가 운영의 수단을 넘어 체제 그 자체가 돼가는 과정이다. 중국은 기술을 통해 초강대국으로 진화해 가는 거대한 실험을 하고 있다.

프랜시스 후쿠야마Francis Fukuyama는 저서[1]에서 "신용이 낮은 사회는 경제가 발전할 수 없다."라고 주장하며 중국이나 한국을 '저신용 사회'로 분류했다. 그러나 이 주장은 적어도 현재 시점에서는 틀렸다. 한국은 이제 도둑이 거의 없는 사회가 됐다. 카페 테이블 위에 노트북을 두고 화장실을 다녀와도 안전하다. 그 비결 중 하나가 어디에나 존재하는 CCTV 덕분이라고 한다. 물론 한국은 사회 신뢰가 낮아서 대기업이 여전히 가족경영을 한다는 반론도 존재한다.

중국 역시 높은 신용 사회가 됐는데 그 이유는 조금 더 본질적이다. 바로 디지털 감시 사회가 됐기 때문이다. 중국인은 정교한 생체 감시 모니터에 의해서 상시 추적이 가능하다. 여기에 더해 신용 평가 시스템을 통해 함부로 나쁜 짓을 할 수도 없다. 알리페이나 위챗페이 같은 온라인 지불 시스템의 보편화도 여기에 한몫하고 있다. 서구 사회의 가치관으로 보면 중국은 개인의 자유와 프라이버시가 심각하게 침해당하는 무서운 감시 사회이지 결코 자발적인 신용 사회는 아니다. 그러나 중국 인민들은 사회 안정을 위해서라면 개인의 자유 침해를 어느 정도 용인하겠다는 의식을 하고 있다.

이는 집단주의 문화가 강한 탓이기도 하지만 공산당이 이뤄낸 지난 40년의 경제적 성공을 인정하기 때문에 디지털 감시 사회에 대한 사회적 수용도가 높은 편이다.

근대 사회는 감시의 기술을 통해 질서를 유지해 왔다. 제러미 벤담Jeremy Bentham이 고안한 '판옵티콘Panopticon'은 물리적 공간을 통해 죄수가 스스로를 통제하게 만드는 자율적 통제의 원형이었고 미셸 푸코Michel Foucault는 이를 규율 사회disciplinary society로 개념화했다.* 디지털 시대의 감시는 더 이상 감옥 같은 물리적 공간이 아닌 알고리즘과 플랫폼을 통해 구현된다. '감시 자본주의'와 '투명 사회'는 이러한 감시의 구조가 소비와 자발성을 통해 내면화되고 있다는 점을 지적한다.** 하지만 중국은 이 감시를 자본주의 기업이 아닌 국가 권력이 주도하고 있다는 점에서 완전히 새로운 유형의 통치 시스템을 만들어내고 있다. 중국은 정부가 주도해 거대한

---

*　판옵티콘Panopticon은 1791년 벤담이 설계한 원형 감옥을 의미한다. 중앙의 감시탑에서 모든 죄수를 볼 수 있지만 죄수는 감시자를 볼 수 없는 구조다. 죄수들이 언제나 감시당하고 있다고 생각하게 하여 감시의 시선을 내면화하게 만든다. 이 개념은 단순한 감옥 설계에 그치지 않고 군대, 학교, 병원, 공장 등 다양한 사회적 통제장치에도 적용할 수 있다고 주장했다. 최소한의 감시 인력과 비용으로 최대의 효과를 얻는 '최적의 통제 시스템'이라는 것이다. 이후 미셸 푸코 등 철학자들은 판옵티콘을 현대 사회의 감시 메커니즘을 설명하는 대표적 개념으로 활용했다.

**　'감시 자본주의'는 개인의 행동 데이터와 경험을 원자재로 사용해서 이를 상품화해서 제품을 만들고 이윤을 창출하는 경제 시스템을 가리킨다. 구글과 페이스북과 같은 빅테크 기업의 사업 모델이 여기에 해당한다. 감시 자본주의는 사생활 침해, 민주주의 위협, 불평등의 심화를 초래한다. '투명 사회'도 비슷한 개념으로 디지털 기술과 정보공개의 확산으로 모든 것이 즉각적으로 드러나고 감시되는 사회를 가리킨다. 이 개념은 한병철의 같은 제목의 책에서 제시된 개념이다(Byung-Chul Han, The Transparent Society, 2015).

'디지털 판옵티콘'을 구축하고 있는 것이다.

중국의 디지털 사회는 종종 조지 오웰의 소설 『1984』에 나오는 감시 사회를 떠올리게 한다. 국가가 14억 인구의 일거수일투족을 들여다보고 점수를 매긴다는 '빅브라더'의 이미지다. 물론 중국의 시스템이 강력한 사회 감시 기능을 수행하고 있다는 점은 부인할 수 없는 사실이다. 하지만 이 거대한 디지털 구조를 단순히 '인민 감시용'으로만 치부해 버리면 우리는 중국 사회가 겪고 있는 급격한 변화의 본질을 놓치게 된다. 중국이 어떻게 낙후된 치안과 신용 사회의 문제를 기술로 단번에 재설계하려는지와 그 과정에서 국가와 기업의 역할이 어떻게 나뉘는지 보지 못하게 되는 것이다.

알고리즘으로 신뢰와 기회를 배분하는 체제를 만들다

중국의 데이터 시스템은 체제 안정을 위한 국가의 통제망과 시장을 장악하려는 기업의 생태계라는 두 가지 층위에서 작동한다. 국가의 통제망은 안전과 감시의 이중주다. 먼저 국가 시스템의 핵심은 도시의 '톈왕Skynet'과 농촌의 '쉐량Sharp Eyes' 공정이다. 이는 강력한 치안 유지 수단이기도 하지만 동시에 촘촘한 사회 감시망이다. 도시의 감시망인 톈왕 공정은 문자 그대로 하늘의 그물처럼 도심의 주요 도로, 교통 요충지, 인구 밀집 구역을 촘촘하게 연결한 비디오 모니터링 시스템이다. 톈왕의 핵심은 단순한 녹화가 아니라 식별이다. 인공지능과 빅데이터 기술이 결합한 이 시스템은 행인의 성별, 옷차림, 연령대는 물론 차량의 번호판까지 실시간으로 판별한다.

실제로 구이저우성 싱이시의 경우 톈왕 도입 후 강도나 소매치기 같은 범죄율이 전년 대비 65%나 급감했다고 한다. 중국의 대도시 치안이 과거에 비해 비약적으로 좋아진 배경에는 분명 텐왕의 역할이 컸다. 하지만 범죄자를 잡기 위해 설치된 카메라는 언제든 일반 시민의 동선을 추적하고 반체제 인사를 식별하는 도구로 돌변할 수 있다는 우려를 낳는다. '안전'이라는 명분 아래 개인의 프라이버시가 공권력에 의해 투명하게 드러날 수 있다. 그러한 잠재적 위험성은 텐왕이 가진 근원적인 딜레마다.

농촌의 감시망은 쉐량 공정이다. 이는 도시에 비해 치안 인프라가 턱없이 부족한 농촌지역의 사각지대를 해소하기 위해 고안된 프로젝트다. '쉐량'이라는 이름은 마오쩌둥의 명언 "인민의 눈은 눈처럼 밝다群众的眼睛是雪亮的"에서 온 것이다. 이름에서 알 수 있듯 이 프로젝트의 본질은 '주민 참여형 감시'다. 쉐량 공정의 기술적 구현 방식은 매우 독특하다. 농촌 가정마다 보급된 디지털 TV 셋톱박스를 마을 곳곳에 설치된 CCTV와 연동시킨 것이다. 주민들은 안방에서 TV를 보다가 리모컨 버튼 하나만 누르면 마을 입구와 주요 도로의 실시간 영상을 확인할 수 있다. 만약 낯선 사람이 배회하거나 수상한 상황이 포착되면 리모컨의 신고 버튼을 눌러 경찰에 알린다.

중국 정부는 이 프로젝트를 2018년 '중앙 1호 문건(농촌 진흥 전략)'에 포함하며 국가적 과제로 격상시켰다. 쉐량은 경찰력이 닿기 힘든 시골 마을의 범죄를 예방하고 아이들이나 노인의 안전을 주민 스스로 지킬 수 있게 해준 효율적인 치안 솔루션이다. 하지만 다른 이면에는 '마을을 지킨다.'라는 명분으로 이웃이 이웃을 감시하는 상호 감시 체계가 디지털 기술을 통해 완성된 것이다. 결국 쉐량 공정은 '가장 안전한 마을'을 만들겠다는 목표와 '가장 촘촘

전국 도시 신용상태 모니터링 평가

전국 도시 신용상태 모니터링 평가

우시시

261개 지급시 종합 신용지수 (TOP50)
2025년 10월 (2025년 제10기)

순위	도시명	종합지수	성(省)
1	우시시	94.02	장쑤
2	쑤저우시	93.15	장쑤
3	우웨이시	93.04	간쑤
4	딩시시	92.88	간쑤
5	핑량시	92.60	간쑤
6	장예시	92.51	간쑤
7	난퉁시	92.48	장쑤
8	자위관시	92.16	간쑤
9	창저우시	92.14	장쑤
10	추저우시	92.03	안후이

2025년 10월 기준 중국 261개 도시 신용 종합지수 1위는 장쑤성 우시시(94.02점)다. 이 지수는 개인 행동 점수가 아닌 정부 행정·비즈니스·사회·사법 신뢰도를 종합한 도시 단위의 성적표다. (자료: 신용 중국 화면 캡쳐)

한 감시 사회'를 만들겠다는 의지가 농촌의 텔레비전 화면 속에서 기묘하게 공존하는 사례라 할 수 있다.

'사회 신용 시스템' 역시 이러한 국가 통제망의 연장선에 있지만 작동 방식은 조금 다르다. 이 시스템은 '신용 중국Credit China'이라는 정부의 대표 플랫폼에서 명확히 드러난다. 앞서 언급한 텐왕이나 쉐량이 물리적 공간에서 카메라를 통해 일상을 감시하는 '보이는 눈'이라면 신용 중국은 데이터 공간에서 법과 규칙의 준수 여부를 기록하는 '보이지 않는 장부'와 같다. 이 플랫폼의 핵심 내용은 서구의 우려처럼 개인의 사생활을 점수화하는 것이 아니라 법원 판결 불이행, 세금 체납, 환경 규제 위반 등 법과 규범 위반 기록을 통합 관리하는 것이다. 즉 이 시스템은 법을 어기는 기업이나 개인을 블랙리스트로 관리해 시장에서 솎아내고 행정 처리의 투명성을 높이는 데 중점을 두고 있다.

이러한 국가 차원의 신용 시스템이 실제로 어떻게 관리되고 평가되는지는 위의 그림 「전국 도시 신용 상태 모니터링 평가」에서 잘 드러난다. 2025년 10월 기준 중국 내 261개 지급시地級市 중에서 장쑤성 우시시가 종합 신용 지수 94.02점으로 1위를 차지했다. 이 순위는 시민들의 행동 점수를 매긴 결과가 아니다.

이 지수는 도시를 구성하는 4대 주체의 신뢰도를 종합적으로 검증한 성적표다. 첫째, 정부가 법을 지키고 약속을 이행하는가다(정부 행정 신뢰다). 둘째, 기업의 생산, 금융, 전자상거래 활동이 투명한가다(비즈니스 신뢰다). 셋째, 의료나 환경 보호 같은 사회적 책임이 잘 지켜지는가다(사회 신뢰다). 넷째, 법원과 검찰의 판결이 공정한가다(사법 신뢰다). 신용 중국은 이 네 가지 신뢰도를 평가한다. 요컨대 우시시가 1위를 차지한 것은 도시 전체의 행정 시스템과 시장 환경이 그만큼 투명하고 예측 가능하다는 것을 의미하며 신용이 중국에서 통치와 경제 발전의 핵심 인프라로 작동하고 있음을 보여준다.

반면 기업의 영역으로 넘어오면 이야기는 시장경쟁으로 바뀐다. 앤트그룹의 쯔마신용Zhima Credit이 대표적이다. 이들은 국가를 위해 데이터를 바치는 게 아니라 철저히 돈을 벌기 위해 데이터를 쓴다. 과거 중국에는 개인 신용평가 시스템이 전혀 없다시피 했다. 쯔마신용은 금융 기록이 없어 은행 대출이 불가능했던 수많은 금융 이력 부족자Thin Filer들에게 쇼핑 내역, 공과금 납부, 모바일 결제 패턴 같은 비정형 데이터를 분석해 신용 점수(350~950점)를 부여했다.

이는 분명 핀테크의 혁신이었다. 이 점수의 위력은 편의성에서 나온다. 예컨대 600점이라는 일정 점수 이상인 사용자는 공유 자전거, 렌터카, 보조배터리, 심지어 호텔 숙박까지 보증금 없이 이용할 수 있다. 서로 믿지 못해 반드시 보증금을 걸어야 했던 중국 사회의 고질적인 거래비용을 데이터 신용으로 해결한 것이다. 하지만 이 혁신의 이면에는 사용자를 거대 플랫폼 생태계에 가두려는 록인 전략이 깔려 있다. 쯔마신용 점수를 높이려면 알리페이를 더 많이 쓰고 알리바바 계열의 서비스를 지속적으로 이용해야 한다. 경쟁자인 텐센트 역시 위챗페이 스코어WeChat Pay Score를 출시하며 맞불을 놓았는데 쯔마신용 점수는 텐센트 생태계에서 무용지물이다. 그 반대도 마찬가지다.

결국 기업들은 데이터를 이용해 개인에게 맞춤형 혜택을 주지만 동시에 자사 플랫폼 없이는 일상생활이 불편해지도록 만드는 또 다른 형태의 상업적 종속을 만들어내고 있다. 국가의 시스템이 통제를 위해 작동한다면 기업의 시스템은 이윤과 독점을 위해 작동하며 중국 인민들의 디지털 삶을 양방향에서 규정하고 있다.

기술 통제가 강화된 디지털 권위주의 사회로 변모하다

중국의 디지털 사회는 단순히 '국가가 모든 것을 본다.'라는 빅브라더론만으로는 설명되지 않는다. 국가 차원에서는 치안 효율과 사회 통제라는 두 마리 토끼를 잡기 위해 감시망을 짰고 기업 차원에서는 금융 소외 해결과 시장 독점을 위해 데이터를 활용한다. 주목할 점은 중국 인민들이 이 시스템의 양면성 중 '통제'보다는 '효율'에 더 방점을 둔다는 사실이다.

여론조사에 따르면 다수의 시민이 사회 신용 시스템을 '안정'과 '신뢰'의 기반으로 긍정적으로 수용하고 있다. 유교적 집단주의 문

화, 실용주의적 정치 인식, 국가 주도 경제 발전의 정당성이 복합
적으로 작용한 결과다. 감시는 공포이자 동시에 편안함이며 개인
의 자유보다는 사회적 질서를 중시하는 심리적 구조 속에서 자발
적으로 내면화된다.

　중국은 감시를 통해 신뢰를 '설계'하는 최초의 국가가 됐다. 이
시스템은 사회의 불확실성을 제거하고 예측할 수 있는 통치를 가
능하게 한다. 그러나 이 모델은 필연적으로 표현의 자유, 정치적
다양성, 제도적 투명성을 제한할 수밖에 없다. 이는 자유민주주의
질서와는 근본적으로 궤를 달리한다. 우려되는 점은 중국식 감시
국가 모델이 다른 권위주의 국가들에 의해 새로운 통치 수단으로
복제될 가능성이 크다는 것이다. 이는 글로벌 차원에서 '기술 권위
주의'의 확산을 일으킬 수 있다. 현재 중국은 기술과 권력의 결합
을 통해 사회를 조직하고 통제하는 거대한 역사적 실험을 진행하
고 있는 셈이다.

2

전기차 혁명과 판의 전환

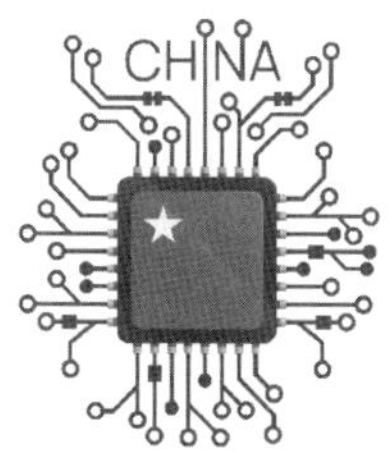

한때 중국 자동차 산업은 '조립 강국'에 머물러 있었다. 엔진과 변속기 같은 핵심기술은 독일, 일본, 미국 기업이 쥐고 있었고 중국 업체들은 합작사 모델 안에서 부품을 받아 조립하는 위치에 머물렀다. 이런 구조 탓에 내연기관 체제에서의 추격은 언제나 한발 늦었다. 기술 표준은 이미 정해져 있었고 특허 장벽은 높았으며 브랜드 파워 역시 넘기 어려운 벽이었다.

중국은 이 불리한 구도를 정면 돌파하지 않았다. 대신 아예 경기장을 바꾸는 선택을 했다. 내연기관이라는 오래된 레일을 따라 달리는 대신 전기차라는 새로운 트랙을 깔아버렸다. 배터리, 모터, 전력 제어 기술을 중심으로 자동차의 정의를 다시 쓰는 전략이었다. 이는 단순한 기술 전환이 아니라 산업 질서를 재편하는 차선 변경이었다.

전기차는 중국에 산업 이상의 의미를 지녔다. 대도시를 뒤덮은 스모그는 정치적 부담이었고 급증하는 석유 수입은 국가안보의 약점이었다. 동시에 기후변화 대응이라는 국제적 압력도 커지고 있었다. 전기차는 이 세 가지 문제, 즉 산업 경쟁력과 환경 오염과 에너지 안보를 하나의 해법으로 묶어낼 수 있는 거의 유일한 카드였다.

중국은 이를 우연에 맡기지 않았다. 1990년대 초부터 전기차를 국가 전략 산업으로 설정했고 2000년대 들어서는 배터리, 모터, 전자제어를 중심으로 한 체계적인 기술 로드맵을 구축했다. 불확실한 미래를 대비해 수소연료전지, 하이브리드, 순수전기차BEV를 동시에 추진하면서도 공통분모가 되는 핵심부품 기술에 자원을 집중했다. 어떤 차종이 승자가 되더라도 부품과 에너지 관리 기술은 반드시 필요하다는 계산이었다.

보급 전략 역시 치밀했다. 고급 승용차 시장을 곧장 공략하기보다 공공 버스와 소형 전기차부터 확대해 기술을 시험하고 대중의 인식을 바꾸었다. 대규모 보조금과 인프라 투자가 이어졌고 의무 판매 제도와 세제 혜택이 시장을 빠르게 키웠다. 정부가 판을 설계하고 자금을 투입했다면 민간기업은 그 위에서 속도와 실행력으로 응답했다.

그 결과는 극적이었다. 중국은 전기차 생산과 판매에서 세계 1위로 올라섰고 글로벌 시장점유율은 압도적 수준에 도달했다. 운송 부문 탄소 배출은 정점을 지나 감소세로 돌아섰으며 석유 의존도 역시 점진적으로 낮아지고 있다. 한 산업의 성공이 환경 정책, 에너지 전략, 기술 자립을 동시에 끌어올린 사례는 드물다.

하지만 이 성공의 이면에는 또 다른 그림자가 드리워져 있다. 수십 개가 아니라 수백 개가 넘는 브랜드가 경쟁하는 과잉 상태, 낮은 공장 가동률, 끝없는 가격 인하 경쟁이 그것이다. 국가가 설계한 성장 곡선은 산업을 폭발적으로 키웠지만 동시에 거대한 구조 조정의 숙제를 남겼다.

추격 대신 차선 변경을 택한 승부수가 성과를 내다

중국의 산업과 기술 정책 역사상 가장 극적인 성공 사례는 단연코 전기차 개발일 것이다. 전기차는 중국에 단순한 산업적 성공 그 이상의 전략적 혜택을 가져다주었다. 첫째, 내연기관 자동차 시절 외국 기업에 기술을 의존하며 이류에 머물렀던 중국 자동차 산업이 전기차 시대에 들어서 세계 최강으로 도약했다. 둘째, 베이징을 비롯한 대도시의 고질적인 매연과 대기오염을 획기적으로 줄이는 계기가 됐다. 셋째, 온실가스 감축을 통해 인류 공통의 과제인 기후변화 대응에 주도적인 역할을 하게 됐다. 넷째, 중국의 가장 큰 안보적 취약점 중 하나인 원유 의존도를 낮출 수 있었다.

중국 도로 위를 달리는 3억 6,000만 대의 자동차가 모두 내연기관차였다고 상상해 보자.* 그 환경적 재앙은 상상하기도 힘들다. 중국은 선제적인 투자와 기술개발로 이 문제를 상당 부분 극복해 냈다. 그렇다면 중국은 어떻게 이 '전기차 혁명'을 달성했을까?

---

* 2025년 9월 기준으로 중국에 운행 중인 자동차의 수는 3억 6,000만 대로 집계됐다. 이 중에서 신에너지 자동차(전기차와 플러그인 하이브리드 포함)는 약 3,680만 대로 전체의 10.3%를 차지하고 있다. 중국의 2024년도 자동차 총판매 대수는 3,150만 대인데 그중에서 신에너지 자동차는 1,286만 대로 40.8%에 달한다.

중국의 전기차 개발은 철저히 정부 주도의 국가전략 사업으로 시작됐다. 그 계기는 1992년 국보급 과학자인 첸쉐썬钱学森의 편지 한 통에서 비롯됐다고 알려져 있다.[*] 첸쉐썬은 당시 국무원 부총리에게 '중국은 가솔린과 디젤 단계는 건너뛰고 환경오염을 줄이는 신에너지 단계에 곧장 진입해야 한다.'라는 제언을 담은 편지를 보냈다. 이 제언에 따라 중국 정부는 단계적으로 전기차 산업육성을 추진했다. 1991년 제8차 5개년 계획에서 전기차 산업을 국가 전략 산업으로 지정했다.

하지만 실제 기술 로드맵이 완성된 것은 2001년이었다. 당시 독일 아우디에서 10년간 엔지니어로 일하다 귀국한 완강万钢이 과학기술부의 '863 계획' 전기차 중대 프로젝트 책임자로 발탁되면서 중국 전기차 산업은 비로소 체계적인 기틀을 갖추게 된다. 요컨대 첸쉐썬이 중국 전기차의 비전을 제시했다면 완강은 그 비전을 현실로 구현할 구체적인 전략을 수립한 것이다. 그는 훗날 과학기술부 장관직에 오르며 '중국 전기차의 아버지'로 불리게 된다. 중국의 기술 수준을 냉철하게 분석한 뒤 그 유명한 전기차의 3종 3횡三縱三橫 매트릭스 전략을 추진했다.

완강이 설계한 이 전략은 수소연료전지차, 하이브리드차, 순수

---

[*] 첸쉐썬钱学森, Qián Xuésēn은 중국의 유명한 항공역학 연구자이자 우주 과학자다. 미국 MIT와 칼텍에서 항공우주 및 수학 박사학위를 받았다. 미국에서 로켓 엔진 및 미사일 기술 연구에 큰 기여를 했으며 1950년대 매카시즘으로 인해 미국에서 어려움을 겪고 1955년 중국으로 귀국했다. 중국에 돌아온 후에는 중국 핵무기 개발, 둥펑(동풍), 실크웜 등 탄도미사일과 미사일 개발에 핵심 역할을 했다. 창정 1호 우주발사체를 설계하고 중국의 1세대 우주 프로그램을 이끈 '중국 우주 과학의 아버지'로 불린다.

'3종 3횡'은 하이브리드·순수전기·연료전지차 3종과 배터리·모터·전자제어 3횡을 입체적으로 개발하는 매트릭스 전략으로 어떤 차종이 대세가 되더라도 공통 핵심기술을 확보하는 위험 분산 전략이었다. (출처: 제미나이 생성)

전기차라는 3가지 완성차를 개발 목표로 삼고 이를 구동하는 기반 기술인 배터리, 모터, 전자제어라는 3가지 핵심부품을 입체적으로 개발한다는 매트릭스 전략이었다. 여기서 주목할 점은 중국이 정의한 핵심기술의 범위다. '배터리'는 전기차용 배터리뿐만 아니라 수소차용 연료전지까지 포괄하며 '모터'는 엔진과 변속기와의 통합 기술까지 포함한다. 특히 전자제어는 조향, 제동, 에어컨의 전동화는 물론이고 전기차와 전력망을 연결하는 양방향 충·방전V2G, Vehicle to Grid 기술까지 아우르는 개념이다. 전기차를 단순한 이동수단이 아닌 에너지 플랫폼으로 설계했음을 보여준다.

이 전략은 중국 전기차 산업에 2가지 결정적인 영향을 미쳤다. 첫째, 기술적 위험 분산risk hedging이다. 당시 전기차, 수소차, 하이브리드 중에서 어떤 차종이 미래의 대세가 될지 불확실한 상황에서 중국은 3가지 가능성을 모두 열어두는 동시에 어떤 차종이 이

기든 반드시 필요한 '배터리와 모터' 기술을 공통분모로 집중해서 육성했다. 둘째, 부품 생태계의 구축이다. 완성차 제조사와 별도로 핵심부품 기술을 독자적인 산업군으로 키운 덕분에 훗날 닝더스다 이 같은 세계적인 배터리 기업이 탄생할 수 있는 토양이 마련됐다. 즉 완성차라는 외형과 부품이라는 내부를 동시에 키우는 이 설계 덕분에 중국은 선진국과의 기술격차를 구조적으로 좁히며 완결형 공급망full-set supply chain을 완성할 수 있었다.

기술개발의 청사진이 '3종 3횡'이었다면 이를 시장에 안착시키기 위한 보급 전략은 이른바 '양두제两头挤'였다. 이는 '양쪽 끝에서 밀고 들어간다.'라는 뜻으로 기술 난도가 높고 경쟁이 치열한 중형 승용차 시장을 바로 공략하는 대신 시장 진입이 쉬운 대형 공공 버스와 소형 저속 전기차 시장부터 우선 장악한다는 전략이다. 정부는 이를 실행하기 위해 2009년부터 '십성천량十城千辆' 프로젝트를 가동했다. 매년 10개 도시를 선정해 도시당 1,000대의 전기차를 시범 보급하는 이 프로젝트를 통해 비야디의 전기버스가 도로를 점령하기 시작했고 대중들은 전기차를 자연스럽게 받아들이게 됐다.

민간 차원에서는 비야디의 왕촨푸王传福 회장이 1995년에 배터리 회사로 창업한 뒤 2003년 경영난에 처한 산시성 시안의 친촨자동차를 인수하며 비야디 자동차 회사를 설립했다. 배터리 기술을 기반으로 경쟁우위를 확보한 비야디는 2008년 세계 최초의 양산형 플러그인 하이브리드PHEV 전기차 개발에 성공했다. 2008년 약 20만 대에 불과하던 비야디의 자동차 판매량은 2024년 427만 대를 기록하며 세계 최대 전기차 생산기업이 됐다.

중국 정부가 전기차 산업에 국가 역량을 총동원한 가장 직접적인 동기는 바로 에너지 안보였다. 2003년 후진타오 주석이 언급한 '말라카 딜레마Malacca Dilemma'는 중국의 아킬레스건을 정확히 찌르는 말이었다. 중국 석유 수입량의 80% 이상이 미국이 사실상 통제권을 쥔 말라카 해협을 통과해야 한다는 것을 지적했다. 이는 국가 생존이 걸린 전략적 취약점이었다.

1993년에 석유 순 수입국으로 전환된 중국은 2013년 미국을 제치고 세계 최대 석유 수입국이 됐으며 2020년 석유 수입 의존도는 총수요의 73%에 달했다. 이런 상황에서 전기차로의 전환은 단순한 산업육성이 아니었다. 석유 소비를 줄이고 중국이 자체적으로 통제할 수 있는 전력망을 통해 에너지를 공급받아 에너지 자주권을 확보하려는 핵심 전략이었다.

또한 중국은 내연기관 자동차로는 영원히 선진국을 따라잡을 수 없다는 냉철한 현실 인식 아래에 경쟁의 규칙을 바꾸는 '차선 변경' 전략을 택했다. 독일, 미국, 일본이 장악한 내연기관 기술에서는 10년 이상의 기술격차가 존재했다. 하지만 전기차라는 새로운 무대에서는 출발선이 비슷하다고 판단한 것이다. 이는 '발 빠른 추격자'에서 '혁신 선도자'로 도약하려는 중국의 산업 전략과 일치했다. 2015년 발표된 「중국제조 2025」에서 전기차는 인공지능, 5G, 반도체와 함께 핵심 전략 산업으로 지정됐고 2025년까지 부품 국산화율 70% 달성이라는 공격적인 목표가 설정됐다.

여기에 환경 문제도 강력한 명분이 됐다. 당시 연간 2,500만 대씩 판매되는 자동차가 뿜어내는 배기가스는 중국 국토의 7분의 1을 스모그로 뒤덮었고 14억 인구의 38%가 오염된 공기를 마셔야 했다. 전기차는 이러한 환경오염 문제를 해결할 유일한 대안이었다.

국가는 육성하고 시장은 냉혹하게 솎아낸다

중국 전기차 산업은 정부의 강력한 설계와 민간의 혁신이 결합한 독특한 발전 경로를 걸어왔다. 두 주체의 역할 분담은 시기에 따라 다음과 같이 진화했다. 제1단계(1991~2009년)는 정부가 산업의 조성자로서 기본 틀을 닦은 시기다. '863 계획' 등을 통해 기술적 토대를 마련했다.

제2단계(2009~2022년)는 정부의 전폭적인 지원 아래 민간기업이 급성장한 시기다. 2009년 중국 정부가 신에너지 자동차 프로그램을 통해 구매 보조금, 세제 혜택, 인프라 투자가 쏟아졌고 2016년 도입된 '신에너지 자동차 크레딧 제도'는 기업들에 자동차 제조의 일정 비율 이상의 전기차 판매를 의무화했다. 이 시기에 비야디, 니오NIO, 샤오펑XPeng 같은 스타 플레이어들이 등장했다.

제3단계(2023~현재)는 정부 지원이 축소되며 시장원리가 작동하는 시기다. 2022년 말 구매 보조금이 종료됐고 2023년 6월 이후 세제 감면 정책으로 전환됐다. 2025년 방향성이 확정된 제15차 5개년 규획(2026~2030)에서 전기차는 전략적 신흥산업 목록에서 제외됐다. 이는 2015년 이후 10년 만의 변화로 '이제 전기차는 키워야 할 산업이 아니라 정리가 필요한 산업'이 됐음을 의미한다.

현재 중국의 전기차 시장은 약 130개의 브랜드가 난립하는 과잉경쟁 상태다. 이 치열한 전장에서 살아남은 승자는 기술력과 소비자 경험으로 선택받은 기업들이다. 시장 리더인 비야디를 필두로 테슬라와 지리Geely 자동차가 추격하고 있다. 배터리는 닝더스다이이고 자율주행 등 소프트웨어는 화웨이가 공급하는 생태계가 구축됐다. 즉 비야디의 수직적 통합 모델과 화웨이와 닝더스다이 중심의 수평적 네트워크 모델이 동시에 경쟁력을 발휘하고 있다.

결과적으로 중국의 전기차 혁명은 대성공이었다. 에너지 안보, 기술 자립, 환경 개선이라는 세 마리 토끼를 모두 잡았다. 2024년 전기차 생산량은 전년 대비 34% 증가한 1,300만 대를 돌파했으며 신차 판매에서 전기차 비중은 41%에 달했다. 세계 시장점유율은 68%를 차지하며 전 세계에서 팔리는 전기차 10대 중 7대가 중국산이다. 특히 비야디는 2024년에 약 220만 대를 판매하며 83만 대를 판매한 테슬라를 압도하는 세계 1위가 됐다.

환경적 성과도 뚜렷하다. 세계 전체 이산화탄소의 약 31%를 배출하는 최대 배출국인 중국에서 운송 부문 탄소 배출량은 최고점 대비 5% 감소했다. 중국 국무원이 2024년 5월 발표한 「2024-2025년 에너지 절약 및 탄소 저감 행동방안2024-2025年节能降碳行动方案」에 따르면 전기차 보급 확대에 힘입어 2025년 비화석 에너지 소비 비중은 목표치인 20%를 달성할 전망이다. 또한 에너지 효율화를 통해 표준 석탄 약 5,000만 톤을 절약하고 이산화탄소 배출량 약 1억 3,000만 톤을 감축하는 성과를 거두었다. 현 추세대로라면 중국의 2030년 탄소 배출량 목표가 조기 실현될 가능성이 높다.

그러나 중국의 전기차 산업은 현재 심각한 과잉 공급 문제를 안고 있다. 중국 전체 완성차 연간 생산 능력은 5,500만 대에 달하지만 실제 내수 판매량은 2,700만 대에 그쳐 공장 가동률은 50% 수준에 머물러 있다. 시장에 난립한 130여 개 전기차 브랜드 중 2024년에 흑자를 낸 곳은 비야디, 테슬라 차이나, 리오토Li Auto, 지리 등 단 4곳뿐이다. 1990년대부터 시작된 중국 정부의 전기차 정책은 역사상 가장 성공적인 산업 정책이었다. 하지만 역설적으로 너무 성공한 탓에 지금은 거대한 과잉 설비와 구조조정이라는 무거운 숙제를 안게 됐다. 이에 따라 중국 자동차 기업은 치열한 가격 경쟁과 수출에 사활을 걸고 있다.

전기차 산업이 보여준 이 극적인 드라마, 즉 세계 시장을 제패한 압도적 성공과 그 뒤에 남겨진 처절한 과잉은 중국식 테크노스테이트가 가진 본질을 가장 명확하게 보여준다.

3

제조 공장에서 혁신 실험장으로 전환

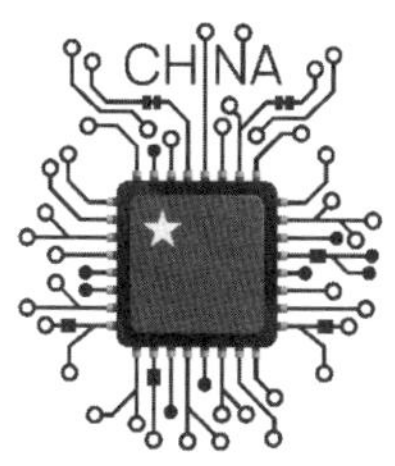

과거 중국은 '세계의 공장'으로 불렸다. 값싼 노동력과 거대한 생산 능력으로 글로벌 공급망의 하단을 떠받치는 역할을 맡았다. 핵심기술과 원천 특허의 중심에는 늘 미국, 유럽, 일본이 자리하고 있었다. 중국의 전략은 오랫동안 추격이었다. 이미 만들어진 기술을 빠르게 흡수하고 더 낮은 가격과 더 큰 규모로 시장을 잠식하는 방식이었다.

그러나 어느 순간부터 중국의 목표는 달라졌다. 단순히 앞선 나라를 따라잡는 것이 아니라 혁신이 탄생하는 구조 자체를 바꾸려는 방향으로 이동했다. 개별 기업의 성공을 넘어 국가 차원의 혁신 시스템을 설계하고 특정 지역을 거대한 실험장으로 만들어 기술의 탄생부터 상용화까지를 한 번에 밀어붙이는 방식이다.

이 전환의 핵심에는 '속도'가 있다. 중국의 혁신은 느린 축적의 결과라기보다 의도적으로 설계된 집적과 동원의 산물에 가깝다. 대학, 연구소, 스타트업, 대기업, 지방정부가 한 공간 안에서 밀집하고 정책, 자본, 인력이 동시에 투입된다. 산업의 상류와 하류가 같은 클러스터 안에서 맞물리면서 연구 성과는 곧바로 시제품으로 나오고 시제품은 곧바로 시장으로 연결된다. 아이디어가 실험을 거쳐 대규모 생산으로 전환되는 시간이 극단적으로 짧다.

중국의 핵심 혁신 벨트는 이러한 구조의 집약판이다. 기초과학과 디지털 기술, 첨단 제조와 반도체, 정보통신 하드웨어가 각기 다른 색깔로 분화돼 있으면서도 국가전략이라는 공통의 좌표 안에서 움직인다. 정부는 클러스터를 단순한 산업단지가 아니라 자원배분의 허브로 설계했고 연구 역량, 벤처 투자, 특허출원을 집중시켰다. 이 모델은 미국식 혁신 시스템과 대비된다.

거대한 내수시장 역시 중국 혁신 시스템의 가속 장치다. 14억 인구가 동시에 사용자이자 실험 참가자가 된다. 새로운 서비스와 제품은 출시와 동시에 수천만 명의 피드백을 받는다. 데이터는 곧바로 알고리즘을 고도화한다. 기업은 이를 바탕으로 매주 단위의 개선을 반복한다. 시장은 보호막이 아니라 혹독한 훈련소에 가깝다. 살아남은 기업만이 다음 단계로 진입한다.

이제 중국은 더 이상 단순한 추격자가 아니다. 국가가 전략을 설계하고, 클러스터가 속도를 만들고, 거대 시장이 시험대가 되는 구조 속에서 스스로를 '세계의 실험실'로 재정의하고 있다. 문제는 이 시스템이 어디까지 확장될 수 있는가와 그 속도가 어떤 새로운 균열을 만들어낼 것인가이다.

중국의 혁신 클러스터는 서구 모델과 다르게 작동한다

중국 국가 혁신 시스템의 가장 강력한 무기는 속도다. 그리고 그 속도는 클러스터라는 거대한 엔진에서 나온다. 기업, 대학, 연구소가 지리적으로 인접해 상호작용을 하는 혁신 클러스터는 국가 혁신 역량의 심장이라는 것은 주지의 사실이다.

하지만 중국의 클러스터는 태생부터 다르다. 미국의 실리콘밸리나 다른 국가의 혁신 클러스터는 대개 자연발생적으로 형성된 경우가 많지만 중국은 정부가 처음부터 의도적으로 혁신 클러스터를 조성하기 위해 하드웨어 인프라뿐 아니라 혁신 주체 간의 교류 협력을 강화하기 위한 제반 지원 활동과 인센티브를 적극적으로 제공해 온 점이 특징이다. 전기차를 비롯한 여러 사례에서 보듯이 새로운 산업의 발전을 위해 중국은 초기부터 산업 전체 공급망을 중심으로 상류와 하류 간의 교류와 균형을 이루는 생태계 조성을 염두에 두고 투자해 왔다.

중국은 24개 지역이 글로벌 100대 혁신 클러스터에 포함되며 3년 연속 세계에서 가장 많은 혁신 클러스터를 보유하고 있다. 이들 100대 클러스터는 전 세계 특허와 벤처 투자의 약 70%, 과학 논문의 50%를 점유하고 있다. 중국의 핵심지역들이 이미 글로벌 혁신의 중심으로 확고히 자리 잡았음을 보여준다.

이러한 혁신 클러스터의 배경에는 국가급 고신구가 있다. 고신구는 단순한 산업단지를 넘어 중국 기업의 탄생과 도약을 이끄는 국가대표 인큐베이터이자 성장판 역할을 하고 있다. 실제 통계가 이를 증명한다. 2023년 기준으로 혁신 자원의 집적도 측면에서 국가중점실험실의 84%, 중국 첨단기술 기업의 33%, 그리고 미래 유

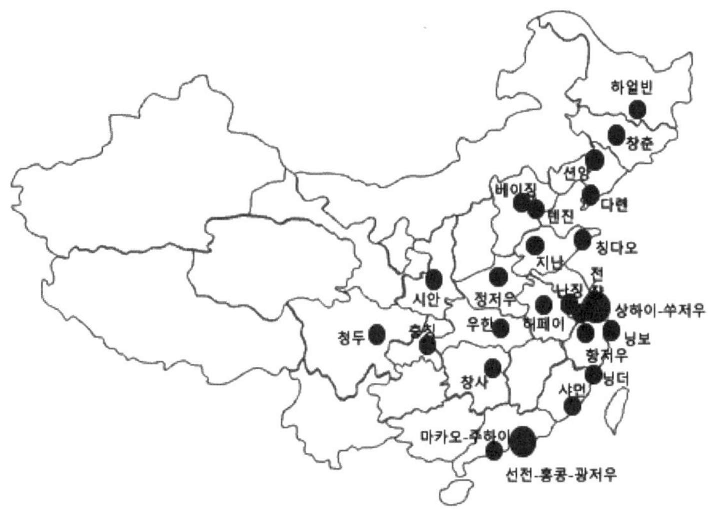

중국은 24개 지역이 글로벌 100대 혁신 클러스터에 포함되며 3년 연속 세계에서 가장 많은 혁신 클러스터를 보유하고 있다.
(자료: 세계지적재산권기구 글로벌 혁신지수 2025)

망 기업인 유니콘 기업의 67%가 고신구 내에 있다.

특히 전략 산업인 인공지능 분야의 경우 상장기업의 60%와 유니콘 기업의 50%가 이곳에 집중돼 있다. 경제적 기여도 또한 압도적이다. 고신구는 중국 전체 국내총생산의 14.3%에 해당하는 약 19조 3,000억 위안을 생산하며 전체 외국인 투자의 40%를 유치하고 있다. 나아가 국가 전체 연구개발 투자와 발명특허의 약 50%를 창출함으로써 양적 성장을 넘어 질적 혁신을 주도하는 핵심 거점으로 기능하고 있다.

베이징, 상하이·쑤저우, 선전·홍콩·광저우 3곳은 중국 국가 혁신 시스템의 성격을 가장 잘 보여주는 핵심 클러스터다. 세계지식재산권기구 2025 글로벌 혁신지수에 따르면 세 지역 모두 세계

10대 혁신 클러스터 안에 들고 스타트업 지놈Startup Genome, 2025[2]의 스타트업 생태계 평가에서도 베이징은 세계 공동 5위, 상하이는 10위, 선전은 공동 17위에 기록돼 창업 거점으로서의 경쟁력을 인정받았다.

베이징은 세계지식재산권기구 2025 글로벌 혁신지수에서 세계 4위를 기록한 연구 주도형 클러스터다. 이 보고서의 세부 분석에 따르면 실제로 베이징의 과학 논문 산출은 칭화대학교(8%), 중국과학원대학교(7%), 베이징대학교(7%)가 주도하며 기초과학 연구의 중심지임을 증명하고 있다. 산업 측면에서는 디스플레이와 모바일 소프트웨어가 성장을 견인한다. 베이징의 특허협력조약PCT 특허출원 중 징둥팡이 무려 20%를 차지해 압도적 1위를 기록했고 샤오미(11%)와 베이징 쯔타오(바이트댄스 계열, 4%)가 그 뒤를 잇고 있다. 기술 분야별로는 디지털 통신(30%)과 컴퓨터 기술(19%) 비중이 높아 하드웨어와 소프트웨어 역량이 균형을 이룬 국가 혁신의 두뇌 역할을 한다.

상하이-쑤저우 지역은 세계 6위의 혁신 거점으로 첨단 제조, 반도체, 바이오산업 비중이 높은 복합 클러스터다. 이 지역은 다른 곳에 비해 화학(20%)과 엔지니어링(17%) 분야의 논문 비중이 월등히 높으며 특허출원에서도 의약(8%), 의료 기술(7%), 생명공학(5%) 등 바이오 헬스케어 산업이 뚜렷한 강세를 보인다. 혁신의 주체 측면에서는 상하이교통대학교가 지역 논문의 19%를 점유할 정도로 압도적인 연구 역량을 발휘하고 있으며 푸단대학교(12%)가 그 뒤를 잇는다. 특허출원 상위기관을 살펴보면 쑤저우대학교(2%)와 스프레드트럼(통신칩, 2%) 등이 상위를 차지해 특정 대기업 독주보다

주요 혁신 클러스터의 스타트업 생태계 비교

구분	베이징	상하이	선전	서울
인구수	2,185만 명	2,487만 명	1,779만 명	940만 명
글로벌 순위	공동 5위	10위	공동 17위	8위
유니콘 수	61개	40개	19개	14개
생태계 가치 (2022~2024, 억 달러)	5,330억 달러	1,810억 달러	1,160억 달러	1,330억 달러
생태계 가치 증가율 (2020/2021년 대비 2022/2024년 증감율)	-12%	-22%	-10%	-19%
VC 투자총액 (2020~2024, 억 달러)	640억 달러	500억 달러	240억 달러	390억 달러
평균 엑시트 소요 기간	9.9년	10.5년	11.6년	9.2년
엑시트 금액 (2020~2024, 억 달러)	3,320억 달러	840억 달러	240억 달러	1,210억 달러
엑시트 건수 (2020-2024)	155건	120건	83건	360건

베이징은 유니콘 61개에 생태계 가치 5,330억 달러로 상하이, 선전, 서울을 압도하며 스타트업 생태계 글로벌 공동 5위를 기록했다. 서울은 엑시트 건수 360건으로 4개 도시 중 가장 활발한 회수 실적을 보였다. (자료: 스타트업 지놈, 2025)

는 대학과 연구소, 반도체 및 바이오 전문 기업들이 촘촘한 가치사슬을 형성하고 있음을 보여준다.

세계 1위의 정보통신기술 제조 생태계로 불리는 선전을 중심으로 한 웨강아오 대만구(선전-홍콩-광저우)는 세계 1위의 혁신 클러스터다. 정보통신기술 하드웨어 제조 분야에서 타의 추종을 불허하는 경쟁력을 보유하고 있다. 이 지역의 혁신은 철저히 민간 대기업이 주도한다. 화웨이 단일기업이 지역 전체 특허협력조약 특허출원의 25%를 차지하는 기록을 세웠으며 오포OPPO(7%)와

ZTE(6%)를 합치면 상위 3개 기업이 지역 특허의 약 40%를 점유하고 있다. 기술 분야 역시 디지털 통신(26%)과 컴퓨터 기술(19%)에 고도로 집중돼 있어 글로벌 모바일 및 통신장비 시장을 장악한 하드웨어 왕국의 면모를 여실히 보여준다. 학술적으로는 중산대학교(12%)와 화남이공대학(8%)가 연구 생태계를 뒷받침하고 있다. 선전의 하드웨어 스타트업, 홍콩의 금융, 광저우의 대학과 연구기관이 하나의 생태계를 이루며 아이디어가 제품과 서비스로 빠르게 전환되는 구조를 만들어내고 있다.

지금까지 살펴본 중국 혁신 클러스터의 비약적인 성장은 중국의 국가 혁신 시스템이 서구의 모델과는 근본적으로 다른 메커니즘으로 작동하며 특정 영역에서는 더 강력한 효율성을 발휘하고 있음을 시사한다.

미국 모델과는 전혀 다른 1에서 100의 혁신을 보여주다

서구 국가 혁신 시스템의 전형은 여전히 미국이다. 실리콘밸리로 상징되는 미국 모델은 대학과 연구소의 자유로운 연구 분위기와 시장경쟁을 통해 자율적으로 혁신을 만들어내는 구조다. 정부는 기초연구 예산과 제도적 틀을 제공하고 새로운 지식이 시장에서 필요한 상품과 서비스로 이어지는 과정은 시장의 선택에 맡긴다. 이 모델은 전 세계의 인재와 자본을 끌어들이면서 다양한 분야에서 '0에서 1'을 만드는 창의적 혁신에 강점을 보여왔다. 그러나 2024년 미국의 정보기술혁신재단ITIF 보고서가 분석했듯이 4차 산업혁명 시대의 기술 패권 경쟁에서는 '국가 주도 혁신 시스템'이 시장 자본주의보다 우월한 성과를 낼 수 있는 영역이 분명히 존재한다. 인공지능, 양자컴퓨팅, 이차전지 등은 막대한 초기 투자 비용과 긴 회임 기간Gestation Period을 요구하기에 시장 실패가 발생하기 쉽다.

중국은 이 지점에서 강점을 발휘한다. 전기차와 배터리 기술의 원천은 미국이었으나 산업화하고 세계 시장을 제패한 것은 국가적으로 생태계를 일관되게 구축한 중국이었다. 즉 기존지식을 확장하고 신속하게 상업화해 규모의 경제를 달성하는 '1에서 100'을 만드는 싸움에서 중국식 중국식 시장경제는 서구 시스템을 압도하는 효율성을 입증하고 있다. 미국이 과거 맨해튼 프로젝트나 아폴로 계획 같은 임무지향적Mission-oriented 프로젝트에서 국가 주도로 빠른 성과를 냈던 것과 유사한 맥락이다. 중국은 국가가 직접 핵심기술의 설계와 창출을 견인하는 신형거국체제를 새로운 통치 철학이자 핵심 전략으로 채택했다. 정부의 전략적 조정 역량과 시장의 혁신 효율성을 유기적으로 결합해 국가안보와 직결된 전략기술을 속도감 있게 확보하는 하이브리드 운영 모델이다.

이러한 철학은 2023년 단행된 국가 혁신 시스템의 전면적 개조로 구체화됐다. 중국공산당 중앙위원회와 국무원은 중앙과학기술위원회를 신설하여 당이 과학기술전략의 최상위 컨트롤타워를 직접 맡고 과학기술부는 구체적인 실행과 자원 배분에 집중하도록 거버넌스를 재구성했다. 이를 통해 중국은 국가의 모든 자원을 반도체, 인공지능, 양자기술 등 전략 분야에 핀셋 지원할 수 있는 강력한 동원 체제를 완성했다. 즉 안보와 경제라는 명확한 국가 목표를 설정하고 당 주도의 신속한 의사결정 시스템을 통해 시장을 활용한 효율적 자원 배분으로 이어지는 프로세스를 구축했다. 이 시스템은 서구의 다원적 의사결정 구조가 따라올 수 없는 속도와 실행력을 창출하는 원천이 되고 있다.

세계의 제조 공장에서 기술 미래 시험 기지로 변신하다

세계 2위의 경제 규모와 최대의 온라인 시장은 중국 혁신 시스템의 화수분이다. 거대한 내수시장은 해외 기업에 기술 이전을 강제할 수 있는 협상력을 제공하는 동시에 중국 기업들에는 엄청난 성장 기회의 제공과 동시에 치열한 내부 경쟁을 통해 생존 본능과 혁신 역량을 극대화하는 조련장 역할을 한다. 중국 기업들에 내수시장은 안락한 온실이 아니라 치열한 내부 경쟁을 통해 기초 체력을 다지는 혹독한 훈련소와 같다.

중국 시장은 그 자체가 혁신을 위한 거대한 게임장이다. 14억 명의 사용자가 실시간으로 쏟아내는 피드백은 기업들이 제품과 서비스를 매주, 심지어 매일 단위로 업데이트하게 만든다. 이 과정에서 축적된 방대한 데이터는 인공지능과 알고리즘의 학습 속도를 기하급수적으로 높인다. 틱톡의 정교한 추천 알고리즘이나 테무의 초저가 공급망 관리 시스템은 모두 이 거대한 시장에서 수많은 시행착오를 거치며 단련된 결과물이다.

결론적으로 중국의 국가 혁신 시스템은 단순한 추격자 모델을 넘어섰다. 이는 '신형거국체제'에 기반한 정부의 전략적 설계, 국가적 차원의 자원 동원, 그리고 거대 시장이라는 테스트베드가 유기적으로 결합한 결과다. 첨단기술의 상용화 속도와 산업 확장성 면에서 서구의 시장 중심 모델을 위협하는 중국만의 국가 주도형 대안 모델이 완성되고 있다.

중국은 국가가 과학기술 굴기와 산업 혁신을 최우선 목표로 설정하면서 중앙정부와 지방정부 모두 혁신 친화적인 제도 환경 조성에 우선순위를 두고 있다. 자율주행 자동차나 바이오 신약 개발 같은 잠재적인 위험이 큰 기술개발 프로젝트를 각 지방정부가 경쟁적으로 유치하고 있다. 중국은 이러한 신기술 개발과 신산업의 발전 과정에서 네거티브 규제 시스템을 활용해 다양한 시도와 탐색이 가능하도록 문호를 개방하되 여러 가지 기술과 사회적 문제의 학습을 통해 필요한 규제 시스템을 정비하고 있다.[*]

또한 신약 임상시험 기준과 절차도 미국식품의약국FDA 등 글로벌 표준에 맞추고 있고 임상시험 규제 기관의 인력 규모를 2015년에서 2018년 사이에 4배로 늘려 2년 만에 2만 건의 신약 신청 적체 건수를 해결하는 동시에 임상시험 승인 기간도 501일에서 87일로 줄였다.[3] 이러한 제도적 변화에 따라 대부분의 세계적 빅 파마 기업들이 중국에 연구소나 혁신센터 등을 설립 운영하고 있다. 이처럼 혁신 진화적인 제도 환경은 중국이 세계의 공장에서 세계의 실험실로 변신하는 데 큰 역할을 하고 있다.

---

[*] 2025년 4월 샤오미의 SU7 사망사고 이후 중국의 대응 방안은 자율주행 보조 기술 규제 강화, 법적 책임 명확화, 그리고 기술혁신과 안전기준을 동시에 추구하는 방향으로 진행되고 있다.

4

국가 주도 혁신의 함정과 시험대

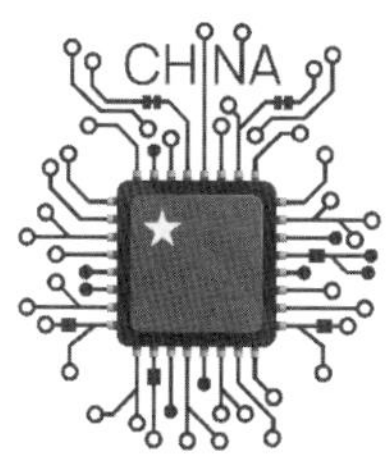

    국가가 방향을 정하고 자원을 집중하고 산업의 속도를 끌어올리는 시스템은 강력하다. 중국이 전기차, 배터리, 인공지능, 통신장비에서 보여준 성과는 이 방식이 결코 허상만은 아니라는 사실을 증명한다. 거대한 투자, 장기 프로젝트, 위험 부담이 큰 산업의 전환 국면에서는 분산된 시장보다 중앙의 결단이 더 빠르게 움직이기도 한다.

    그러나 속도가 곧 절대적 해답은 아니다. 국가가 혁신의 설계자가 되는 순간 선택과 집중은 필연적으로 배제와 왜곡을 동반한다. 중앙이 전략 산업을 지정하고 깃발을 올리면 지방정부, 국유기업, 민영기업, 연구기관이 일제히 같은 방향으로 달려간다. 그 결과는 종종 눈부신 성장과 함께 과잉 설비, 중복투자, 출혈 경쟁이라는 그림자로 돌아온다. 전기차, 반도체, 인공지능 분야에서 반복된 과잉생산과 지방 재정 부담은 이러한 구조의 단면이다. 혁신을 촉진하기 위해 설계된 보조금과 정책금융이 오히려 국가 전체의 리스크로 되돌아오는 역설이 발생한다.

더 근본적인 문제는 자원 배분의 기준이 시장의 수요가 아니라 국가의 우선순위에 종속된다는 점이다. 전략 분야는 집중적으로 키워지지만 비전략 분야는 상대적으로 위축된다. 혁신의 본질이 다양한 시도의 충돌과 예측 불가능한 창발성에 있다면 정답을 미리 설정한 체계 안에서는 뜻밖의 발견이 설 자리가 좁아진다. 중국이 '1에서 100'을 만드는 확장형 혁신에서는 탁월한 성과를 보여주면서도 완전히 새로운 영역을 여는 '0에서 1' 혁신에서는 여전히 시험대에 오르는 이유가 여기에 있다.

중국 정부 역시 이 한계를 모르는 것은 아니다. 기초연구 강화, 청년 과학자 지원, 장기 프로젝트 확대 같은 정책은 추격을 넘어 선도형 혁신으로 전환하려는 의지를 반영한다. 그러나 창의성과 자율성이 계획의 틀 안에서 얼마나 살아 숨쉴 수 있는지는 여전히 검증되지 않았다. 효율과 통제를 중시하는 시스템 아래에서 엉뚱한 질문과 비주류 연구가 끝까지 살아남을 수 있는지는 자본과 인프라 이상의 문제다.

여기에 또 하나의 균열이 겹친다. 국가 주도 정책은 민간의 자율성과 기업가정신을 위축시켰고 디커플링과 기술 봉쇄는 외부 네트워크와의 연결을 흔들었다. 최근 민영경제 촉진과 제도적 보호를 강화하려는 움직임은 이러한 긴장을 완화하려는 시도다. 하지만 정부와 시장 그리고 안보와 개방 사이의 균형은 한 번의 법 제정으로 완성되지 않는다.

결국 중국 국가 혁신 시스템은 지금 새로운 시험대에 서 있다. 속도와 동원 능력으로 세계를 놀라게 한 모델이 과잉, 통제, 고립의 파고를 넘어 지속가능한 구조로 진화할 수 있는가. 국가가 설계한 혁신은 어디까지 확장될 수 있고 어디에서 스스로를 제약하게 되는가. 이 질문에 대한 답이 중국의 미래를 가를 것이다.

자원 배분이 국가 우선순위에 과도하게 종속된다

국가 주도형 시스템이 항상 우월한 것은 아니다. 개방적이고 분권적인 환경에서 더 잘 작동하는 혁신 유형이 분명히 존재하며 거국체제의 부작용도 적지 않다. 그럼에도 중국의 국가 혁신 시스템이 거대 투자, 장기 프로젝트, 그리고 산업 전환이 필요한 분야에서 독자적인 경쟁력을 보여주고 있다는 사실은 부인하기 어렵다.

중국 국가 혁신 시스템의 치명적인 약점은 자원 배분이 시장의 수요가 아닌 국가의 우선순위에 과도하게 종속된다는 점이다. 중앙정부가 전략 산업을 지정해 깃발을 들면 전국의 지방정부, 국유기업, 민영기업, 심지어 연구기관까지 한꺼번에 같은 방향으로 달려가면서 프로젝트가 급속히 과잉 공급되는 패턴이 반복된다. 최근의 전기차, 반도체, 인공지능 산업 등에서 나타나는 출혈 경쟁, 유휴 생산설비, 그리고 지방정부의 재정 부담 증가는 바로 이러한 '묻지마 투자'가 만든 전형적인 부작용이다. 기술혁신을 촉진하기 위해 설계된 보조금과 정책금융이 오히려 국가 전체의 중복투자를 일으키고 부채 리스크로 되돌아오는 역설이 발생하는 것이다.

중국 정부도 이러한 맹목적 확장의 부작용을 심각하게 인지하고 최근 양적 경쟁에서 질적 성장으로 정책 기조를 선회하고 있다. 대표적인 노력이 2022년 발표한 「전국 단일시장 건설 가속화에 관한 의견关于加快建设全国统一大市场的意见」이다. 이는 지방정부가 자기 지역의 기업을 보호하기 위해 다른 지역 기업의 진입을 막거나 무리하게 중복투자를 유도하는 '지역 보호주의'를 타파하려는 시도다. 인위적인 장벽을 없애 비효율적인 기업이 시장원리에 따라 자연스럽게 도태되도록 유도함으로써 국가 전체의 중복투자를 해소하겠다는 것이다. 특히 공급과잉이 우려되는 전기차와 배터리 산업은 주무 부처인 공업정보화부가 직접 나서서 신규 생산라인 허가 기준을 대폭 강화했다. 그리고 하위권 기업들의 파산과 인수합병을 강력하게 유도하는 등 공급자 측 구조개혁供给侧结构性改革을 통해 과잉 체제를 정비하고 있다.

국가가 자원을 전략적으로 집중한다는 것은 반대로 말하면 비전략 분야의 혁신이 소외된다는 것을 의미한다. 국가가 전략 분야를 강하게 지정하는 방식은 선택과 집중이라는 장점이 있다. 하지만 동시에 우선 분야가 아닌 기술 연구와 투자를 위축시키는 부작용을 낳게 된다. 혁신 생태계의 본질은 다양한 시도가 충돌하며 발생하는 자기조직화와 예측 불가능한 창발성에 있다. 그러나 국가가 정답을 정해 놓고 달리는 시스템에서는 의도하지 않은 획기적 발견이나 발명, 즉 세렌디피티를 기대하기 어렵다. 이는 중국이 기존 기술을 개량하고 확장하는 데는 능하지만 완전히 새로운 분야를 창조하는 '0에서 1'을 만드는 혁신에서는 여전히 한계를 보이는 근본적인 이유이기도 하다.

중국 정부도 이러한 구조적 한계를 인식하고 있다. 2020년 과학기술부 등 5개 부처가 합동으로 발표한 「'0에서 1' 기초연구 강화 업무방안加强 '从0到1' 基础研究工作方案」은 이러한 고민의 산물이다. 이 문건에서 중국은 자국의 기초연구가 여전히 모방과 추격에 머물러 있음을 자인하고 진정한 기술 리더가 되기 위해 '무無에서 유有를 창조하는0 to 1' 원천 연구에 국가 역량을 쏟겠다고 선언했다. 구체적으로는 논문 건수가 아닌 대표작 중심의 평가제도를 도입해 35세 이하 청년 과학자에게 연구 자율권을 주는 장기 프로젝트 신설했고 비인기 기초과학 분야에서 묵묵히 연구하는 것을 뜻하는 중국의 '차가운 벤치冷板凳' 정신을 강조하며 연구자들이 장기간 한 우물을 팔 수 있는 안정적 지원책을 제시했다.

하지만 창의성마저 국가 계획의 테두리 안에서 관리될 수 있는가에 대해서는 여전히 물음표가 남는다. 중국 정부 역시 이를 의식해 비주류 프로젝트에 파격적인 패스트트랙을 지원하며 변화를 꾀하고 있지만 효율과 통제를 중시하는 하향식 시스템 아래에서 과연 엉뚱하고 자율적인 창조적 혁신이 온전히 꽃피울 수 있을지는 회의적인 시각이 적지 않다. 어쩌면 이것이야말로 자본이나 기술 투입만으로는 해결할 수 없는 중국 혁신 시스템이 넘어야 할 가장 높고 본질적인 장벽일 것이다. 중국은 현재 추격형 모델을 넘어 선도형 혁신으로 나아가는 중대 갈림길에 서 있다.

국진민퇴 딜레마 속에서 민간의 자율 회복을 모색하다

중국이 내세우는 국가 혁신 시스템의 이상적인 모델은 공식적으로 '유능한 정부active government와 효율적인 시장efficient market'의 결합이다. 이는 정부가 인프라, 원천기술, 전략적 방향성을 깔아주는 혁신 촉진자 역할을 하고 민간기업은 그 토대 위에서 창의성을 발휘해 혁신 주체로 뛰게 하는 분업 구조를 의미한다.

그러나 현실에서는 정부 주도와 시장 자율의 황금비를 맞추기는 매우 어렵다. 2021년 앤트그룹 상장 중단 사태는 이 균형이 무너진 상징적 사건이었다. 이후 이어진 빅테크 규제와 사교육 시장 단속 등 '국유는 나아가고 민영은 후퇴한다는 뜻의 국진민퇴国进民退 기조는 민간 기업가들의 혁신 의지를 꺾고 벤처 투자의 급격한 위축을 불러왔다. '정부의 방향성에 어긋나면 언제든 제동이 걸릴 수 있다.'라는 불확실성은 혁신 생태계의 활력을 떨어뜨리는 치명적인 약점으로 작용했다.

다행히 2025년 초 중국의 인공지능 스타트업이 가져온 '딥시크 모먼트'는 이러한 기류를 반전시키는 결정적 계기가 됐다. 국유기업SOE 중심의 육성책으로는 생성형 인공지능이나 휴머노이드 로봇처럼 변화가 빠른 첨단 분야에서 미국을 따라잡을 수 없다는 것을 다시 한번 확인했기 때문이다. 현재 중국 정부는 다시 민영기업을 존중하고 지원하는 방향으로 선회하고 있다. 특히 모방이 아닌 창조가 필요한 탈 추격 혁신 국면에서는 정부의 계획보다 민간의 과감한 시행착오가 필수적이라는 점에서 이 딜레마는 중국 혁신의 성패를 가를 핵심 변수다.

이러한 문제의식을 반영해 중국 정부는 민간경제의 신뢰를 회복하기 위한 강력한 제도적 장치를 마련했다. 2025년 5월 20일 시행된 「중화인민공화국 민영경제촉진법民营经济促进法」이 그것이다. 이는 중국 최초로 민영경제 발전을 위해 제정된 법률로 그동안 정책 수준에 머물렀던 민간기업에 대한 지원과 보호를 법률적 의무로 격상시켰다는 점에서 의미가 크다.

이 법의 핵심은 평등과 보호다. 법안은 국유경제와 민영경제가 법적으로 평등한 지위를 가지며 시장접근, 자금 조달, 생산요소 획득 등 모든 경제 활동에서 공정한 기회를 보장받아야 한다고 명시했다. 특히 과거 민간 기업가들을 불안에 떨게 했던 자의적 법 집행을 막기 위한 안전장치가 대폭 강화됐다. 기술혁신 측면에서도 민영기업이 국가 중대 과학기술 프로젝트에 주도적으로 참여할 수 있도록 명문화해 민간이 단순한 보조자가 아닌 혁신의 핵심 주체임을 법적으로 확정했다.

결국 「민영경제촉진법」은 국진민퇴의 우려를 불식시키고 제도적 확실성을 제공하려는 중국 정부의 승부수라 할 수 있다. 과연 이 법이 선언적 의미를 넘어 실제 현장에서 국유기업 위주의 '기울어진 운동장'을 바로잡고 위축된 민영경제를 활성화할 수 있을지가 중국 혁신 시스템의 진화를 가늠하는 실마리가 될 것이다.

글로벌 고립 압력 속에서 생존의 균형점을 찾아 선택하다

중국의 공격적인 기술 확보 전략과 정부 주도의 혁신사슬 관리는 서구 중심의 글로벌 혁신 질서와 필연적인 마찰을 빚고 있다. 미국의 칩 4 동맹Chip 4 Alliance을 위시한 디리스킹De-risking 정책은 중국을 글로벌 반도체 공급망과 첨단 지식 네트워크에서 고립시키고 있다. 이는 해외 혁신기업들이 중국을 연구개발 파트너가 아닌 단순한 판매 시장으로만 인식하게 만드는 결과를 가져올 수 있다. 또한 중국의 자국 데이터와 기술 유출에 대한 정부의 엄격한 규제 등으로 인해 자율성과 개방성을 전제로 하는 글로벌 혁신 시스템과의 갈등이 커지면서 네트워크 활동과 교류 협력을 어렵게 하고 있다.

실제로 2024년 8월 IBM이 중국 내 연구개발 부문을 전격 폐쇄하고 연구 인력을 철수시킨 사건은 이러한 흐름을 상징한다. 과거 중국 IT 인재의 사관학교로 불렸던 마이크로소프트 리서치 아시아MSRA마저 일부 핵심 인력을 캐나다 등지로 재배치하는 등 중국 내 연구 기능을 조정해 왔다. 이런 움직임은 글로벌 기업들이 중국에서의 지식 창출 거점은 점차 축소하고 대신 시장접근과 판매 중심의 거점으로 역할을 재편하려는 흐름을 보여준다.

이에 맞서 중국은 하드웨어적 봉쇄를 인재로 뚫어내려는 우회전략을 펼치고 있다. 트럼프 행정부의 연구개발 예산 감축과 이민 장벽 강화로 흔들리는 서구 과학계의 틈새를 파고드는 것이다. 특히 중국은 기존의 고위급 인재 유치 정책(천인계획)을 넘어 K비자와 같은 파격적인 제도를 신설해 이공계 분야의 해외 청년 인재를 집중적으로 공략하고 있다. 이는 명문대 박사급뿐만 아니라 잠재력 있는 젊은 연구자들에게 학위 취득 즉시 비자를 발급해 줌으로써 서구의 차세대 두뇌를 선점함은 물론이고 혁신 브로커로 삼아 끊어진 글로벌 네트워크를 복원하려는 전략적 포석이다.

결국 중국 국가 혁신 시스템의 미래는 두 가지 질문으로 요약된다. 내부적으로는 정부 주도의 생태계 아래에서 민간의 창의적 혁신이 얼마나 효과적으로 실현될 수 있는가, 그리고 외부적으로는 글로벌 표준과 호환되는 제도적 개방성을 확보할 수 있는가이다. 향후 중국의 성패는 '정부와 시장 그리고 안보와 개방' 사이에서 어떤 새로운 균형점을 만들어내느냐에 달려 있다고 봐야 한다.

5

배터리 패권과 국가-기업 동맹

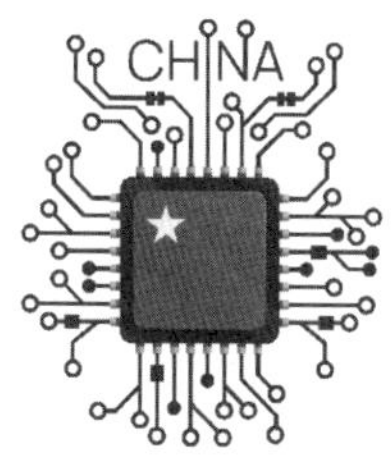

  글로벌 전기차 배터리 시장의 판도는 불과 10여 년 만에 완전히 뒤집혔다. 그 중심에 닝더스다이가 있다. 오늘날 글로벌 전기차 배터리 시장의 절대 강자 닝더스다이의 역사는 2011년 창업자 쩡위췬의 과감한 도박에서 시작됐다. 그는 창업 전 약 10년 동안 소형 리튬이온전지 전문 기업인 ATLAmperex Technology Limited을 이끌며 애플 아이폰 배터리 공급 등으로 이미 세계적인 명성을 쌓은 인물이었다. 하지만 그는 모바일 시장에 안주하지 않았다. 다가올 전기차 시대의 가능성을 직감한 쩡위췬은 안정적인 소형 배터리 사업을 뒤로하고 리스크가 큰 대형 배터리 사업으로의 과감한 차선 변경을 단행했다.

  닝더스다이의 본사는 회사 이름의 모태가 된 푸젠성 닝더福建省宁

德에 자리 잡았다. 이곳은 창업자의 고향이라는 상징성을 넘어 지방정부의 세제 지원, 토지 정책, 인프라 투자가 결합된 계획형 산업 생태계의 축소판이다. 중앙의 전략과 지방의 실행력이 맞물리면서 이 도시는 전 세계 배터리 산업의 심장부로 변모했다. 값싼 인건비와 초기 정책 지원은 가격경쟁력을 만들었다. 그리고 이후 축적된 기술과 규모의 경제는 글로벌 완성차 기업들을 끌어들이는 자산이 됐다.

닝더스다이는 스스로를 단순 납품업체로 규정하지 않았다. 완성차 개발 초기 단계부터 공동 설계에 참여하는 전략적 기술 파트너로 자리매김했다. 이 접근방식은 후발주자였던 기업이 단기간에 기존 강자를 추월하는 발판이 됐다. 특히 기술혁신은 시장의 흐름을 바꿨다. 한때 저가형 기술로 분류되던 리튬인산철이 글로벌 주류로 부상한 배경에는 이러한 구조 혁신이 있었다. 리튬인산철과 삼원계를 아우르는 제품 포트폴리오, 완성차 업체와의 장기 동맹, 광산에서 재활용까지 연결된 수직계열화 전략은 단순한 제조 기업을 넘어 산업 표준을 설계하는 위치로 회사를 끌어올렸다. 내수시장에서는 정책 보호막을 활용해 빠르게 규모를 키웠다. 기술전략 역시 공격적이다. 제조 공정에는 극한의 품질관리 체계를 구축했다. 배터리 교환형 솔루션까지 확장하며 제조를 넘어 서비스 모델로 영역을 넓히고 있다.

이 모든 성과 뒤에는 창업자의 고강도 성과주의와 과감한 의사결정 문화가 있다. 기술 확신이 서면 자원을 집중하는 결단력, 내부 경쟁을 통한 최적 해법 도출, 스톡옵션을 통한 인재 유치 전략이 조직의 추진력을 만들었다. 동시에 중국 정부의 장기 산업 전략과 탄소 중립 목표는 닝더스다이를 국가 에너지 전환 프로젝트의 핵심 축으로 끌어올렸다.

닝더스다이는 더 이상 배터리 제조 기업에 머물지 않는다. 글로벌 전기차 산업의 가격 구조, 기술 경로, 심지어 에너지 전환의 속도까지 좌우하는 표준 설계자로 자리 잡았다. 이는 한 기업의 성공을 넘어 국가전략과 기업가정신이 결합할 때 어떤 산업적 지형 변화가 가능한지를 보여주는 사례다.

안으로는 시장을 독점하고 밖으로는 우회하는 전략을 쓰다

닝더스다이는 자신들을 단순한 배터리 납품업체로 한정 짓지 않았다. 대신 완성차 업체의 차량 개발 단계부터 깊숙이 관여해 맞춤형 배터리 솔루션을 제공하는 전략적 기술 파트너로 포지셔닝했다. 이러한 접근방식은 닝더스다이가 후발주자임에도 불구하고 단기간에 파나소닉과 LG화학 등 선발주자를 제치고 시장의 판도를 뒤흔드는 핵심 동력이 됐다.

닝더스다이의 사업 영역은 전기차용 대형 배터리를 필두로 에너지저장장치ESS, 산업용 전동공구, 선박, 항공까지 아우른다. 이들의 무기는 무엇보다 폭넓은 기술 포트폴리오다. 주류인 삼원계 배터리는 물론이고 차세대 기술인 나트륨 이온과 반고체 및 전고체 배터리까지 전방위적인 연구개발을 진행하며 기술 표준을 장악하고 있다.

특히 닝더스다이를 글로벌 1위로 끌어올린 결정적 한 방은 한물간 기술로 취급받던 리튬인산철 배터리의 재해석이었다. 그들은 셀을 모듈 없이 팩에 직접 통합하는 셀 투 팩CTP, Cell-to-Pack 기술혁신을 통해 리튬인산철의 치명적 단점인 낮은 에너지 밀도를 극복하고 압도적인 가격경쟁력을 확보했다. 이 혁신으로 BMW, 폭스바겐, 다임러 등 깐깐한 글로벌 완성차 기업들이 닝더스다이의 생태계로 들어오게 됐다.

닝더스다이의 시장전략은 안과 밖이 철저히 다른 이원화 전술을 쓴다. 중국 내수시장에서는 테크노스테이트의 이점인 보호막을 영리하게 활용했다. 「중국제조 2025」 정책과 외국산 배터리를 탑재한 차량에 보조금을 주지 않는 화이트리스트White List 제도는 닝더스다이가 한국과 일본 경쟁자들을 배제하고 초기 시장을 독점적으로 선점하는 거대한 인큐베이터가 됐다.

반면 해외시장에서는 철저한 현지 맞춤형 유연성을 구사한다. 무역 장벽이 높은 미국에서는 포드에 기술 라이선스를 제공하고 생산은 현지 기업에 맡기는 라이선스 로열티 서비스LRS, License Royalty Service 방식으로 자본 리스크와 인플레이션 감축법IRA 규제를 동시에 우회했다. 환경 규제가 엄격한 유럽에서는 독일 튀링겐과 헝가리에 직접 공장을 짓고 주요 고객사와 장기 계약을 맺는 정공법을 택했다. 자원이 풍부한 동남아에서는 공급망 안정화가 핵심이다. 인도네시아에서는 니켈 제련 공장을 운영해 원자재를 확보하고 베트남 빈패스트VinFast와는 플랫폼을 공동 개발하는 식이다.

이러한 전방위적 전략의 성과는 숫자로 증명된다. 2024년 기준 닝더스다이의 글로벌 전기차 배터리 사용량은 339.3기가와트시Gwh에 달하며 전년 대비 31.7%라는 고성장을 기록했다. 시장점유율은 37.9%로 2위인 비야디(17.2%)와 두 배 이상의 격차를 유지하며 초격차 지위를 굳히고 있다. LG에너지솔루션, SK온, 삼성SDI 등 한국의 배터리 3사가 캐즘으로 성장 정체를 겪는 동안 닝더스

배터리 공급사	2023 (GWh)	2024 (GWh)	Growth Rate (%)	2023 M/S (%)	2024 M/S (%)
닝더스다이	257.7	339.3	31.7	36.6	37.9
비야디	111.8	153.7	37.5	15.9	17.2
LG에너지 솔루션	95.1	96.3	1.3	13.5	10.8
CALB	33.8	39.4	16.6	4.8	4.4
SK온	34.7	39.0	12.4	4.9	4.4
파나소닉	42.8	35.1	−18.0	6.1	3.9
삼성 SDI	33.1	29.6	−10.6	4.7	3.3
고션 하이테크	16.4	28.5	73.8	2.3	3.2
EVE	16.0	20.3	26.9	2.3	2.3
선워다	10.8	18.8	74.1	1.5	2.1
기타	50.9	94.3	85.3	7.2	10.5
합계	703.2	894.4	27.2	100.0	100.0

2024년 닝더스다이는 글로벌 시장점유율 37.9%로 2위 비야디와 두 배 이상의 격차를 유지했다. (자료: 2025 Jan Global Monthly EV and Battery Monthly Tracker, SNE Research)

다이는 리튬인산철과 삼원계를 아우르는 제품 믹스와 전 세계 주요 완성차 업체와의 동맹을 통해 흔들리지 않는 배터리 제국의 위상을 과시하고 있다.

닝더스다이는 2020년 이후 단순 제조를 넘어 산업의 표준과 시장 지형을 재편해왔다. 대표적으로 '100만 마일 배터리'를 개발해 수명 기준을 새로 썼으며 2021년에는 나트륨이온 배터리를 발표해 리튬 중심의 공급망 리스크를 분산할 대안을 제시했다. 2024년 사업보고서 기준 4대 혁신 체계이다. 신소재 혁신이다. 나트륨 이온과 M3P 등 신소재 발굴을 통해 원가 구조를 혁신한다. 시스템 구조 혁신이다. 셀투팩 및 셀투섀시CTC, Cell-to-Chassis 기술 고도화를 통해 배터리가 차체의 일부가 되는 통합 설계를 주도한다. 그린 제조 혁신이다. 공정 전반에 디지털 트윈과 인공지능을 도입해 불량률을 10억 분의 1DPPB, Defective Parts Per Billion* 수준으로 낮추는 극한의 제조를 실현했다. 이는 테크노스테이트가 추구하는 제조 효율의 정점이다. 비즈니스 모델 혁신이다. 배터리 교환형 솔루션인 '초콜릿 교환Chocolate Swapping'**과 상용차용 '천리마 교환Qiji Swapping'***을 런칭해 제조를 넘어 서비스업으로 영토를 확장했다.

공급망 전략은 광산에서 재활용까지의 수직계열화다. 리튬, 니켈, 코발트 등 핵심 광물을 남미, 인도네시아, 콩고 등지에서 직접 확보하고 자회사 브룬프Brunp를 통해 폐배터리 리사이클링까지 연결하는 생태계를 완성했다. 이는 지정학적 리스크와 무역 장벽을 완화하고 국가 차원의 자원 안보를 기업 단위에서 실현하는 모델이다.

---

* DPPB: 10억 개의 부품 중 불량품 발생 수를 나타내는 초정밀 품질관리 지표로 사실상 '불량률 0'에 근접함을 의미한다.

** 초콜릿 교환Chocolate Swapping은 초콜릿 블록처럼 표준화된 교환형 배터리 모듈이다. 차종과 관계없이 호환할 수 있는 구조로 설계돼 배터리 교체 시간을 단축하고 충전 인프라 보급에 유리하다.

*** 천리마 교환Qiji Swapping은 대형 트럭 및 버스 등 장거리와 고하중 상용차를 위해 개발된 시스템으로 배터리 교환 시간을 획기적으로 줄여 운행 효율성을 높이는 솔루션이다.

기업과 국가가 계산된 기술 올인으로 패권을 차지하다

닝더스다이가 단기간에 글로벌 시장을 장악한 배경에는 창업자 쩡위췬의 야생적 리더십이 있다. 특히 그의 집무실에 걸려 있던 '도성견강賭性堅强'이라는 글귀는 그의 경영 철학을 상징한다. 이는 무모한 도박이 아니라 기술적 확신이 섰을 때 모든 자원을 집중하는 과감한 결단력을 의미한다. 실제로 그는 모두가 삼원계에 집중할 때 리튬인산철에 베팅했고 리튬 가격이 폭등할 때 나트륨 이온에 베팅하며 승부사 기질을 증명했다.

글로벌 1위 도약 후 쩡위췬은 내실 다지기에 나섰다. 특히 화웨이의 '늑대 문화'와 비견되는 치열한 분투 정신은 2024년 논란이 된 오전 8시 출근, 밤 9시 퇴근, 주 6일 근무, 즉 896 근무제와 같은 고강도 업무 환경을 형성했다. 기술변화가 빠른 배터리 시장에서 1위 자리를 수성하려는 조직 내 강력한 위기의식과 과당경쟁을 뜻하는 중국 기술 기업 특유의 네이쥐안內卷 문화를 반영한다.

이러한 고강도 문화를 지탱하는 동력은 파격적인 성과주의다. 상장 초기부터 대규모 스톡옵션을 부여해 지방 소도시인 닝더시에 베이징과 상하이의 명문대 박사급 인력을 끌어모았으며 연구개발 부서 간 내부 경쟁 시스템을 통해 기술적 최적 해법을 도출한다.

닝더스다이의 비약적인 성장은 중국 정부의 장기적인 산업 정책과 밀접하게 맞물려 있다. 중국 정부는 완강 전 과학기술부 장관 재임 시기인 2007~2018년부터 배터리 산업육성을 위한 제도적 기틀을 마련했다. 특히 화이트리스트로 불리는 보조금 장벽은 닝더스다이가 한국계 배터리 기업인 LG, 삼성, SK와의 초기 경쟁을 피하고 덩치를 키울 수 있었던 결정적인 인큐베이터였다.

　2020년 이후 정부 지원의 초점은 단순 보조금에서 표준 선점과 탄소 중립으로 이동했다. 중국 정부의 '2030 탄소 피크, 2060 탄소 중립' 목표에 따라 닝더스다이는 재생에너지와 연계된 에너지저장 시스템 프로젝트와 전력망 안정화 사업의 핵심 파트너로 격상됐다. 또한 본사가 위치한 닝더시는 닝더스다이를 위해 맞춤형 행정 서비스를 제공하며 기업 하나가 도시 전체의 경제 지도를 바꾸는 기업 도시 모델을 완성했다. 결국 닝더스다이는 보조금과 탄소 중립 등 중앙정부의 거시적 설계와 닝더 클러스트와 같은 지방정부의 미시적 지원이 결합한 신형거국체제의 가장 성공적인 사례다.

6

수직 통합과 전기차 제국

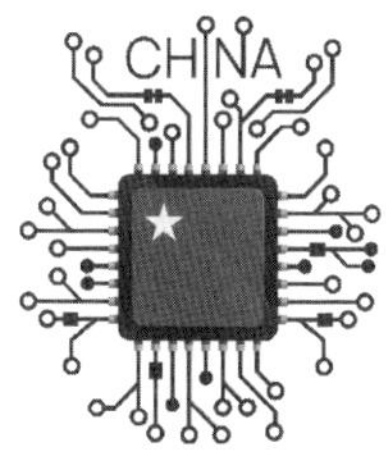

전기차 시대의 승자는 '누가 더 멋진 차를 만들었는가?'만으로 결정되지 않는다. 누가 더 안정적으로 만들 수 있는가? 누가 더 싸게 만들 수 있는가? 그리고 무엇보다 누가 핵심부품의 숨통을 쥐고 있는가?에서 승부가 갈린다. 닝더스다이가 배터리 생태계를 수평으로 연결하는 허브라면 비야디는 그 생태계 바깥의 변수를 최소화하기 위해 모든 것을 내부로 끌어안은 요새에 가깝다. 전기차 산업이 공급망 전쟁으로 변한 순간 비야디의 '수직 통합'은 전략이 아니라 생존 방식이 됐다.

비야디의 진짜 강점은 한두 개의 히트 모델이 아니라 구조 그 자체에 있다. 전기차 원가에서 가장 비중이 큰 배터리, 전력반도체, 모터, 제어 시스템을 외부에 의존하면 원가도 공급도 품질도 속도도 남의 손에 달린다. 반대로 이를 내부로 끌어오면 규모가 커질수록 생산비가 떨어지고 외부 충격이 닥칠수록 경쟁력이 도드라진다. 비야디는 이 원리를 끝까지 밀어붙였다. 배터리에서 시작해 차량 플랫폼, 핵심 반도체, 제조 공정까지 가능한 한 많은 '병목'을 스스로 통제하는 방식으로 제국을 설계했다.

이 구조는 시장전략으로 연결된다. 비야디는 제품 라인업을 촘촘히 채워 경쟁자가 '빈틈'을 찾지 못하게 만들었다. 초저가부터 고급·초고급까지 브랜드 체계를 세분화해 내수시장에서 한 번 형성된 고객 수요가 다른 브랜드로 빠져나갈 틈을 줄였다. 동시에 해외에서는 '먼저 포위하고 나중에 확장한다.'라는 방식으로 움직였다. 처음부터 승용차로 정면 승부를 걸기보다 버스와 트럭 같은 상용차로 공공부문에서 신뢰를 쌓고 인프라와 정책 환경이 준비된 지역부터 승용차를 밀어 넣는 식이다.

여기까지는 흔히 "싸서 팔린다."라는 설명으로 오해되기 쉽다. 하지만 비야디의 가격경쟁력은 단순히 덤핑이나 보조금의 결과가 아니다. 수직 통합이 만들어낸 원가 구조의 힘이다. 공급망 충격이 반복되는 시대에 '안정적 조달'은 곧 '안정적 가격'이고 '안정적 가격'은 다시 '시장점유율'로 이어진다. 결국 비야디의 성장은 전기차를 둘러싼 기술, 제조, 공급망, 정책이 한 덩어리로 엮여 돌아가는 중국식 산업 시스템이 가장 강력하게 작동한 결과다.

포위 전략으로 영역을 넓히는 중국 전기차의 위용을 드러내다

닝더스다이가 생태계를 수평적으로 연결하는 허브라면 비야디는 수직적 통합의 정점이다.

1995년 배터리 제조업체로 출발한 비야디는 2003년 자동차 회사 인수를 계기로 완성차 산업에 진출한 중국의 대표적인 모빌리티 기업이다. 사명인 '꿈을 실현한다Build Your Dreams'는 영문 약자에서 따왔다. 초기에는 내연기관차 생산이 주력이었으나 모태가 되는 강력한 배터리 기술력을 바탕으로 일찍이 전동화 전환을 추진했다. 이는 내연기관 단계를 건너뛰고 신에너지로 직행한다는 중국 정부의 전략적 정책을 가장 충실히 이행한 행보였다.

비야디는 2008년 중국 최초의 전기차를 출시한 이후 순수전기차와 플러그인 하이브리드를 양 날개 삼아 사업을 확장했다. 2010년 워런 버핏의 투자를 유치하며 글로벌 시장의 주목을 받았고 마침내 2023년 테슬라를 제치고 글로벌 전기차 판매 1위에 등극했다. 2024년에도 연간 427만 대를 판매하며 세계 1위 자리를 수성하고 있다. 비야디의 제품군은 저가형부터 초고가형까지 촘촘하게 구성돼 있다. 보급형 라인인 '왕조王朝'와 '해양海洋' 시리즈를 필두로 중·고급형 브랜드 '덴자Denza'와 최고급 럭셔리 브랜드 '양왕仰望'을 통해 전 가격대를 아우른다. 생산 거점은 중국 시안 공장이 핵심이며 해외에서는 태국(연산 15만 대), 헝가리(2025년 완공 예정), 인도네시아(2026년 완공 예정)를 비롯해 우즈베키스탄, 튀르키예, 브라질 등지에서 글로벌 생산 인프라를 공격적으로 확장하고 있다.

2024년은 글로벌 전기차 시장의 판도가 완전히 뒤집힌 해로 기록될 것이다. 비야디는 순수전기차와 플러그인 하이브리드 두 부문을 모두 석권하며 명실상부한 '전기차 제국'을 건설했다. 특히 순수전기차 부문에서 15.4%의 시장점유율을 기록하며 오랫동안 1위를 지켜오던 테슬라(12.6%)를 제치고 왕좌를 차지했다. 양산형 플러그인 하이브리드 부문에서의 격차는 더 압도적이다. 2위인 리오토의 점유율이 6.7%에 불과한 반면에 무려 38.7%를 차지하며 독주 체제를 굳혔다. 이러한 수치는 단순한 판매량의 증가가 아니다. 이는 가격대별 촘촘한 라인업, 거대한 내수시장의 뒷받침, 그리고 치밀한 해외 공략이 만들어낸 구조적 승리다.

비야디의 시장전략은 크게 네 가지 축으로 움직이고 있다. 첫째, 경쟁자가 파고들 틈을 주지 않는 풀 라인업 전략이다. 초저가형 모델부터 프리미엄 라인까지 모든 세그먼트에 대응하는 제품군을 보유하고 있다. 이는 경쟁사가 가격, 성능, 디자인 중 어느 한 곳을 공략해 들어가려 해도 이미 비야디가 선점하고 있음을 의미한다. 특히 기술적 완성도와 가격경쟁력을 동시에 갖춘 양산형 플러그인 하이브리드 라인업의 성장은 괄목할 만하다. 이를 바탕으로 순수 전기차 시장에서도 테슬라와 대등한 경쟁 구도를 만들어냈다.

둘째, '농촌에서 도시를 포위한다农村包围城市'는 마오쩌둥의 전술을 연상시키는 단계적 해외 확장이다. 비야디의 해외 진출은 단순히 승용차를 파는 것에서 시작하지 않았다. 먼저 버스와 트럭 등 상용차로 공공부문B2G을 공략했다. 2024년 중국 제조사 중 유일하게 연간 3,000대 이상의 버스를 수출하며 대중교통을 통해 브랜드 신뢰도를 먼저 쌓았다. 승용차 부문에서는 지역별 특성에 맞춰 공략법을 달리한다.

브라질과 멕시코 등 남미에서는 인프라 상황에 맞춰 양산형 플러그인 하이브리드 중심으로 시장을 넓히며 합산 수출 10만 대를 기록해 핵심 거점으로 부상했다. 유럽과 아세안 시장에서는 순수 전기차 중심으로 접근한다. 벨기에는 서유럽 진출의 교두보 구실

순수전기차와 플러그인 하이브리드 글로벌 판매 톱10 브랜드(2025년 1분기)

순위	순수전기차	플러그인 하이브리드
1	비야디 - 15.4%	비야디 - 38.7%
2	테슬라 - 12.6%	리오토 - 6.7%
3	지리 - 6.9%	지리 - 5.9%
4	상하이GM우링 - 6.6%	치루이 - 3.6%
5	폭스바겐 - 4.0%	BMW - 3.5%
6	샤오펑 - 3.5%	벤츠 - 3.4%
7	BMW - 3.3%	AITO - 3.2%
8	샤오미 - 2.8%	볼보 - 3.1%
9	리프모터 - 2.4%	창안 - 2.6%
10	현대 - 2.4%	도요타 - 2.6%

2025년 1분기 비야디는 순수전기차와 플러그인 하이브리드 두 부문 모두 글로벌 1위를 차지했다. (자료: 트랜드포스, 2025. 5)

을 하고 있으며 태국과 인도네시아는 보조금 정책을 활용해 아세안의 주력 시장으로 키우고 있다.

셋째, 무역 장벽을 넘기 위한 메이드 인 로컬Made in Local 전략이다. 단순 수출은 관세와 물류비용의 한계가 있다. 이에 비야디는 헝가리, 태국, 인도네시아 등 주요 거점에 직접 생산기지를 구축하고 있다. 이는 수출 의존도를 낮추는 동시에 각국의 무역 장벽을 우회하고 현지 소비자에게 더 빠르게 다가가는 전략이다.

마지막으로 지정학적 리스크 회피 전략이다. 비야디는 미중 갈등으로 미국 시장 진입이 봉쇄된 상황에서 무리한 진입 대신 우회와 확장을 택했다. 미국을 제외한 나머지 글로벌 시장, 즉 글로벌 사우

스와 유럽에서의 지배력을 극대화하는 것이다. 중국 정부의 육성 정책을 발판 삼아 내수를 다지고 미국 외 지역을 장악해 나가는 행보는 지정학적 위기를 경영전략으로 극복한 대표적인 사례다.

배터리부터 반도체까지 직접 만드는 수직 통합 구조를 갖추다

비야디가 글로벌 시장에서 가격과 성능이라는 두 마리 토끼를 잡을 수 있었던 비결은 명확하다. 바로 배터리부터 완성차와 에너지 시스템까지 아우르는 독보적인 수직 통합형 생태계다. 남의 기술을 빌려 조립하는 것이 아니라 핵심기술을 직접 만들고 통제하는 능력이야말로 진짜 경쟁력이다.

첫째, 기술 독립의 상징인 블레이드 배터리Blade Battery와 하이브리드 시스템이다. 전기차 원가의 가장 큰 비중을 차지하는 배터리 분야에서 얇고 긴 칼날 모양의 블레이드 배터리를 개발해 게임 체인저가 됐다. 리튬인산철 기반임에도 셀을 팩에 직접 넣는 설계로 에너지 밀도와 안전성을 동시에 잡았다. 이 기술은 비야디 전기차의 심장이 됐다. 더 놀라운 건 비야디가 배터리뿐만 아니라 전력전자, 차량 설계용 반도체IGBT 등 핵심기술을 100% 내재화했다는 점이다. 이는 외부 공급망 충격에도 끄떡없는 기술 안보를 기업 단위에서 실현한 것이다.

둘째, 하드웨어 독자 개발과 서비스 글로벌 연합 전략이다. 비야디는 기술개발에서는 고립을 자처할 만큼 독자 노선을 걷지만 서비스 확장을 위해서는 누구와도 손을 잡는다. 브라질에서는 라이젠 파워Raizen Power와 협력해 충전 허브를 구축하고 프랑스의 아르발 Arval과는 유럽 내 친환경 모빌리티 솔루션을 제공한다. 또한 우버

비야디 중국 내 생산기지 현황

성	도시	연간 생산 능력	투자 시기
광둥성	선전시	35만 대(핑산)·50만 대(바오산), 2025년 계획 100만 대(바오산)	2007년(핑산)·2024년(바오산)
산시성 (섬서)	시안시	120만 대	2014년
안후이성	허페이시	80만 대, 2025년 계획 132만 대	2022년
산둥성	지난시	30만 대, 2025년 계획 50만 대	2022년
장쑤성	창저우시	40만 대	2022년
장시성	푸저우시	35만 대	2022년
허난성	정저우시	100만 대	2023년
후난성	창사시 (위화, 싱사)	90만 대	2012년

비야디는 중국 내 8개 성에 걸쳐 생산기지를 운영하며 시안(120만 대), 정저우(100만 대), 창사(90만 대) 등 대규모 거점을 중심으로 생산 능력을 확장하고 있다.
(자료: 언론 보도 종합)

와의 파트너십을 통해 플랫폼 내 전기차 보급을 가속화하고 있다.

셋째, 자동차를 넘어선 토털 에너지 솔루션으로의 확장이다. 비야디의 시선은 승용차에만 머물지 않는다. 신에너지 자동차 분야에서는 각국 지형과 도로 사정에 맞춘 맞춤형 모델을 투입하며 대중교통의 친환경 전환을 이끌고 있다. 더 나아가 에너지저장시스템 분야에서는 발전소, 송전망, 최종 사용자에 이르는 전 단계 통합 솔루션을 제공한다. 흥미로운 점은 비야디가 자사 전기차에 들어가는 배터리 수요를 맞추는 데 그치지 않고 테슬라나 도요타 같은 외부 전략 고객에게 판매하며 글로벌 공급망의 핵심 플레이어로 자리 잡았다는 것이다.

독보적 기술 리더십이 국가 설계와 결합해 결과를 빚어내다

비야디의 리더십은 창업자 왕촨푸Wang Chuanfu 회장의 정체성인 엔지니어 그 자체로 설명된다. 그는 재무나 마케팅 전문가 출신의 여타 최고경영자들과 달리 배터리 연구원(화학자) 출신답게 '기술은 왕이고技术为王 혁신은 근본이다创新为本'라는 슬로건을 내걸고 지금도 작업복을 입고 공장 라인을 점검한다. 왕 회장은 '우리는 남의 것을 조립하는 것이 아니라 원리부터 이해하고 직접 만든다.'라는 철학을 고수하는데 수직계열화의 문화적 토대가 됐다.

이러한 리더십 아래 비야디는 거대한 엔지니어 군단을 조직했다. 연구개발 인력은 2023년 말 기준 약 10만 명에 달하며 전체 직원의 약 13%에 달한다. 글로벌 자동차 업계에서도 압도적인 규모다. 왕촨푸 회장은 이를 '기술 양어장Fish Pond 이론'으로 설명한다. 평소에 다양한 기술을 물고기처럼 양어장에 키워두었다가 시장이 필요할 때 즉시 건져 올린다는 것이다. 실제로 신입 엔지니어들을 대규모로 채용해 기숙사를 제공하고 강도 높은 훈련을 시키는 것으로 유명하다. 특정 기술적 난제가 발생했을 때 인해전술에 가까운 연구개발 역량을 집중적으로 투입해 경쟁사보다 빠르게 솔루션을 내놓는 원동력이 된다.

비야디 조직문화의 핵심은 속도와 헝그리 정신이다. 내부에는 "큰 물고기가 작은 물고기를 먹는 것이 아니라 빠른 물고기가 느린 물고기를 먹는다快鱼吃慢鱼."라는 경영 격언이 지배한다. 또한 임원들조차 일반 직원들과 구내식당에서 식사하고 이코노미석을 이용하는 등 검소한 사풍이 정착돼 있다. 이는 원가 경쟁력을 극도로 중시하는 비야디의 생존 본능이 조직문화 깊숙이 배어 있음을 보여준다.

비야디의 폭발적인 성장 이면에는 중국 정부라는 거대한 설계자가 있었다. 비야디의 성공은 기업의 노력과 정부의 일관된 육성 정책이 완벽하게 맞물린 결과다. 첫째, 20년을 이어온 정책의 일관성이다. 중국은 이미 2001년 '863 계획'을 통해 전기차 연구개발 지원에 시동을 걸었다. 정권이 바뀌어도 흔들리지 않는 정책의 연속성은 기업이 안심하고 장기 투자를 할 수 있는 토대가 됐다. 과학기술부가 주도한 큰 그림 아래 중앙정부의 전략과 지방정부의 실무 지원이 톱니바퀴처럼 맞물리는 다층적 지원 체계가 형성된 것이다.

둘째, 시장의 물꼬를 튼 규제 완화와 인센티브다. 2009년 보조금 지원과 시범 사업으로 예열을 마친 중국 정부는 시장의 판도를 바꾸는 카드를 꺼내 들었다. 바로 번호판 규제 완화다. 베이징, 상하이 등 대도시에서 내연기관차의 번호판 발급을 엄격히 제한한 반면 전기차(녹색 번호판)에는 예외를 적용해 프리패스를 쥐여주었다. 이 조치는 소비자들이 전기차를 선택할 수밖에 없는 결정적인 유인책이 됐다. 비야디는 이 폭발적인 초기 수요를 흡수하며 대중화의 급류를 탔다.

셋째, 국가전략과 기업전략의 완벽한 동기화다. 중국 정부는 「중국제조 2025」와 「신에너지 자동차 산업 발전규획新能源汽车产业发展规划」을 통해 전기차를 국가 핵심 산업으로 격상시켰다. 흥미로운 점은 중국 정부가 원했던 산업 자립화(공급망 안보)의 방향성이 비야디가 추구해 온 수직 통합과 정확히 일치했다는 것이다. 배터리와 반도체 등 핵심부품을 직접 만드는 방식은 공급망 단절을 두려위하는 정부의 입맛에 딱 맞았다. 이는 곧 정책 인센티브와 지원 효과를 극대화하는 결과로 이어졌다.

5장

분업의 붕괴,
미중 경쟁의 구조화

세계는 오랫동안 분업을 효율의 최종 단계로 믿어왔다. 이제 그 신념이 흔들리고 있다. 완결형 공급망을 갖춘 국가는 더 이상 단순한 생산 기지가 아니다. 기술은 교환의 대상이 아니라 전략 자산이 됐고 무역은 산업 정책과 안보의 문제로 재정의됐다.

미중 경쟁은 전면전의 형식을 취하지 않는다. 차단과 협력이 교차하고 관용과 압박이 반복된다. 인공지능과 반도체는 견제하는 듯하면서도 손을 맞잡고 있다. 제재 속에서 설계된 중국식 반도체 모델은 봉쇄를 전제로 한 자립의 실험이다. 이 경쟁은 일시적 충돌이 아니다. 새로운 질서의 구조화 과정이다.

1
글로벌 분업 균열과 중국 중심 질서 재편

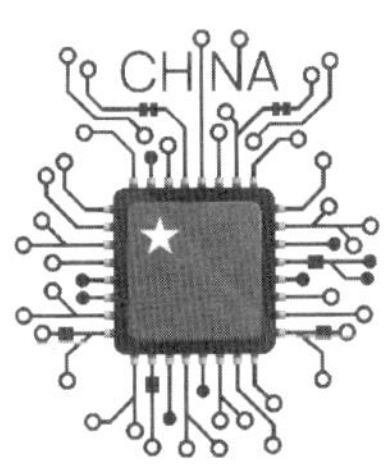

한때 세계 경제는 비교적 명확한 분업 질서 위에 서 있었다. 미국은 아이디어를 만들고 동아시아는 그것을 정교하게 생산했다. 실리콘밸리는 소프트웨어와 플랫폼을 설계했고 대만과 한국과 중국은 반도체, 부품, 조립 라인을 돌렸다. 탐색은 서구가 하고 활용은 아시아가 하는 구조였다. 이 체계는 1990년대 정보혁명 이후 20여 년간 세계 경제의 팽창을 지탱해 온 가장 강력하고도 효율적인 작동 원리였다.

그러나 그 질서는 서서히 균열이 가기 시작했다. 기존의 분업 모델은 소프트웨어와 데이터가 산업의 중심으로 이동하는 순간부터 흔들리기 시작했다. 하드웨어 생산만으로는 더 이상 패권을 유지할 수 없었고 플랫폼, 알고리즘, 표준을 장악하지 못하면 가치의

사슬 끝단으로 밀려났다.

이 틈을 파고든 나라가 중국이었다. 중국은 1990년대 조립기지에서 출발해 2000년대 이후 검색, 전자상거래, 소셜네트워크와 같은 디지털 플랫폼을 자국 내에서 독자적으로 구축하며 '제조의 땅'에서 '기술의 땅'으로 변신하기 시작했다. 외국 기술을 단순히 받아들이는 단계를 넘어 자체 생태계를 형성하고 인재, 자본, 정책을 결집해 기술 기업을 배출하는 구조로 전환한 것이다. 중국의 기술 자립은 선언이 아니라 국가전략이 됐다. 같은 시기 미국은 이를 위협으로 인식하기 시작했고 관세, 기술 규제, 공급망 차단으로 대응했다. 하지만 이 압박은 중국의 기술 굴기를 멈추게 하기보다 오히려 내부 결속과 자립 의지를 강화하는 방향으로 작용했다.

이제 세계 경제는 더 이상 '아이디어는 미국, 생산은 아시아'라는 단순한 구도로 설명되지 않는다. 중국은 완결형 공급망을 구축하며 '못 만드는 것이 없는' 제조 강국으로 올라섰다. 동시에 배터리, 전기차, 통신, 신재생에너지 등 전략 산업에서 기술 표준을 주도하려는 단계로 진입했다. 과거의 분업 질서가 무너진 자리에 기술과 제조를 동시에 움켜쥔 새로운 패권 경쟁이 시작된 것이다.

세계 분업 체제 붕괴와 기술 경쟁이 본격화되다

정보혁명이 본격화한 1990년 이후 세계 경제는 북미의 소프트웨어 혁신과 동아시아의 하드웨어 생산 효율성에 의해 발전해 왔다. PC나 스마트폰은 미국에서 발명됐지만 대량생산을 통한 염가 공급은 동아시아, 특히 대만과 중국 기업이 주도했다. 이러한 분업은 하드웨어와 소프트웨어의 분업 또는 탐색과 활용의 분업이라고 부를 수 있다.

일본은 1970년대와 1980년대에 품질관리QC와 적시JIT, Just-In-Time 생산시스템 등 하드웨어 생산성 향상에서 탁월한 실적을 보였다. 그러나 IT 제품의 생산 입지가 대만, 한국, 중국으로 이동하면서 하드웨어와 소프트웨어 분업 공급망에서 주도권을 잃고 부품과 소재 공급자로 전락했다. 그 주된 원인은 1990년 이후 일본 기업의 디지털 전환 실패다. 또한 이 시기에 일본 대기업이 와해적 혁신을 이뤄내지 못했기 때문이다. 반면 중국은 1990년대에는 대만을 포함한 외국 기업의 조립기지로 공업화를 시작했으나 2000년 전후부터 디지털 전환을 추진하기 시작했다. 특히 인터넷을 활용한 검색, SNS, 전자상거래 플랫폼을 미국 기업에 의존하지 않고 독자적으로 구축하면서 기술 기업을 배출하기 시작했다.

중국의 기술 기업은 2005년경부터 본격적으로 성장했다. 전기차 개발, 대량생산, 신재생 에너지 산업 육성 등 중앙정부, 지방정부, 그리고 민간기업으로 구성된 혁신 생태계가 중국 곳곳에 구축되면서 중국 경제는 기술과 산업을 급속도로 발전시켰다. 특히 연구개발 집중도가 2%를 넘긴 2015년에 시작된 「중국제조 2025」는 중국의 기술 발전에 중요한 계기가 됐다.

「중국제조 2025」와 2012년 시진핑의 '신대국 관계'의 요구는 미국을 자극했다. 이에 따라 미국은 2015년경부터 본격적으로 중국의 기술 발전과 경제성장을 견제하기 시작했다. 그런데 이 견제가 중국에는 위기로만 작용하지 않고 새로운 기회가 됐다. 2018년에 본격화한 트럼프의 관세 부과와 2021년 이후 바이든 행정부가 주도한 기술 차단 조치가 오히려 중국에 자극제가 되면서 지난 10년 사이 중국의 기술 발전이 도약 단계에 접어들게 했다. 또한 미국의 지난 10년의 중국 압박은 중국이 공산당을 중심으로 더 단결하게 했고 시진핑의 장기 집권을 도와주는 결과를 가져왔다. 특히 2025년 트럼프 2기가 시작되면서 미국이 한때 130%가 넘는 관세를 부과하는 등 압박을 가하면서 중국은 '전시체제'로 돌입하게 됐다. 중국 내에 '전시에는 국가 지도자를 바꾸기가 어렵다.'라는 인식이 확산하면서 시진핑에 대한 인민의 지지는 더욱 강해졌다.

중국은 2015년 전후에 정부 지원과 유학생 귀국 등 인적 자원의 증가에 힘입어 창업 빅뱅이 일어났다. 그러면서 투자, 인재, 정부 정책이라는 세 가지 변화가 상승작용을 일으켜 중국 기술 도약의 발동이 걸렸다. 이러한 연구개발 수요에 맞춰 고졸 청년층의 대학 진학률이 크게 늘어 2018년경에는 50%를 넘어섰다. 특히 이공계 대학 신입생 수가 비슷한 시기에 400만 명을 돌파했다. 이후 2020년 전후로 화웨이, 비야디, DJI와 같은 혁신기업의 제품이 시장에서 크게 성공하면서 2025년 기준 중국은 미국의 수준을 넘보는 세계적인 기술 강국이 됐다.

완결형 공급망을 무기로 새로운 패권 질서를 낳다

중국은 거대한 국내 시장을 보유하고 있으며 제조업이 쇠락한 미국과 달리 제조업 역량과 산업생태계에서 매우 유리한 위치에 있다. 2025년 말 기준 세계 제조업 총생산에서 중국의 비중은 35% 정도로 추정된다. 중국 비중은 당분간 더 증가할 것이라는 전망이 많다. 특히 중국 경제는 기업 차원의 규모나 범위의 경제를 넘어 경제 전체 차원의 '완결형 공급망'을 갖추게 됐다. 말하자면 중국은 이제 '못 만드는 게 없고 모든 것을 만들 수 있는' 나라가 됐다. 동시에 많은 산업에서 과잉 설비로 인한 덤핑 공세를 펼치고 있다. 따라서 전 세계 대부분이 중국산 수입품 때문에 고전하고 있으며 미중과 더불어 세계 5위권 제조업 강국인 독일, 일본, 한국은 중국의 '완결형 공급망'과 어떻게 공존할 것인지 절대적 위기 상황에 놓여 있다. 이 세 나라의 기업은 적어도 제조업에 관해서는 중국의 공급망에 참여해야만 일정한 경쟁력을 유지할 수 있다.

미국은 바이든 시대에 이미 공급망 분리를 포기하고 일부 산업에서만 '좁고 높은 장벽', 즉 스몰야드 하이펜스small yard, high fence를 쌓으려 하지만 여의찮은 상황이다. 이 와중에 트럼프가 중국 수입품에 2026년 초 기준 40%대의 관세를 부과했다. 하지만 중국은 시장 다변화를 통해 미국 시장 의존도를 줄여나가고 있다. 중국의 제조업 경쟁력이 더욱 강화되는 시기를 맞아 과연 미국이 어떤 정책을 선택해야 할지 난감한 상황이다.

중국 기술 기업의 경영은 창업 기업의 특징을 뚜렷하게 보인다. 중국 창업 기업은 청년 중심, 디지털 역량, 혁신과 인재 중시, 성과주의, 가족 기업적 성격, 그리고 공산당의 기업 지배구조 참여 등의 특징을 가진다. 대부분의 중국 기술 기업이 1999년 이후에 창업됐고, 특히 딥시크와 같은 기업은 2015년 이후의 창업 빅뱅 시기에 등장해 1985년생인 량원펑과 같은 청년이 주도하고 있다. 이들 창업 기업은 전통적인 중국 기업과는 상당히 다른 인사 제도와 보상 시스템을 가지고 있다. 기술 기업은 소수의 인재가 기업의 성패를 좌우하기 때문에 철저한 성과주의 기업 문화를 가지고 있으며 소수의 탁월한 인재에 대해서는 파격적인 보상을 제공한다.

현재 4차 산업혁명을 주도하는 미국과 중국 경제의 공통점은 바로 창업 기업이 혁신을 이끌고 있다는 점이다. 미국의 매그니피센트7이나 중국의 배트, 화웨이, 샤오미, 비야디, 딥시크 등은 모두 엔지니어 출신 창업가가 세운 기업들이다. 대기업이 와해적 혁신을 잘 해내지 못한다는 점을 고려하면 당분간 세계 경제에서 미국과 중국이 기술 패권을 유지할 것으로 전망된다.

2

관리되는 기술 경쟁의 시대

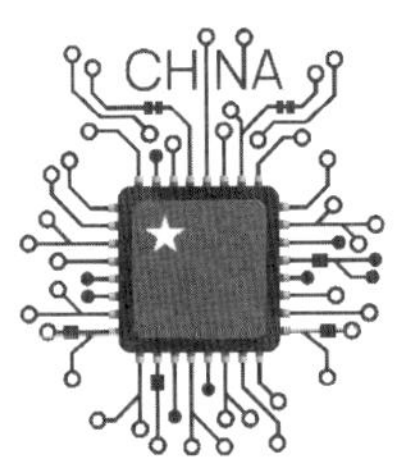

미중 기술 경쟁은 겉으로 보면 격렬한 충돌처럼 보인다. 관세 인상, 반도체 수출 통제, 배터리 공급망 차단, 인공지능 칩 봉쇄까지 단어만 놓고 보면 전면전에 가깝다. 그러나 실제 양상을 들여다보면 양국은 서로를 완전히 끊어내는 파국으로 치닫지 않는다. 공격은 가하지만 동시에 출구를 남겨둔다. 제재는 강화하지만 교역과 투자는 완전히 멈추지 않는다.

이 구조를 이해하려면 단판 승부가 아니라 반복 게임의 관점에서 바라볼 필요가 있다. 미국과 중국은 한 번에 승패를 가르는 싸움을 하는 것이 아니라 수많은 라운드를 오가며 힘을 시험하고 수위를 조절한다. 상대의 공격에 그대로 맞대응하되 관계가 돌이킬 수 없을 정도로 깨지지 않도록 강도를 조절한다.

2018년 무역전쟁은 전형적인 1라운드였다. 미국이 고율 관세로 선공을 가하자 중국도 보복 관세로 맞섰다. 하지만 양국 모두 교역을 전면 중단하는 선택은 하지 않았다. 충격을 주되 파국은 피했다. 이후 반도체 전쟁에서도 마찬가지였다. 미국은 첨단 장비와 설계 소프트웨어를 차단하며 높은 장벽을 세웠지만 동시에 범용 영역까지 모두 봉쇄하지는 않았다. 중국 역시 마이크론 제재로 맞대응했지만 동시에 시안 공장의 추가 투자를 허용하며 경제적 연결 고리를 완전히 끊지 않았다.

배터리와 공급망을 둘러싼 경쟁도 같은 패턴을 보인다. 인플레이션 감축법으로 중국을 배제하려는 시도가 있었다. 하지만 중국 기업들은 한국 등 제3국과의 합작을 통해 우회로를 찾았다. 정면 충돌 대신 경로 변경이다. 관세와 기술 통제가 결합된 최근의 복합전에서도 양측은 수위를 조절하며 경제적 이해관계를 계산한다. 첨단 그래픽처리장치GPU를 막으면서도 저사양 칩의 수출을 허용하는 식의 조정은 안보와 시장 사이에서의 타협을 보여준다.

이 경쟁의 핵심은 완전한 디커플링이 아니라 '관리된 긴장'이다. 결국 양국은 서로를 압박하면서도 서로를 필요로 하는 구조 속에 있다. 전면전은 양측 모두에게 치명적이다. 그래서 공격과 협력이 동시에 존재하는 이중 전략이 반복된다. 겉으로는 충돌이 격화되는 듯 보이지만 실제로는 위험을 관리하며 장기전의 유리한 고지를 점하려는 계산이 작동하고 있다.

관용적 팃포탯으로 새로운 기술 전쟁의 양상을 보이다

미국과 중국의 기술 경쟁은 표면적으로 충돌과 전쟁으로 보이지만 그 이면에는 복잡한 게임 이론이 작동하고 있다. 양국은 '너 죽고 나 죽자.'라는 식의 전면전이 아닌 여러 번의 승부를 하는 다중 라운드 게임을 벌이고 있다. 이 게임의 숨겨진 규칙은 관용적 팃포탯 전략FTFT, Fractional Tit-for-Tat이라고 분석할 수 있다.

고전적 게임 이론에서 팃포탯은 '눈에는 눈 이에는 이'와 같이 상대방의 직전 행동을 그대로 똑같이 갚아주는 전략이다. 그러나 현재의 미중 관계를 이 단순한 논리로만 설명하기에는 무리가 있다. 현재 G2가 구사하는 전략은 이보다 한 단계 진화한 관용적 팃포탯에 가깝다. 이는 상대의 공격에 대해 100% 전면 보복으로 맞서는 것이 아니라 일정 부분 관용을 베풀며 대응 강도를 조절하며 반격하는 고도의 심리전이다.

관용적 팃포탯의 핵심은 보복의 수위 조절에 있다. 이는 상대의 공격에 100% 전면적인 보복으로 맞서는 것이 아니라 의도적으로 대응 강도를 낮추거나 일정 부분 관용을 베푸는 방식이다. 힘이 부족해서가 아니라 양국 관계의 완전한 분리인 디커플링을 막기 위한 고도의 전략적 선택이다. 이 전략의 목표는 단판 승부에서 이기는 것이 아니라 여러 라운드를 거치며 관계를 유지하고 장기적인 이익을 극대화하는 것이 핵심이다. 이러한 관용적 팃포탯 프레임워크는 왜 미중 양국이 첨예한 대립 속에서도 교역과 투자를 지속하며 관계의 파국을 피해 가는지를 설명해 주는 중요한 열쇠다. 겉으로는 갈등이 치닫는 것처럼 보이지만 실상은 경쟁과 협력이라는 두 가지 공을 동시에 굴리는 정교한 이중게임을 수행하고 있다.

관용적 팃포탯 프레임을 통해 미중 경쟁의 역사를 재해석하면 양국의 전략적 의도가 더욱 명확해진다. 1라운드인 무역 전쟁은 고전적 팃포탯 전략이 등장한 시기다. 2018년 트럼프 행정부가 중국에 고율 관세를 부과하는 선제공격을 하자 중국 역시 즉각적으로 동일한 규모의 보복 관세를 부과하며 맞대응했다. 이는 전형적인 눈에는 눈 전략의 시작이었으나 양국 모두 전면적인 교역 중단이라는 파국 대신 관세라는 부분적 수단을 사용했다는 점에서 관용적 팃포탯의 초기 특성을 보여주었다.

2021년 바이든 정권이 시작한 2라운드인 반도체 전쟁은 '좁고 높은 장벽'이라는 좀 더 정교한 팃포탯 전략이 구사된 시기이다. 미국이 반도체법CHIPS Act과 네덜란드 기업 ASML이 장비 수출제한 및 전자 설계 자동화EDA, Electronic Design Automation 소프트웨어 차단 등 강력한 공격을 가하자 중국은 2023년 5월 마이크론 제품의 판매를 금지하며 보복했다. 그러나 흥미로운 점은 그 이후의 과정이다. 마이크론은 중국의 제재 직후 오히려 중국 시안 공장에 6억 달러 규모의 추가 투자를 발표하며 관용과 협력의 모습을 보였다. 중국 역시 이를 받아들였다. 이는 치열한 반도체 전쟁 속에서도 양측이 수면 아래에서는 부분적으로 협력을 선택했다는 증거이며 관용적 팃포탯이 실제로 작동하고 있음을 보여준다. 이처럼 유연한 전략의 원인은 중국 내수시장의 방대함 때문이다. 어느 반도체 기업도 세계 반도체 시장의 총수요 중에서 35%를 점하는 중국의 시장을 포기할 수 없기 때문이다.

배터리 전쟁도 역시 관용적 팃포탯을 통해 충격을 흡수하는 모습을 보였다. 미국이 자국 공급망에서 중국을 축출하기 위해 인플레이션 감축법이라는 초강수를 두며 중국산 배터리 소재를 공급망에서 배제하려 하자 중국 기업들은 한국 기업과의 합작을 통해 우회하는 창의적인 대응책을 마련했다. 화유코발트 등이 미국의 자유무역협정FTA 체결국인 한국에 공장을 짓고 미국의 인플레이션 감축법 요건을 충족시켰다. 중국이 미국의 공격에 정면으로 충돌하지 않으면서도 실리를 챙기고 공급망 붕괴를 막아낸 고도로 발달한 관용적 팃포탯 전략의 사례다.

2025년 이후 진행 중인 3라운드 트럼프 2.0 시기에는 관세와 첨단기술 통제가 결합한 복합전이 전개되고 있다. 미국이 관세 인상과 엔비디아의 최신 그래픽처리장치GPU 수출 금지로 압박하자 중국은 맞불 관세 위협과 함께 엔비디아의 저사양 칩인 H200 수입 금지, 희토류 수출 통제, 그리고 미국산 대두 수입 금시 등 다차원적인 대응으로 맞서고 있다. 그러자 미국은 2026년 1월에 엔비디아의 H200 반도체의 중국 수출을 허용하면서 다시 한번 유연한 대응을 하고 있다. 이는 중국의 기술 추격 차단이라는 목표와 엔비디아의 시장 확보라는 두 개의 상충하는 목표 중에서 현실적인 대안을 선택한 것이다. 이러한 고도화된 관용적 팃포탯은 앞으로 미중 관계가 완전한 분리되기보다는 관용과 협력을 통해 위험을 관리하는 디리스킹 전략의 방향으로 전개될 것임을 예고한다.

차단과 협력이 동시에 작동하는 전략적 밀당을 펼치다

미국의 현 전략은 관용적 팃포탯의 전형이다. 이는 양국 경제를 완전히 분리하는 디커플링이 아닌 안보 위험만을 골라서 제거하는 위험 관리형 디리스킹으로 해석할 수 있다. 이 전략은 좁고 높은 장벽, 즉 스몰야드 하이펜스라는 개념으로 구체화된다.

여기서 스몰야드는 경쟁 영역을 인공지능, 첨단 반도체, 양자컴퓨팅 등 국가안보와 직결된 좁은 마당으로 한정한다는 의미다. 이 영역 밖인 범용 기술이나 소비재 등에서는 협력의 게임을 계속하겠다는 의지를 내포하는 것이다. 이는 미중 간에 공급망의 완전 단절은 불가능하다는 인식에 바탕을 두고 있다. 반면 하이펜스는 중국의 기술 굴기나 군사적 활용 시도에 대해서는 반도체 생산의 유일한 해법인 ASML 노광장비 반입을 막고, 칩 설계의 기초인 전자설계 자동화 소프트웨어를 차단하고, 인공지능 연산의 두뇌인 첨단 그래픽처리장치GPU 공급을 금지하는 등 기술의 원천을 타격하는 높은 울타리를 쳐서 강력하게 보복하겠다는 것이다.

이와 함께 트럼프 대통령은 종합 반도체 기업 인텔에 지분투자를 통해 국가 반도체 기업의 부활을 도모하고 있다. 이는 중국 정부의 SMIC 지원과 대만 정부의 TSMC 등 자국 기업의 육성 전략을 벤치마킹한 것으로 보인다. 또한 TSMC와 삼성전자의 공장을 애리조나와 텍사스 등 미국 현지에 건설하도록 유도해 미국 내에서 반도체를 직접 생산하는 역량을 강화하고 있다.

중국 역시 관용적 팃포탯 게임의 규칙에 따라 움직이는 것으로 해석된다. 「중국제조 2025」와 빅펀드를 통한 기술 자립과 국산화를 추진해 미국의 제재에 대한 취약성을 줄이고 다중 라운드 게임 후반부의 협상력을 높이기 위한 근본적인 체력 강화 전략을 쓰고 있다. 또한 내수시장인 국내 순환을 강화해 미국의 제재 충격을 흡수하고 선택적으로 글로벌 시장인 국제 순환에 참여하는 쌍순환 전략 역시 이러한 부분적 대응의 일환이다.

중국의 대응은 철저히 선택적이다. 미국의 반도체 제재에는 마이크론 제재로 맞섰지만 동시에 마이크론 추가 투자는 허용하며 경제적 실리를 챙기고 경제 관계의 파탄을 방지하는 협력을 병행한다. 최근 미국의 그래픽처리장치GPU 대중 수출 금지에 대해서도 중국은 엔비디아의 그래픽처리장치GPU 수입 금지 및 희토류 대미 수출 제재 그리고 미국의 대두 수입 금지 등 다차원적인 대응을 하고 있다.

이처럼 미중 양국은 전면전이 아닌 G2로서 서로의 상호 이익을 극대화하고 위험을 최소화하는 정교한 관용적 팃포탯 게임을 진행 중이다. 다만 중국의 이러한 다차원적 대응 전략이 게임 이론상 장기적으로도 균형을 유지할 수 있는 지속가능한 전략인지에 대해서는 여전히 물음표가 남아 있다.

3

관용과 차단의 기술 지형

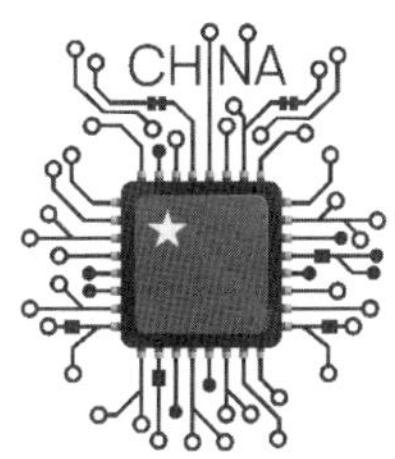

지금 우리가 보고 있는 세계 지도에는 국경선보다 더 뚜렷한 선이 하나 더 그어져 있다. 그것은 군사 동맹도 무역 블록도 아닌 '연산 능력'과 '데이터의 흐름'을 기준으로 나뉜 보이지 않는 기술의 경계선이다. 이 선 안에서는 철저한 차단이 작동하고 그 밖에서는 계산된 관용이 작동한다. 그리고 그 경계 위에서 미중은 서로를 밀어내면서도 완전히 끊어내지는 못하는 묘한 게임을 이어가고 있다.

인공지능 모델이 한 줄의 답을 생성하는 그 순간에도, 휴머노이드 로봇이 공장 바닥을 걸어 다니는 그 장면 뒤에서도, 그리고 반도체 공장에서 나노 단위의 회로가 새겨지는 찰나에도 같은 질문이 반복된다. 어디까지를 허용하고 어디서부터 막을 것인가? 기술 패권의 전장은 단순한 경쟁이 아니라 '관용과 차단의 설계' 그 자체가 돼버렸다.

미국은 담장을 높인다. 최첨단 그래픽처리장치GPU의 수출을 막고 설계 도구와 장비를 통제하며 동맹을 묶어 가치사슬의 상단을 움켜쥔다. 중국은 우회로를 찾는다. 낮은 성능의 칩을 묶어 새로운 구조를 만들고 국가 자본과 인재를 총동원해 생태계를 키운다. 한쪽이 문을 잠그면 다른 쪽은 창문을 낸다. 공격과 대응은 즉각적이되 완전한 단절은 피한다. 이것이 오늘날 기술 패권의 룰이다.

흥미로운 점은 모든 영역이 동일하게 다뤄지지 않는다는 사실이다. 어떤 분야는 스몰야드 안으로 깊이 들어가 극단적인 차단의 대상이 되고 어떤 분야는 하이펜스 밖에서 자본과 기술이 뒤섞이며 협력이 허용된다. 인공지능 모델과 첨단 반도체는 가장 좁고 높은 담장 안에 갇혀 있지만 로봇 산업에서는 글로벌 자본이 국경을 넘어 자유롭게 흘러든다. 동일한 G2 경쟁 구도 속에서도 게임의 규칙은 다층적이다.

결국 오늘의 기술 패권은 '누가 더 앞선 기술을 가졌는가?'의 문제가 아니다. 누가 더 정교하게 경계를 설계하고 관용과 차단을 전략적으로 배치하느냐의 문제다. 인공지능, 로봇, 반도체라는 세 개의 전장은 각각 다른 밀도와 속도로 움직이지만 하나의 지도 위에 겹친다. 우리는 그 지도 위에서 두 개의 생태계가 형성되는 장면을 목격하고 있다. 그리고 그 경계선은 점점 더 선명해지고 있다.

이제 질문은 단순하다. 담장을 높이는 쪽이 이길 것인가, 우회로를 만드는 쪽이 이길 것인가? 아니면 두 개의 세계가 나란히 존재하는 새로운 질서가 도래할 것인가? 관용과 차단이 교차하는 이 기술 패권의 지도는 우리가 익숙하게 알고 있던 세계 경제의 질서를 다시 그려내고 있다.

인공지능 패권 다툼이 스몰야드 중심에서 펼쳐지다

인공지능은 미중 기술 경쟁에서 가장 치열한 전장이자 반도체 산업의 판도까지 바꾸는 게임 체인저다. 이 분야는 미중 경쟁의 스몰야드에 해당하는 핵심 경쟁 영역이다. 우선 미국의 인공지능 전략은 오픈AI, 구글, 메타, 앤스로픽 등 소수의 민간 빅테크 기업들이 주도하고 있다.

이들 기업은 인간처럼 생각하고 행동하는 범용 인공지능을 만드는 것을 목표로 한다. 이를 위해 천문학적인 돈을 쏟아부어 인공지능 반도체인 그래픽처리장치GPU를 확보하고 인공지능의 기초가 되는 모델을 더 똑똑하게 만드는 데 집중하고 있다. 마이크로소프트가 오픈AI와 함께 100만 개 이상의 그래픽처리장치GPU를 연결해 슈퍼컴퓨터를 만드는 '스타게이트 프로젝트'가 대표적인 예다. 또한 챗GPT, 클로드, 라마, 제미나이 같은 세계 최고 성능의 모델들을 계속 발표하며 기술의 최전선을 넓혀가고 있다. 한편 팔란티어 같은 기업들은 국방이나 기업경영에 인공지능을 접목해 업무 효율을 높이는 에이전틱 인공지능Agentic AI 개발에 주력하고 있다. 이에 발맞춰 미국 정부는 인공지능 연구개발에 투자 지원을 하는 동시에 틱톡과 센스타임 등 중국 인공지능 기업들을 안보 위협으로 지정하고 하이펜스 안의 제재 리스트에 올려 견제하고 있다. 아울러 엔비디아 그래픽처리장치GPU의 대중 수출을 제재하는 등 강력한 통제 정책을 병행하고 있다.

중국의 인공지능 굴기 비결은 국가와 천재의 만남이라는 독특한 이원적 전략을 쓰고 있다. 이는 미국의 제재에 맞서 독자 생존을 도모하는 중국의 맞대응 방식이다. 중국 정부는 자본 측면에서 국가 주도의 빅펀드 외에도 베이징과 상하이 등 지방정부가 주도하는 인공지능 산업 펀드가 수십조 원 규모로 조성돼 있다. 인프라 측면에서는 정부 주도하에 바이두는 인공지능 프레임워크를 오픈소스로 하고 딥시크는 파라미터의 웨이트Weight를 공개하는 오픈 웨이트Open Weights 방식을 채택했다. 알리바바, 텐센트. 그리고 화웨이 등은 인공지능 클라우드 서비스를 제공하고 있다. 또한 14억 인구가 생산하는 막대한 빅데이터를 인공지능 개발의 연료로 활용하고 있다. 인재 양성에도 힘을 쏟아 2018년 이후 6년 만에 535개의 인공지능 학과를 신설하고 매년 4만 3,000명의 인공지능 전공 학부생을 배출하며 탄탄한 인재 기반을 마련하고 있다.

동시에 천재적인 엘리트 인재 육성에도 집중하고 있다. 중국은 인공지능 인재를 전장의 장군과 같은 핵심 인물로 규정하고 국가적으로 육성하고 있으며 현재 약 400만 명의 IT와 인공지능 고급 인력을 보유하고 있다. 특히 중국 컴퓨터 과학의 대부이자 튜링상 수상자인 칭화대학교의 야오가 이끄는 야오 클래스와 또 다른 튜링상 수상자 존 홉크로프트John Hopcroft가 설립한 베이징대학교의 튜링 클래스는 중국 영재 교육의 정점이다. 최고 엘리트들을 위한 특화된 교육 프로그램을 통해 세계 최정상급 인공지능 연구자들을 배출함으로써 인재가 부족할 틈이 없는 생태계를 구축했다.

2023년 설립돼 단기간에 글로벌 인공지능 업계를 충격에 빠뜨린 딥시크는 중국의 인공지능 전략을 가장 잘 보여주는 사례다. 딥시크의 배경에는 준비된 천재와 자본이 있었다. 딥시크는 퀀트 투자사인 환팡량화를 모기업으로 두고 있다. 환팡량화는 미국의 그래픽처리장치GPU 제재 이전에 이미 투자 목적으로 확보해 둔 막대한 양의 인공지능 가속기를 보유하고 있었다. 또한 창업자 량원펑은 저장대학교 출신의 천재로 국가가 성공적으로 육성한 대표적인 인재다.

기술적으로 딥시크는 이른바 짠물 혁신을 보여주었다. 딥시크의 혁신은 새로운 기초 모델의 발명이 아닌 엔지니어링의 승리라 할 수 있다. 그들은 미국의 제재로 엔비디아의 최고급 칩인 H100을 구할 수 없게 되자 성능이 낮은 칩인 H800을 쓰면서도 최고의 성능을 내는 방법을 찾아냈다. 핵심기술은 전문가 혼합 모델인 전문가 혼합모형MoE, Mixture of Experts*과 그룹 상대 정책 최적화GRPO, Group Relative Policy Optimization**이다. 이는 거대한 단일 모델을 구동하는 대신 여러 개의 작은 전문 모델을 두고 질문에 가장 적합한 전문가 모델만 활성화하여 그래픽처리장치GPU 사용률과 비용을 획기적으로 아낀 것이다.

전략적으로 딥시크는 철저한 기업과 정부 간 상거래B2G 모델을 채택했다. 딥시크의 핵심 고객은 일반 사용자가 아니라 중국석유화학, 국가전망공사, 그리고 중국해양석유 등 핵심 국영 기업 및 공공기관이다. 이들의 업무 시스템에 AAIArtificial Agency Intelligency

---

* 전문가 혼합모형MOE, Mixture of Experts은 여러 세부 분야로 특화된 전문가 모델 중 필요한 것만 선택적으로 활용해 컴퓨팅 자원을 효율화하는 기술이다.

** 그룹 상대 정책 최적화GRPO, Group Relative Policy Optimization는 여러 후보군 중 최적의 결과를 골라 학습하는 방식으로 컴퓨팅 자원 효율을 높이는 기술

형태로 탑재된다. 이는 미국의 팔란티어 성장 전략과 유사하다. 이를 통해 딥시크는 치열한 일반 시장경쟁 없이도 국가가 보장하는 안정적인 수익 모델을 확보했으며 미국의 제재 속에서도 지속적인 연구개발이 가능한 선순환 구조를 구축했다.

딥시크의 등장은 미중 관용적 팃포탯 게임에서 인공지능 산업이 스몰야드 내의 핵심 경쟁 분야임을 명확히 보여준다. 미국이 오픈AI와 구글 등을 통해 인공지능 기술의 담장을 높이는 제재를 가하자 중국은 딥시크, 즈푸AI(키미), 문샷AI 등 자국 기업을 육성하고 이들에게 거대한 내수 및 공공 시장을 제공하는 맞대응으로 응수하고 있다.

인공지능 산업 성공의 4가지 핵심 요소는 빅데이터, 그래픽처리장치GPU, 인재, 전력을 들 수 있다. 미국과 중국은 빅데이터 부분에서 안보상의 이유로 공유하거나 협력할 수 없다. 특히 빅데이터 센터에 투입되는 그래픽처리장치GPU와 전력 분야를 국가의 안보, 경제, 기술전략상 공유하기 어렵다. 따라서 앞으로 인공지능 분야에서는 양국이 협력이 아닌, 각자의 표준과 생태계를 구축하는 두 개의 세계로 디커플링이 되리라는 예측이 가능하다. 이 산업에서는 관용은 최소화되며 치열한 경쟁이 게임의 규칙이 될 가능성이 크다.

미국과 중국이 각자 자기만의 인공지능 생태계를 만들고 있는 지금 과연 누구의 모델이 더 우수하고 나아가 전 세계가 따르는 세계 표준이 될 것인가? 이는 매우 흥미롭고 중요한 질문이다. 인공지능 기술의 완성도와 세계 표준 경쟁에서는 미국이 승리할 가능성이 높다. 그 이유는 크게 두 가지로 데이터의 품질과 하드웨어의 성능 차이 때문이다.

첫째, 데이터의 품질에서 차이가 난다. 인공지능에 데이터는 학습 교재와 같다. 중국은 14억 인구라는 거대한 내수시장에서 나오는 막대한 양의 데이터를 가지고 있다. 하지만 치명적인 약점은 이 데이터들이 중국공산당과 정부의 엄격한 통제 아래 있다는 점이다. 검열되고 통제된 데이터로 학습한 인공지능은 중국 안에서는 통할지 몰라도 자유로운 사고와 보편적 가치가 필요한 세계 시장에서는 표준이 되기에는 한계가 명확하다. 반면 미국은 국가의 통제를 받지 않는 자유로운 환경에서 전 세계의 다양한 데이터를 학습하기 때문에 글로벌 표준이 될 가능성이 훨씬 높다.

둘째, 인공지능의 두뇌인 그래픽처리장치GPU 기술격차다. 인간 수준의 범용 인공지능을 개발하려면 어마어마한 연산 능력이 필요하고 최첨단 반도체가 필수적이다. 현재 중국의 반도체 대표 기업인 SMIC는 기술적 한계로 7나노급의 반도체만 생산할 수 있다. 반도체는 숫자가 작을수록, 즉 나노 수준이 최신 기술이다. 미국은 동맹국인 한국의 삼성전자와 대만의 TSMC를 통해 이미 2나노 수준의 초미세 공정 반도체를 확보하고 있다. 7나노와 2나노는 성능과 전력 효율에서 세대 차이가 나기 때문에 하드웨어 싸움에서 양국의 기술격차는 벌어질 수밖에 없다.

하지만 중국에도 기회는 있다. 바로 '속도'다. 가장 똑똑한 인공지능, 즉 기초 모델을 만드는 건 미국이 앞서겠지만 공장이나 산업 현장에 적용하는 '에이전트 인공지능 모델' 분야에서는 이야기가 다르다. 중국은 정부 주도로 빠르게 기술을 도입하고 확산시키는 데 강점이 있다. 따라서 인공지능을 실제 산업에 적용해 돈을 버는 속도만큼은 중국이 미국보다 빠를 가능성이 높아 보인다.

로봇 기술 경쟁이 하이펜스 밖에서 소리 없이 벌어지다

인공지능 경쟁이 디지털 세상을 넘어 이제는 물리적 현실 세계로 확장되면서 휴머노이드 로봇이 피지컬 인공지능physical AI의 최종 목적지로 떠오르고 있다. 인공지능이 육체를 얻어 현실 세계와 상호작용을 하는 것을 말한다. 흥미로운 점은 이 로봇 산업이 치열한 반도체 전쟁과 달리 미중 간의 관용적 팃포탯 게임에서 하이펜스 바깥에 있어 협력과 관용이 허용되는 영역이라는 사실이다.

전 세계 100대 휴머노이드 기업을 살펴보면 미국이 35%로 1위를 달리고 있지만 중국 본토가 31%로 격차 없이 바짝 뒤쫓고 있다. 한국은 현대차와 레인보우로보틱스 등 주요 플레이어를 포함해 약 9%를 차지하며 유럽 13%와 일본 10%의 뒤를 잇는 형국이다. 하지만 미래의 기술력을 보여주는 특허출원 수를 보면 이야기가 달라진다. 중국은 지난 5년간 무려 5,688건의 특허를 냈다. 이는 미국의 1,483건과 한국의 368건을 압도하는 수치로 중국이 얼마나 빠르게 기술 생태계를 만들고 있는지 보여준다.

미국은 보스턴 다이내믹스의 아틀라스Atlas, 피겨AI의 피겨 02Figure 02, 어질리티 로보틱스Agility Robotics의 디지트Digit, 그리고 테슬라의 옵티머스Optimus 등 고성능 하드웨어와 인공지능 두뇌 혁신에 집중하고 있다. 이들 기업은 주로 인공지능 모델 혁신을 통해 로봇의 자율성과 적응력을 높이는 데 주력하고 있다. 문제는 가격과 시간이다. 현재 테슬라가 개발 중인 휴머노이드의 시장 가격은 약 10만 달러(약 1억 3,000만 원) 수준으로 비싸서 일반에 널리 팔리기까지는 오랜 시간이 걸릴 것으로 보인다.

미국이 모델 혁신에 집중하는 동안 중국은 엔지니어링, 시나리오

적응, 산업화 속도에서 압도적인 우위를 보이며 시장을 선점하고 있다. 비용 혁신 측면에서 중국 기업 유니트리는 테슬라급 기술을 중국형 가격으로 구현하는 것을 목표로 한다. 부품의 80%를 자체 개발하고 에너지 효율을 극대화해 테슬라 로봇 가격의 6분의 1 수준인 3만 달러(약 4,000만 원)라는 놀라운 가격경쟁력을 확보했다. 만드는 속도 또한 빠르다. 2025년 기준 유비테크 등 중국의 선도 기업들은 이미 100대에서 1,000대 수준의 소량 생산을 시작했다. 이는 실험실을 넘어 실제 산업현장에 로봇이 투입되기 시작했다는 뜻이다. 2026년이 본격적인 로봇 대량생산의 원년이 될 것으로 예상된다. 로봇은 인공지능이 하드웨어로 체현되는 것인데 역시 하드웨어에서는 제조업 최강국 중국의 진면목이 나타나는 셈이다.

중국 휴머노이드 빅3인 유비테크, 즈위안, 유니트리는 각기 다른 전략으로 중국 로봇 산업 생태계를 완성하고 있다. 유비테크는 산업화 전략을 추구한다. 세계 최초의 휴머노이드 로봇 상장사인 유비테크는 비야디와 NIO 그리고 지커Zeekr 등 중국 자동차 공장의 조립과 운반 및 검사 라인에 워커 SWalker S 모델을 투입해 기존 산업용 로봇이 하지 못했던 섬세한 마무리 작업을 자동화하고 있다. 또한 화웨이와도 협력하며 산업현장 적용을 가속화하고 있다.

즈위안은 생태화 전략을 앞세운다. 화웨이 천재 소년으로 불리던 펑즈후이가 창업한 즈위안은 화웨이의 기술력과 상하이 정부의 자본과 시장 지원을 받는 국가대표급 기업으로 경영진 다수가 화웨이와 구글 그리고 딥마인드 출신이다. 이들은 자체 인공지능 모델인 지니Genie와 SAGE 그리고 하드웨어인 A2를 모두 개발하며 화웨이와 상하이자동차 등과 협력하는 플랫폼형 생태계를 구축하고 있다.

유니트리는 대중화 전략에 집중한다. 4족 보행 로봇 글로벌 시장 점유율 1위인 69.8%를 차지하는 기업으로 이미 검증된 양산 능력과 원가 통제력을 보유하고 있다. 유니트리는 4족 로봇에서 축적된 모션 제어 기술과 G1 모델 기준 9만 9,000위안(약 1,900만 원)이라는 압도적인 가격경쟁력을 무기로 기업과 개인 간 상거래 소비자와 교육 연구용 휴머노이드 시장을 빠르게 장악하고 있다. 또한 유니트리는 로봇 설계의 소프트웨어를 공개함으로써 유니트리 로봇 생태계를 구축하고 있다.

로봇 사업은 인공지능이나 첨단 반도체와 달리 관용직 팃포뱃 게임에서 하이펜스 밖의 영역인 관용과 협력이 허용되는 분야이다. 미국의 직접적인 제재가 덜한 이 분야에서 중국은 글로벌 표준을 선점하기 위해 빠른 산업화와 저가 공세로 시장을 확대하고 있다. 흥미로운 점은 이러한 중국의 로봇 생태계에 글로벌 자본이 적극적으로 참여하고 있다는 것이다. 실제로 중국의 즈위안은 2025년 8월 LG전자와 미래에셋의 투자를 받았다. 이는 미국의 인공지능 모델 강점과 중국의 하드웨어 양산 강점이 결합되고 한국의 자본이 이에 참여하는 초국가적 협력이 일어나고 있음을 시사한다. 즉 로봇 산업은 경쟁보다는 협력이 게임의 룰로 작동하는 G2 기술 혁신의 대표적인 사례다.

현재 중국 로봇 산업이 채택하고 있는 성장 전략을 볼 때 2020년 중국 배터리와 전기차 시장에서 닝더스다이와 비야디가 세계 시장을 선도하는 기업이 됐듯이 빠르게 전 세계 산업용 로봇과 가정용 로봇 시장에서 중국 기업이 높은 시장점유율을 달성할 것으로 예측된다.

반도체에서 노골적인 힘겨루기가 치열하게 전개되다

반도체는 인공지능과 로봇 등 모든 첨단기술의 물리적 기반이며 미중 관용적 팃포탯 게임의 가장 복잡하고 치열한 전장이다. 이 분야는 하이펜스 안의 치열한 경쟁과 펜스 밖의 관용이 공존한다.

반도체 시장의 성장동력은 인공지능 시대를 맞아 근본적으로 변화하고 있다. 1990년대부터 2010년대까지 이어진 컴퓨팅 및 모바일 시대는 비용 절감의 시대였다. PC와 스마트폰 시대의 핵심은 기가바이트당 가격을 낮추는 것이었다. 비용은 계산되는 것이 아니라 절감돼야 하는 것이라는 피터 드러커의 말이 시장을 지배했다. 하지만 2022년 인공지능 시대가 열리면서 상황은 성능 중심의 시대로 변했다. 챗GPT 등 거대 인공지능 모델은 막대한 연산 능력과 데이터 처리 속도를 요구한다. 인공지능 모델의 성능이 곧 서비스의 경쟁력이 되는 상황에서 반도체의 가격보다는 압도적인 성능을 내는 것이 무엇보다 중요해진 것이다.

인공지능 인프라 투자는 천문학적인 비용이 들기에 마이크로소프트, 구글, 그리고 메타 등 주요 고객사들은 불확실성을 줄이고자 가장 성능이 확실한 1위 기업의 제품에만 투자를 집중한다. 그러다 보니 반도체 산업은 승자독식의 초양극화 현상을 보인다. 설계 분야에서는 엔비디아가 인공지능 그래픽처리장치GPU 시장의 90% 이상을 장악 중이다. 메모리 분야에서는 인공지능 연산의 병목현상을 해결할 유일한 대안인 고대역폭 메모리HBM 시장을 선점한 SK하이닉스가 고대역폭 메모리3HBM3 기준 시장점유율 60% 이상을 차지하며 독주하고 있다. 제조와 패키징 분야에서는 메모리(고대역폭 메모리)와 그래픽처리장치GPU를 수직으로 결합하는 2.5D 및 3D 첨단 패키징 기술인 칩 온 웨이퍼 온 서브스트레이트CoWoS, Chip on Wafer on Substrate를 독점한 TSMC가 인공지능 반도체 수주를 독식하고 있다. 결국 인공지능 시대의 반도체 시장은 설계의 엔비디아, 메모리의 SK하이닉스, 그리고 제조와 패키징의 TSMC로 이어지는 1등 연합이 지배하는 구조가 형성돼 있다.

미국은 관용적 팃포탯 게임에서 반도체 산업을 스몰야드의 핵심으로 규정하고 가치사슬 최상단을 통제하는 강력한 공격을 가하고 있다. 인공지능 칩 시장을 독점한 엔비디아의 최첨단 그래픽처리장치GPU인 H100과 B200 그리고 블랙웰Blackwell의 수출을 통제하며 설계를 지배하고 있다. 핵심기술 통제 측면에서는 미국 기업인 케이던스와 시놉시스가 독점한 전자 설계 자동화 툴과 영국 ARM의 핵심 원천기술IP에 대한 접근을 차단해 중국의 칩을 설계조차 하지 못하게 방해한다. 생산 장비도 막았다. 네덜란드 ASML과 일본 도쿄 일렉트론 등 동맹국을 압박해 극자외선과 불화아르곤이머전ArF-i 등 첨단 공정 장비가 중국으로 수출되는 길을 끊어버렸다. 이와 동시에 미국은 자국 제조 부활을 위해 반도체법을 시행하고 R&D-IDM* 전략을 통해 인텔을 지원하고 있다. TSMC와 삼성전자의 공장을 미국 땅에 짓게 하여 제조 능력을 자국 영토 안으로 끌어들이고 있다.

---

* R&D-IDMResearch & Development IDM은 설계와 생산을 모두 수행하는 종합 반도체 기업 IDM의 강점인 '연구개발'과 '제조'의 시너지를 극대화하여 기술 주도권을 확보하는 전략

중국은 미국의 목 조르기 제재에 맞서 기술 자립이라는 맞대응을 하고 있으며 정면 돌파가 아닌 우회로를 찾는 전략을 구사하고 있다. 먼저 정부가 나서서 기업의 실패할 권리를 보장해 준다. 중국 기업이 만든 반도체가 성능이 50%밖에 안 되더라도 가격만 맞으면 정부가 사주어 기업이 망하지 않고 성장할 수 있도록 돕는다. 대표적으로 SMIC와 나우라NAURA 등 자국 기업들이 시장에서 생존하고 성장할 수 있도록 정부 구매와 보조금을 제공한 사례가 있다.

중국은 미국의 제재로 인해 정면 돌파가 막히자 기술적으로 영리한 우회로를 찾고 있다. 가장 먼저 반도체 설계의 기초가 되는 도구와 도면을 독립시키려 노력 중이다. 반도체 설계 필수 소프트웨어인 전자 설계 자동화와 기본 설계도인 핵심 원천기술은 그동안 미국과 영국의 기술에 의존해 왔지만 제재로 인해 사용이 어려워졌기 때문이다. 이에 중국은 화다지우티엔 같은 자국 기업을 키워 설계 도구를 국산화하고 특정 기업의 소유가 아닌 누구나 쓸 수 있는 오픈웨이트 기술인 리스크파이브RISC-V에 투자하여 서구권 기술 의존도를 낮추고 있다.

또한 중국은 미국의 5나노나 3나노 같은 최첨단 미세 공정 제재를 극복하기 위해 칩렛 기술을 핵심 카드로 꺼내 들었다. 칩렛은 만들기 힘든 최첨단 고성능 칩 하나를 제조하는 대신 중국이 이미 만들 수 있는 14나노급의 저사양 칩 여러 개를 묶어서 마치 하나의 고성능 칩처럼 작동하게 만드는 기술이다. 이는 최첨단 장비가 없어 생기는 질적인 열세를 물량과 연결 기술로 극복하려는 전략이다.

중국은 나아가 아예 판을 바꾸려는 시도도 하고 있다. 기존의 반도체 경쟁을 넘어 인간의 뇌 신경망을 모방한 뉴로모픽 칩과 스파이킹 뉴럴 네트워크SNN, Spiking Neural Network* 개발에 집중하고 있다. 이는 전력을 아주 적게 쓰면서도 효율이 높은 차세대 인공지능 반도체이다. 특히 칭화대학교가 개발한 멤리스터 기반 뉴로모픽 칩은 전력 효율을 획기적으로 개선할 수 있어 미래 인공지능 반도체 시장의 판도를 바꿀 게임 체인저가 될 잠재력을 보여주고 있다. 멤리스터란 메모리Memory와 저항Resistor의 합성어로 인간의 뇌 시냅스처럼 전기 신호의 세기를 기억하고 학습하는 차세대 소자를 말한다. 이를 탑재한 뉴로모픽 칩은 기존 반도체의 한계인 데이터 병목현상을 없애고 마치 인간의 뇌처럼 아주 직은 전략으로 방대한 데이터를 동시에 처리할 수 있다. 즉 전력 소모가 극심한 거대 언어모델 시대의 가장 큰 난제인 에너지 효율을 해결할 결정적 열쇠인 셈이다.

반도체 산업은 관용적 팃포탯 게임의 복잡성을 가장 잘 보여준다. 스몰야드 내의 치열한 공격과 관용적 대응이 동시에 이루어지고 있다. 첫 번째 사례는 마이크론이다. 2023년 5월 중국은 미국의 반도체 제재에 대한 보복으로 미국 마이크론 제품의 중국 내 판매를 금지했다. 이에 대해 미국 정부는 한국의 삼성전자와 SK하이닉스에 마이크론의 빈자리를 채우지 말라고 요구하며 추가 보복에 나섰다. 그러나 놀랍게도 중국의 제재 직후인 2023년 6월 마이크론은 오히려 중국 시안 공장에 6억 달러 규모의 추가 투자를 발표하며 관용을 베풀었고 중국 정부 또한 이 투자를 환영하며 받아들였다.

---

* 인간 뉴런을 모방해 스파이크 신호로 정보를 처리하며 전력 소모가 적어 로봇 등에 유리하나 학습법 부재 등의 한계를 지닌 기술이다.

두 번째 사례는 중국의 팃포탯 맞대응을 보여주는 캄브리콘이다. 캄브리콘은 중국과학원 기반의 국가대표 인공지능 칩 팹리스 기업으로 미국의 엔비디아 제재 공격에 맞서 중국 정부가 육성하는 전략적 기업이다. 캄브리콘은 엔비디아 쿠다CUDA, Compute Unified Device Architecture*의 대안으로 자체 소프트웨어인 뉴웨어NeuWare를 개발하고 틱톡의 바이트댄스와 알리바바, 그리고 텐센트 등 자국 빅테크 기업들에 인공지능 칩을 공급한다. 미국의 제재로 인해 엔비디아 칩을 구할 수 없는 이들 기업은 캄브리콘이나 화웨이 등 자국 칩을 사용할 수밖에 없다. 이는 첨단 반도체라는 치열한 전장 속에서도 양국이 레거시 반도체 시장과 투자라는 영역에서는 관용을 베풀며 게임을 이어가고 있음을 보여주는 사례다.

---

* 엔비디아 그래픽처리장치GPU가 인공지능 연산을 수행할 수 있도록 해주는 필수 소프트웨어이자 핵심 경쟁력이다.

4

제재 속 중국식 반도체 모델

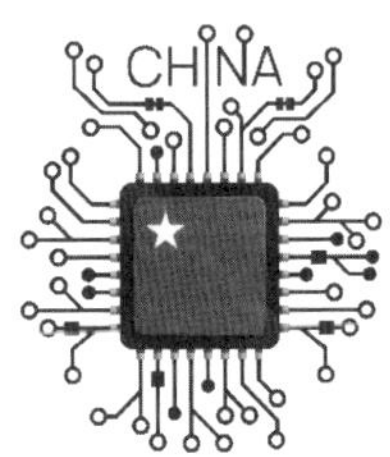

반도체 공정은 보통 현미경 아래에서만 보인다. 나노 단위의 선폭, 수율 곡선, 장비 반입 허가서 같은 것들은 대중의 관심사와는 거리가 멀다. 그런데 어느 순간부터 한 기업의 공정 뉴스가 외교 기사 1면에 오르기 시작했다. 장비 한 대가 막히면 주가가 출렁이고 공정 한 세대가 늦어지면 국가전략이 흔들린다. 실리콘 웨이퍼 위에 새겨지는 회로가 곧 주권의 문제로 변한 시대다. 그 한가운데에 선 기업이 있다.

상하이 푸동의 공장 단지는 단순한 산업 시설이 아니다. 이곳은 하이펜스라 불리는 기술 봉쇄의 벽을 실제로 마주하는 현장이다. 미국이 장비와 설계 도구를 틀어쥐고 담장을 높이면 이곳의 엔지니어들은 다른 계산을 시작한다. 무엇을 포기하고 무엇을 우회할 것인가. 정면 돌파가 막힌 길에서 돌아가는 길을 설계하는 사람들이다. SMIC는 그렇게 존재를 드러냈다.

흥미로운 점은 이 기업이 '최첨단 1등'의 상징이 아니라는 사실이다. 시장점유율로만 보면 TSMC나 삼성전자에 한참 못 미친다. 그럼에도 중국 자본시장은 SMIC에 거대한 가치를 부여한다. 이유는 단순한 수익이 아니다. 이 회사는 반도체 기업이면서 동시에 국가전략의 전초기지이기 때문이다. 장비 수입 허가서 한 장이 국제정치의 협상 카드가 되는 상황에서 SMIC는 기업이자 방패이고 동시에 창이다.

제재는 보통 숨을 조이는 압박으로 작동한다. 그러나 어떤 조직에 제재는 역설적으로 학습의 속도를 높이는 계기가 되기도 한다. 최신 장비가 막히자 구형 장비의 한계를 밀어붙이고 수율을 끌어올리고 설계를 바꾸는 방식으로 대응한다. 완벽한 조건이 마련되지 않았을 때 오히려 전략은 더 집요해진다. SMIC의 실험은 바로 그 지점에서 시작된다. 하이펜스가 높아질수록 그 담장을 돌아가는 길은 더 정교해진다. SMIC는 지금 그 길을 그리고 있다.

핵심 장비와 설계 도구를 우회 확보하며 진화하다

상하이에 본사를 둔 SMIC는 중국 반도체 굴기의 상징이자 미중 기술 전쟁의 최전선에 있는 기업이다. 2024년 4분기 기준 글로벌 파운드리 시장에서 점유율 5.5%를 기록하며 TSMC와 삼성전자에 이어 세계 3위권의 입지를 다졌다.

주목할 점은 기업가치의 가파른 상승세다. 중국 내 반도체 기업 시가총액 순위에서 SMIC는 약 5,561억 위안(약 100조 원 이상)을 기

글로벌 파운드리 시장점유율(2024년 4분기 기준)

순위	기업명	점유율	국가
1	TSMC	67.1%	대만
2	삼성	8.1%	한국
3	SMIC	5.5%	중국
4	UMC	4.7%	대만
5	글로벌파운드리스	4.6%	미국
6	화홍반도체	2.6%	중국
7	타워반도체	1.0%	이스라엘
8	VIS	0.9%	대만
9	넥스칩	0.9%	중국
10	파워칩	0.8%	대만

2024년 4분기 기준 글로벌 파운드리 시장은 TSMC가 67.1%로 압도적 1위에 올랐고 중국의 SMIC는 5.5%로 3위에 올랐다. (자료: 트렌드포스)

록하며 2위를 차지했고 2024년 한 해에만 시총이 53%나 급등했다. 이는 미중 갈등이라는 불확실성 속에서 중국 자본시장이 SMIC에 거는 기대가 수익성을 넘어선 기술 주권에 있음을 보여준다.

SMIC는 명실상부한 중국 내 파운드리 1위 기업으로 중국 정부가 추진하는 「중국제조 2025」와 과학기술 자립 자강 정책의 핵심 실행자다. 미국의 고강도 제재로 인해 최첨단 극자외선 장비 반입이 막힌 절망적인 상황에서도 SMIC는 기존 장비를 활용한 기술 고도화로 7나노급 칩 양산에 성공하며 미국의 하이펜스에 균열을 냈다. 이는 단순한 수익 추구 기업이 아니라 국가의 안보와 산업생태계를 지탱하는 전략적 자산임을 증명한다.

SMIC의 시장전략은 이른바 택시마켓 이론으로 설명된다. 최고급 슈퍼카(최첨단 초미세 공정) 시장은 TSMC나 삼성전자가 주도하게 두더라도 대다수 소비자가 이용하는 택시(범용 및 중급 반도체) 시장은 70% 수준의 기술력만으로도 충분히 장악할 수 있다는 실리적 계산이다. 실제로 2024년 실적은 이 전략이 적중했음을 보여준다. SMIC의 웨이퍼 출하량은 전년 대비 36.7%나 증가하며 역대 최고치를 기록했다.

최근 SMIC는 이 전략을 심화해 인공지능 확산과 함께 도래한 스마트화 트렌드에 올라탔다. 무리하게 2나노 경쟁에 뛰어들어 출혈을 감수하기보다 스마트 홈, 산업 자동화, 전기차 전장 등 거대한 내수시장이 요구하는 아날로그와 센서 등 다품종 수요를 흡수하며 실리를 챙기는 것이다. 이는 중국이 레거시 공정(성숙 공정)을 장악해 미국의 공급망을 포위하려는 전략과 정확히 일치한다.

전 세계적인 공급망 분리로 인한 반도체 산업의 지역화 추세 속에서 SMIC는 중국 내 3,500여 개 팹리스 기업들의 공급망 안보를 책임지는 안보 파트너로 자리 잡았다. 화웨이 하이실리콘을 비롯한 수많은 고객사가 미국의 제재를 피해 SMIC와 장기적인 전략적 파트너십을 맺고 있다. SMIC는 이 거대한 내수 수요를 블랙홀처럼 흡수하며 외부의 제재를 내부의 물량 공세와 록인 효과로 상쇄하는 독자적인 생태계를 구축하고 있다.

SMIC 기술전략의 핵심은 공급망 자급주의와 기술적 우회로 확보로 요약된다. 미국의 제재로 해외 장비와 원자재 도입에 제약이 생기자 SMIC는 중국 내 소재, 부품, 장비 기업들과 연합하여 국산화 비율을 비약적으로 높이는 브레이브 체인Brave Chain 구축에 사활을 걸었다. 과거에는 수율 문제로 해외 장비를 선호했지만 이제는 라이선스 투 페일License-to-Fail, 즉 실패해도 좋으니 국산 장비를 써보라는 정부의 실패 용인 정책 아래 나우라와 중웨이공사AMEC 같은 중국 장비 기업들과 협업하며 공정 기술을 내재화하고 있다.

SMIC는 기술적으로는 단순한 회로 미세화를 넘어 특화 공정 플랫폼 고도화에 집중한다. 선단 공정 장비 반입이 막힌 상황에서 전력 효율과 센싱 능력 등 특정 애플리케이션에 최적화된 공정 기술을 개발해 기술적 차별화를 꾀하는 것이다. 특히 화웨이와의 협력을 통한 7나노급 공정 시도에서 SMIC가 꺼내 든 핵심 카드가 바로 칩렛Chiplet이다. 칩렛은 여러 개의 작은 반도체 조각을 레고 블록처럼 이어 붙여 하나의 고성능 칩으로 만드는 첨단 패키징 기술이다.

한 번에 완벽한 초미세 칩을 만들기 어려운 환경에서 SMIC는 미세 공정(전공정)의 물리적 한계를 이 정교한 조립의 기술(후공정)로 우회하고 있다. 이는 중국의 비대칭 전력인 최첨단 장비가 없어 생기는 열세를 물량과 연결 기술로 극복한다는 것이 현장에서 어떻게 구현되는지를 보여주는 생생한 사례다.

외부 압박이 특유의 중국식 기술 국가 모델을 낳다

SMIC의 조직문화는 태생적 글로벌 디엔에이와 국가대표로서의 사명감이 혼재된 독특한 양상을 보인다. SMIC는 창업 초기부터 대만, 미국, 일본 등 전 세계의 기술과 인재를 흡수하며 성장했다. 이제는 중국 반도체 굴기의 심장이자 기술 자립과 통제를 뜻하는 자주가공自主可控의 상징적 기업으로 변모했다. 이는 단순한 기업 이익을 넘어 중국 반도체 산업의 생태계를 지탱한다는 산업보국의 정서가 조직 전반에 깔려 있음을 의미한다. 이러한 사명감을 실현하는 구체적인 행동양식은 장인정신이다. SMIC가 강조하는 장인정신은 단순한 슬로건이 아니다. 장비 반입이 제한된 상황에서 구형 장비의 극한 성능을 끌어내고 수율을 한계까지 높여야 하는 엔지니어들의 치열한 생존 본능을 대변한다. 즉 하드웨어(장비)의 열세를 소프트웨어(사람의 기술력과 끈기)로 극복하려는 태도다.

SMIC의 리더십은 관官, 기技, 상商이 결합된 견고한 삼각 편대 체제로 구축돼 있다. '관'을 담당하는 류쉰펑Liu Xunfeng 대표이사는 정부와의 가교 구실과 소재, 부품, 장비 자립이라는 공급망 전략을 담당한다. '기'는 TSMC와 삼성전자를 거친 기술계의 거목 량멍송Liang Mengsong 공동 최고경영자가 맡고 있다. 그는 7나노급 공정 구현 등 기술적 한계를 돌파하는 혁신 기술을 담당하며 중국이 미국의 기술 봉쇄를 뚫는 '창'과 같은 존재다. '상'을 담당하는 내부 승진파인 자오하이쥔Zhao Haijun 공동 최고경영자는 성숙 공정의 수율 관리와 고객 확장, 그리고 실질적인 수익을 창출한다. 이들 3인은 지정학적 리스크를 정치적 소통, 기술개발, 그리고 현지화 경영을 통해 분업화해 대응하고 있다. 또한 SMIC는 인재전략에서도 하이브리드 전략을 취하고 있다. 세계 최고 수준의 전문가들을 영입했던 과거의 자산을 바탕으로 이제는 내부 육성 시스템을 통해 독자적인 기술 리더를 길러내는 데 집중한다.

SMIC와 중국 정부의 관계는 단순한 지원과 수혜를 넘어 고도의 전략적 공생 관계로 정의할 수 있다. 반도체 산업의 특성상 막대한 초기 투자 비용과 긴 회수 기간이 필요하다. SMIC는 국가집적회로 산업투자기금(빅펀드)과 지방정부와의 합작투자 모델을 활용해 자본조달 비용을 획기적으로 낮추고 있다. 국가가 나서서 기업의 실패할 권리를 보장해주고 민간이 감당하기 힘든 설비투자의 리스크를 정부가 떠안는 구조다.

SMIC는 제도적으로는 신형거국체제를 기업 성장의 기회로 적극적으로 활용했다. SMIC는 정부의 국산화 장려 정책을 수동적으로 따르는 것이 아니라 이를 통해 공급망 안정성을 확보하는 기회로 삼고 있다. 정부의 국산화 장려 정책은 국산 장비 도입에 따른 보조금과 세제 혜택은 초기 수율 불안정으로 인한 손실을 상쇄해 주며 SMIC가 기술적 자립을 시도할 수 있는 안전판 역할을 한다. 또한 SMIC의 28나노 이상 등 레거시 공정 화장은 단순히 국가안보 논리만을 따른 결과가 아니다. 이는 전 세계적으로 수요가 폭증하는 차량용 반도체나 사물인터넷 칩 시장을 장악하려는 철저한 시장 논리가 국가의 전략적 니즈와 맞아떨어진 결과다. 결론적으로 SMIC는 정부의 정책 방향을 나침반으로 삼되 그 안에서 실리를 챙기고 시장지배력을 확대해 나가는 능동적인 플레이어로서 제도적 보호막을 성장의 발판으로 이용하고 있다.

6장

보호막 없는 세계,
한국의 생존전략

거대한 두 축 사이에서 가장 위험한 선택은 익숙한 과거에 머무는 것이다. 중국의 무기는 단순한 가격경쟁력이 아니다. 대체 불가능성이다. 클러스터가 만드는 집단 경쟁력, 표준과 수직 통합으로 묶인 생태계, 플랫폼 DNA가 만들어낸 확장 전략이 산업의 규칙을 다시 쓰고 있다.

한국에 대한 미국 보호 시대의 종언은 한국 기업의 사고방식을 시험대에 올린다. 본사 중심 구조와 익숙한 분업 모델은 파편화된 세계에서 더 이상 안전하지 않다. 1등을 추격하는 전략이 아니라 판을 바꾸는 전략이 요구된다. 고래 싸움 속에서 살아남는 길은 양자택일이 아니라 구조를 재설계하는 데 있다.

1
중국의 진짜 무기, 대체 불가능성

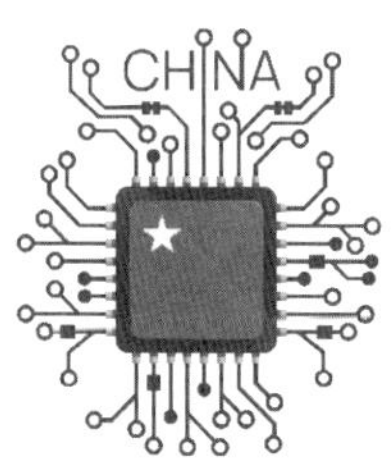

전쟁은 항상 미사일로 시작되지 않는다. 때로는 작은 광물 한 줌으로 시작된다. 희토류 수출을 잠그는 순간 전투기 생산 라인이 멈춘다. 천연 흑연 선적이 지연되는 순간 전기차 공장이 속도를 늦춘다. 누군가는 최첨단 칩을 무기로 들고 나오지만 다른 누군가는 그 칩을 만들기 위해 반드시 필요한 재료를 쥐고 있다. 기술 패권의 싸움에서 가장 조용한 카드가 가장 위협적일 때가 있다.

중국의 부상을 이야기할 때 인공지능이나 7나노 반도체를 먼저 떠올린다. 그러나 진짜 질문은 다르다. "중국이 빠지면 무엇이 멈추는가?" 이 질문에 대한 답이 길어질수록 중국의 힘은 기술력이 아니라 '대체 불가능성'에 가깝다는 사실이 드러난다. 산업 하나가 아니라 산업 전체, 특정 기업이 아니라 공급망 전체에 걸쳐 얽혀 있는 존재감이 오늘의 중국이다.

과거 일본과 한국은 특정 제조업에서 세계 최정상을 찍으며 도약했다. 자동차, 조선, 반도체 같은 상징적인 산업이 국가 경쟁력의 얼굴이었다. 그러나 중국의 방식은 달랐다. 얼굴이 아니라 몸통 전체를 키웠다. 원재료에서 중간재, 장비에서 완제품, 경공업에서 미래 산업까지 이어지는 거대한 그물망을 촘촘히 엮어왔다. 그래서 미중 무역 전쟁이 격화될수록 미국조차 예상하지 못한 카드가 중국에서 계속 튀어나온다.

이 힘은 하루아침에 만들어지지 않았다. 오랫동안 낮은 단위 노동 비용을 유지하며 산업 전반에 생산기지를 심었고 임금이 오르자 곧바로 로봇과 인공지능을 들여와 공장을 재무장했다. 값싼 노동의 나라라는 이미지, 불 꺼진 공장Dark Factory의 자동화, 과밀한 실험실이 동시에 존재하는 이유다. 양적팽창과 질적 전환이 겹치면서 중국은 단순한 '세계의 공장'을 넘어 '세계 공급망의 허리'가 됐다. 여기에 더해 지역 클러스터가 만들어내는 집단 경쟁력은 중국식 모델의 또 다른 무기다. 선전, 베이징, 상하이 같은 도시권은 기업의 경계를 넘어 스타트업, 대학, 자본, 대기업이 뒤섞이며 끊임없이 새로운 조합을 만들어낸다. 기술 규제가 강해질수록 이 결속은 더 단단해진다. 외부의 압박이 내부의 자립 논리를 강화하는 구조다.

무역 전쟁의 승부는 누가 더 똑똑한 기술을 가졌는지로만 결정되지 않는다. 누가 더 많이 연결돼 있는지와 그 연결이 끊겼을 때 누가 더 큰 충격을 받는지가 더 중요하다. 중국의 무기는 초격차 기술이 아니라 빠지면 시스템이 멈춰버리는 자리다. 조용하지만 치명적인 그 위치에서 중국은 오늘도 카드를 쥐고 있다.

무역 전쟁 속에서 비로소 전략 자산이 드러나다

중국의 국가 경쟁력을 이해하기 위해서는 전성기 일본이나 한국의 국가 경쟁력과 비교해 볼 필요가 있다. 중국이 가지는 가장 큰 특징은 경쟁력의 범위와 규모다. 최근 미중 간의 무역 전쟁에서 보듯이 중국 국가 경쟁력은 특정 제조업이나 기술 집약적인 산업에 국한된 것이 아니다.

중국은 전투기와 반도체의 필수 소재인 희토류부터 전기차 배터리의 필수 소재인 천연 흑연 등의 자원 분야에서도 압도적인 시장지배력을 가지고 있다. 과거 일본이나 한국이 기술 집약적인 제조업에서 경쟁력을 가지고 있었다면 중국은 원새료, 광물, 필수 소재, 장비, 전통과 첨단 제조, 미래산업에 이르기까지 다양한 분야에서 경쟁력과 지배력을 나타내고 있다. 그 결과 미중 간의 무역 전쟁 혹은 패권 경쟁에서 미국이 예상치 못한 카드를 지속적으로 꺼내 들고 있다. 오히려 시간은 중국 편이라는 인상을 주고 있다.

중국이 개방과 시장경제로 전환한 1980년 이후로 가파른 경제 성장을 이어가면서도 2005년까지 20여 년 넘게 제조업 단위 노동 비용을 낮게 유지한 것과 관련이 있다. 중국은 2005년까지도 제조업 단위 노동 비용이 말레이시아, 베트남, 태국, 필리핀 등 중진국 함정을 벗어나지 못한 동남아 국가들의 단위 노동 비용과 동일하거나 유사한 수준을 유지하고 있다. 그러나 이후 상황이 달라졌다. 양과 질 측면에서 압도적인 노동력 공급에 바탕을 둔 경쟁력 있는 단위 노동 비용의 장기간 안정화는 1차 산업 및 광물, 경공업과 중공업을 아우르는 대부분의 2차 산업에서 중국이 압도적인 경쟁력을 확보하도록 만들었다. 그 결과 국제연합UN의 자료를 활용한 한

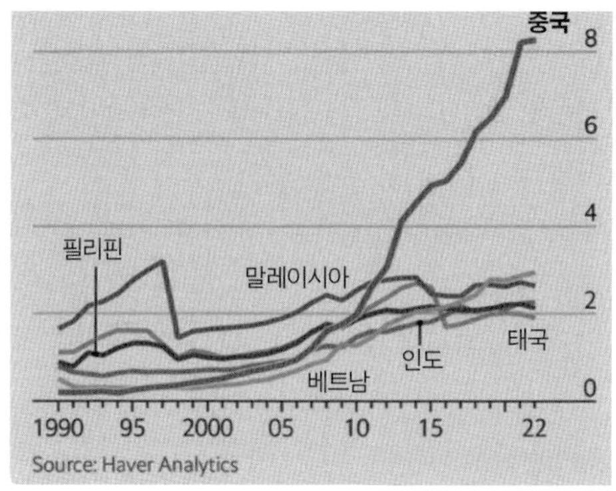

중국의 제조 단위 노동 비용은 2005년까지 동남아 국가들과 유사한 수준을 유지하며 장기간 안정화됐다.

국 무역 협회의 발표에 따르면 전체 5,000여 개의 수출 상품 중에서 3,000여 개의 품목에서 중국이 수출 물량에서 1위 혹은 2위를 확보하고 있다. 즉 단일 국가인 중국이 글로벌 밸류체인에서 산업을 가리지 않고 압도적 영향력을 확보하고 있다.

중국은 압도적인 제조원가 경쟁력에 더해 산업 전반에 끼치는 영향력의 범위 측면에서도 전례를 찾아볼 수 없는 수준으로 도약한 것이다. 무역 전쟁에서 무기가 되는 것은 고도화된 기술만이 아니다. 핵심은 대체 가능성이다. 다양한 분야에서 압도적인 시장지배력을 가지게 되면 흔히 범용 산업이라고 여겨지는 분야에서도 상대에게 치명적인 영향력을 행사할 수 있다. 한국은 이미 요소수 사태에서 이를 경험한 바 있다.

개별 기업이 아닌 거대한 집단 클러스터로 경쟁하다

2000년대 중반부터 중국의 임금이 급격히 상승하면서 중국 제조업도 질적 발전을 도모할 수밖에 없는 조건에 처하게 된다. 최근 20여 년을 놓고 보면 중국은 주요 제조 중심 국가 가운데 가장 급격한 임금 상승을 경험한 국가 중 하나였다. 그 결과 중국은 제조 현장에 로봇과 인공지능을 적극적으로 적용해 왔다.

국제로봇연맹IFR에 따르면 2024년 한 해 동안 중국은 29만 5,000대의 산업용 로봇을 설치해 전 세계 설치 점유율 54%를 보여주었다. 노동자 1만 명당 산업 로봇 설치 비율을 따지는 로봇 밀도에서는 한국이 1,000여 대로 1위를 차지하고 있다. 하지만 최근 중국이 로봇을 산업현장에 적극적으로 받아들이면서 연도별 설치 대수에서는 압도적인 1위를 보인 것이다.

2024년 중국은 누적 로봇 밀도에서도 한국과 싱가포르에 이어 3위를 달성하면서 독일과 일본 등을 추월했다. 인공지능과 빅데이터를 산업현장에 접목하는 정도를 기반으로 선정되는 150여 개의 글로벌 등대공장 중에서 2024년 7월 기준으로 40%가 중국에 있는 것으로 보고됐다. 이러한 중국의 제조 고도화를 가리키는 말이 완전 자동화와 인공지능으로 무장한 불 꺼진 공장이다. 반면 중국의 연구개발 현장은 '996'의 근무 패턴을 상징화한 불이 꺼지지 않는 연구소로 불리곤 한다.

중국의 국가 경쟁력 측면에서 이전에 한국이나 일본과 차별화되는 또 다른 지점은 개별 기업 혹은 기업집단의 경계를 넘어서는 경쟁력 있는 클러스터가 다양하게 나타나는 점이다. 다양하고 광범위한 클러스터가 지속적인 유니콘 기업의 등장으로 이어지고 다시 클러스터의 경쟁력 강화로 이어지는 선순환이 나타나고 있다. 특히 미국의 대對중국 기술 규제 이후 선전 지역의 클러스터는 그 역동성과 효과성이 더 강해지고 있다.

한국이 재벌로 대변되는 기업집단 내의 위계적 공급망에 기반해 울산과 구미 등에서 지역별 클러스터의 경쟁력을 보여주었다면 중국은 기업집단의 경계를 넘어서 스타트업과 자본과 대기업 집단이 다양하게 협력하는 지역 클러스터에서 세계적 경쟁력을 확보해가고 있다. 세계 지적재산권기구가 발표한 「2025년 글로벌 혁신지수」에서 중국은 전 세계에서 가장 많은 24개의 혁신 클러스터를 보유한 것으로 나타났다.

선전-홍콩-광저우 클러스터는 일본의 도쿄-요코하마를 제치고 사상 처음으로 1위에 올라섰다. 베이징은 4위, 상하이-쑤저우는 5위를 기록하면서 상위 15개 클러스터 중 중국이 5개를 차지했다. 이미 연구개발 지출에서 세계 2위, 특허 신청 건수에서 1위를 확보한 데 이어 이를 통합하고 연결하는 혁신 클러스터 부문에서도 압도적 경쟁력을 중국이 보여준 것이다. 재벌로 표현되는 대기업 집단 중심의 한국과 중소기업 중심의 대만과는 다르게 중국은 화웨이와 닝더스다이 등 대기업뿐만 아니라 다양한 대학, 스타트업, 그리고 투자가들이 맞물려 돌아가는 클러스터를 통해 대기업과 스타트업이 함께 어울리고 있다.

패스트 패션 업체인 쉬인은 삼선三線, 사선四線 도시지역으로부터 여전히 공급되는 저임금 노동력에 기반한 광동 지역의 생태계를 기반으로 세계로 뻗어가고 있다. 샤오미는 전기자동차 진출 3년 만에 중국 전기자동차 생태계에 올라타 인공지능과 산업 로봇으로 무장한 다크 팩토리에서 76초마다 전기자동차를 하나씩 찍어내고 있다. 중국의 산업계는 다층적이고 복합적이다.

2

중국 전기차의 승부수와 생존 교훈

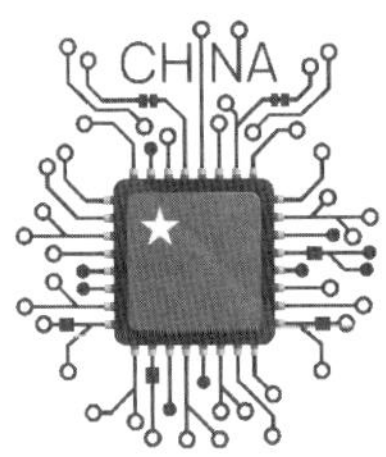

　자동차 산업은 오랫동안 추월이 거의 불가능한 영역으로 여겨졌
다. 엔진 기술, 변속기 정밀도, 3만 개에 이르는 부품 공급망, 수십
년 축적된 브랜드 신뢰까지 쉽게 진입하기가 어려운 산업이다. 독
일과 일본이 지배해 온 내연기관 체제는 단순한 제조업이 아니라
산업 문명 전체의 응축물에 가까웠다. 후발주자가 따라잡는다는
것은 기술 몇 가지를 개선하는 문제가 아니라 하나의 생태계를 통
째로 다시 쌓아야 하는 일이었다.

　중국은 이 게임에 정면으로 들어가지 않았다. 내연기관에서의
추월을 선택하지 않았다. 대신 판 자체를 바꾸는 쪽을 택했다. 엔
진의 정밀도가 아니라 배터리의 가격과 밀도, 기계적 완성도가 아
니라 소프트웨어 업데이트 속도, 브랜드 역사 대신 생태계 연결성

을 경쟁의 기준으로 올려놓았다. 추월이 아니라 전환이었다.

전기차와 자율주행이 결합된 순간 자동차는 더 이상 기계 중심 산업이 아니게 된다. 배터리는 에너지 산업과 연결되고, 자율주행 알고리즘은 인공지능 산업과 맞닿고, 차량 운영체제는 스마트폰과 클라우드 생태계로 이어진다. 이때 경쟁 단위는 '한 대의 자동차'가 아니라 '하나의 산업구조'가 된다. 그리고 바로 이 지점에서 중국 기업들의 전략이 갈라진다.

비야디는 배터리에서 자동차로 이어지는 수직 통합으로 가격과 공간 효율을 장악했다. 화웨이는 자동차를 직접 만들지 않으면서도 자율주행 두뇌와 플랫폼을 공급하는 방식으로 산업 표준을 노린다. 닝더스다이는 배터리를 제품이 아니라 서비스로 전환하려한다. 샤오미는 스마트폰에서 쌓은 플랫폼 디엔에이를 자동차에 이식한다. 이들의 승부는 "누가 산업의 규칙을 정의하느냐?"를 둘러싼 경쟁이다.

추월이 아니라 방향 자체를 틀어버리는 결단을 하다

범위와 규모의 경제, 선진화된 제조 기술력, 그리고 클러스터 경쟁력이 합쳐질 때 어떤 모습일지를 보여주는 대표적인 산업이 자율주행 전기차다. 자율주행 전기차는 사실 하나의 산업이 아니다. 증기기관과 내연기관으로 대변되는 1, 2차 산업혁명의 총아인 자동차, 3차 정보통신 혁명과 4차 인공지능 혁명의 총아인 자율주행이 모두 동원되는 근대 산업화의 종합판이자 미래 산업의 최전선이다. 이 산업에서 비교적 후발주자인 화웨이와 배터리 전문 기업인 닝더스다이는 다른 중국 기업들과의 협력을 통해 산업 표준을 주도하는 생태계 전략을 펼치며 이는 테슬라와 비야디에 대응할 기반을 마련하고 있다.

미국 기업인 테슬라와 중국 기업인 비야디가 시장 표준의 형성과 원가 혁신을 선도했다. 이 과정에서 중국이 글로벌 전기차 시장을 차츰 주도하고 있다. 서구 국가들과 한국이 전기차 시장의 캐즘을 이야기하고 있지만 중국은 벌써 전기차 시장의 성숙을 논의하는 단계로 접어들었다. 최근 중국 자율주행 전기차 사업에서 흥미로운 부분은 배터리 내재화를 통해 경쟁력을 확보해 가고 있는 비야디에 대응해 자율주행 시스템과 배터리의 표준화와 모듈화를 통해 산업 전반의 수평 협력 모델을 통해 경쟁력을 확보해 가고 있는 화웨이와 닝더스다이의 움직임이다.

이들 간의 경쟁은 개별 제품의 품질과 원가에 기반한 일차원적 경쟁을 벗어나 자율주행 전기차의 비즈니스 모델 간의 경쟁이라는 차원에서 더욱 흥미롭다. 한층 더 나아가 범위와 규모, 제조 방식의 고도화, 클러스트 경쟁력이라는 중국 경쟁력의 복합성을 보여주는 중요한 사례라고 할 수 있다.

제조를 넘어 산업 생태계를 장악하는 방식을 익히다

전기차는 기계의 단순성으로 인해 인공지능 기반 자율주행과 통합에서 내연기관 자동차보다 훨씬 유리한 조건을 가지고 있다. 전기차에 자율주행이 입혀지는 이 과정에서 중국의 대표적인 기술 기업인 화웨이가 전기차 시장에 뛰어들었다.

하지만 화웨이는 또 다른 하나의 전기차 기업이 되기보다는 자율주행 전기차에 필요한 모든 솔루션을 제공하는 플랫폼 기업으로 자리매김했다. 자율주행 알고리즘, 인공지능, 데이터 센터 및 반도체라는 자율주행 전기차의 두뇌, 배터리와 배터리 매니지먼트 시스템이라는 심장, 라이다, 카메라, 센서, 스피커와 전장 등 눈과 귀, 자동차 프레임과 개발과 유통까지 가치사슬 전반을 포괄하는 솔루션을 제공함으로써 후발주자의 불리함을 극복하기로 한 것이다. 통신장비 개발과 반도체 설계 역량과 스마트폰 제조와 생태계 운영과 유통 경험을 십분 활용하기 위해 화웨이라는 기업의 경계를 넘어 다양한 자동차 업체와의 연대를 택한 것이다.

화웨이라는 기술 기업에 기술이 종속될 수 있다는 염려가 있다. 그럼에도 선발주자인 비야디 혹은 테슬라와 경쟁해야 하는 중국 국영 전통 자동차기업들은 화웨이와의 협력에 적극적으로 나서는 모양새다. 중앙처리장치cpu부터 운영체제까지 내재화한 애플의 PC에 맞서 업계 표준을 설정하고 마이크로소프트와 인텔과의 협업으로 활로를 뚫은 IBM 혹은 독립적인 자동차 회사가 되기보다는 벤츠, 폭스바겐, BMW 등 독일 자동차 3사의 기술 인프라 제공업체가 되기로 한 보쉬를 연상하게 한다.

화웨이의 전략은 비즈니스 모델의 혁신을 통해 자율주행 전기차 산업에서 경쟁 방식 자체를 바꾸려는 시도로 보인다. 전통적인 자동차 산업의 자본 집약적 성격에 더해 자율주행과 배터리 사업은 모두 자본과 연구 집약적이어서 이익을 낼 수 있는 최소 경제 규모Minimum Efficient Scale가 매우 큰 사업들이다. 후발주자들이 최소 경제 규모에 도달하기 전 선발주자들이 규모에 기반한 가격 전쟁을 벌이면 사실 후발주자들이 버텨 낼 방법이 없다. 실제 현대차를 제외하면 제2차 세계대전 이후 수많은 개발도상국이 자동차 산업을

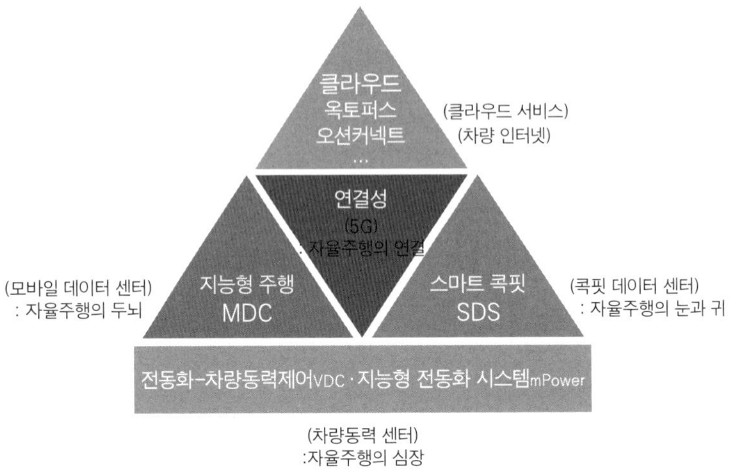

화웨이는 전동화·차량동력제어VDC를 기반으로 자율주행 두뇌MDC, 눈과 귀SDS, 5G 연결성, 클라우드까지 자율주행 전기차에 필요한 전 영역 솔루션을 제공하는 플랫폼 기업으로 포지셔닝했다.

국가 중점 육성 산업으로 지정해 성장시키려 했다. 하지만 대부분 실패했다. 자동차 산업의 이러한 속성에 기인한 바가 크다. 하지만 화웨이는 자동차 산업을 기업별 표준화가 아니라 산업 표준화가 주도하는 PC와 전자 혹은 정보 통신 산업 형태로 변환시켜 후발주자의 한계를 극복하고자 하는 것이다.

화웨이는 자동차 업체와의 협력에서 다양한 수준의 협력 방안을 제시하고 있다. 일반적으로 자동차 산업에서 개별 부품이 아니라 여러 부품을 조립해 모듈을 제공하는 업체를 1차 협력업체라고 한다. 화웨이는 개발부터 생산 판매까지 솔루션을 제공하기 때문에 자기 자신을 0.5차 협력업체라고 한다. 이러한 협력을 함께하는 자동차 업체들과 함께 하모니 인텔리전트 모빌리티 얼라이언스HIMA,

Harmony Intelligent Mobility Alliance를 구축했다.

두 번째 수준의 협력 단계는 화웨이 인사이드Huawei Inside인데 자율주행 전기차의 핵심이 되는 자율주행 시스템을 도입한 업체들과의 협력관계를 표현하는 말이다. IBM, 델 등 PC 업체에 핵심이 되는 중앙처리장치CPU를 공급한 인텔이 '인텔 인사이드Intel Inside'라는 마케팅 전략을 차용한 것이라 볼 수 있다. 화웨이는 현재 세계 전기자동차 1위 업체인 비야디에도 자율주행 관련 솔루션을 공급하면서 협력하고 있다.

배터리를 서비스 산업으로 전환하는 발상을 하다

화웨이의 이러한 전략적 움직임과 궤를 같이하는 또 다른 업체는 배터리 공급업체인 닝더스다이다. 자동차용 전지 분야에서 닝더스다이의 시장지배력은 압도적이다. 더욱 무서운 것은 자동차용 전지뿐만이 아니라 전지의 4대 재료인 양극재, 음극재, 분리막, 전해액에서도 다른 중국 업체들과의 연대를 통해 탄탄한 공급망을 구축하고 있다. 고속 충전 및 전고체, 나트륨 및 황 배터리 등 미래 배터리에서도 중국 대학들과 기술 전문 유니콘 업체들과의 협력을 통해 닝더스다이는 그 입지를 탄탄하게 다져가고 있다.

물론 닝더스다이에도 고민이 없는 것은 아니다. 비록 원가 경쟁력과 현재 및 미래 배터리 기술 포트폴리오에서 단단한 입지를 다지고 있지만 중국 전기차 배터리 시장에서의 압도적인 지위가 오히려 중국 전기자동차의 구조조정 국면에서는 위협요인이 될 수 있기 때문이다. 비야디가 시작한 가격 전쟁으로 대부분의 중국 전기차 업체의 재무 상황이 악화되고 매출 채권의 회수까지는 점점 더 시간이 길어지는 형국이다. 자신의 배터리를 자신의 자동차에 적용하는 비야디와 달리 다양한 중국 전기자동차 업체에 배터리를 납품하는 닝더스다이에 중국 전기차 고객들의 디폴트 리스크는 고민이 클 수밖에 없는 지점이다. 전기차에서 배터리는 총원가의 30%를 차지할 만큼 절대적이다. 따라서 중국 전기자동차 업체의 디폴트 리스크는 곧 닝더스다이의 리스크가 된다.

이러한 상황에서 닝더스다이가 들고 나온 카드가 '배터리 스와핑'이다. 전기차 차주들이 충전소에 들러 자신의 배터리를 충전하는 것이 아니라 이미 충전된 다른 배터리로 교환해 가는 것이 기본 아이디어다. 이러한 아이디어를 사업화한 것은 닝더스다이가 처음이 아니다. 이스라엘 스타트업인 배터플레이스와 테슬라가 배터리 교환 사업을 시도했다. 하지만 모두 실패하고 사업을 접었다. 배터리 스와핑 비즈니스가 성공하려면 자동차 업체와 개별 모델의 개별성을 넘어서는 산업 전반의 배터리 표준화와 그에 따른 운영 자본 효율화 및 원가 경쟁력 확보가 필수다. 그러나 자동차 업체와 배터리 업체 간의 주도권 다툼, 비표준화된 배터리가 불러일으키는 운영의 복잡성, 운전자본 확대로 배터플레이스와 테슬라는 배터리 스와핑을 추진하다 포기했다.

이미 어느 정도 사업성이 부정적으로 검증된 배터리 스와핑 사업을 닝더스다이가 지금 추진하면 달라지는 점들이 있을까? 일단 전망은 긍정적이다. 첫 번째는 중국 전기자동차용 배터리 시장에서 닝더스다이가 40%를 넘어서는 시장점유율을 가지고 있다는 점이다. 이를 이용해 닝더스다이가 배터리 표준화를 주도할 때 좀 더 높은 협상력을 발휘할 수 있을 것이다.

두 번째는 내재화된 배터리에 기반한 원가 경쟁력을 보유한 비야디와 경쟁해야 하는 중국 전기차 업체들의 절박한 상황이다. 업계 선두 주자인 비야디는 배터리를 내재화하고 이를 바탕으로 배터리를 자동차에 적용하는 모듈과 팩 과정마저 생략하는 셀투바디Cell-to-Body 기술로 공간 활용과 원가라는 두 마리 토끼를 다 잡았다. 선발주자로서의 규모와 배터리 내재화라는 이점을 가진 비야디와 경쟁하려면 중국 전기자동차 업체도 특단의 변신을 꾀해야 한다. 중국 전기자동차 업체들은 닝더스다이가 주도하는 배터리 표준화에 참여하고 배터리를 뺀 가격으로 소비자에게 자동차를 팔면 비야디에 필적하는 가격경쟁력을 확보할 수 있을 것으로 보인다. 닝더스다이는 배터리를 최종 소비자에게 구독 혹은 리스 형태로 직접 제공하면서 기업과 개인 간 상거래 서비스 기업으로의 전환이 가능하다.

배터리 스와핑은 전기자동차 업체의 원가 경쟁력 확보와 닝더스다이의 고객 디폴트 리스크 관리와 서비스 기업으로의 전환이라는 공동의 이익이 확보되는 지점이다. 실제로 닝더스다이는 2025년 말에 중국 전역에 1,020개의 교환소를 설치했고 유럽에도 이러한 교환소를 설치할 계획이라고 한다. 이러한 전략이 성공하기 위해서는 여러 난관을 극복해야 할 것이다. 하지만 이 사업이 성공적으로 진행된다면 다른 배터리 기업의 진입 장벽으로 작용해 한국 배터리 기업이 유럽에서 떨어지고 있는 시장점유율을 재확보하는 것을 더욱 어렵게 만들 것이다.

표준과 수직 통합이라는 두 마리 토끼를 잡다

화웨이와 닝더스다이의 공통점은 자율주행 전기차에서 개별 기업의 경계를 뛰어넘는 산업 표준을 만들어 중국 자율주행 전기차 생태계의 공생과 발전을 도모하는 시도라는 점이다. 개별 기업의 판매량에 국한된 규모의 경제가 아니라 중국 자율주행 전기차 전체의 규모를 활용한 최적화를 추구하는 것이다. 하지만 비야디와 샤오미는 화웨이와 닝더스다이가 주도하는 생태계에 들어가지 않고 자신들의 기업 경계 내에서 수직적 통합과 최적화를 추구하고 있다.

비야디는 휴대폰과 노트북에 배터리를 공급하는 부품 기업에서 전기자동차로의 전방 수직 통합을 통해 현재 중국과 세계 전기자동차 사업을 주도하고 있다. 전기자동차라는 산업의 초기 발생 단계에서 비야디의 전방 수직 통합 전략은 상당히 효과적이었다. 개별 배터리 셀에서 모듈, 팩, 그리고 자동차 본체로 이어지는 과정을 배터리 셀에서 자동차 본체로 바로 이어지게 만드는 혁신을 통해 배터리 팩의 공간 활용률을 극대화할 수 있었기 때문이다.

한국의 배터리 업체들이 집중하는 삼원계 배터리에 비해 닝더스다이와 비야디가 집중하는 리튬인산철 배터리는 배터리 셀당 에너지 밀도에서 명확한 약점을 가지고 있다. 이론적으로도 리튬인산철 배터리는 삼원계 배터리에 비해 열위에 있는 기술이었다. 그래서 한국의 주요 기관들이 한국과 중국의 기술격차를 측정할 때마다 한국 배터리 업체들이 가지고 있는 삼원계 배터리의 에너지 밀도와 선점 특허들로 구축한 진입 장벽을 이유로 들며 한국의 배터리 기술이 앞서는 것으로 알고 있었다.

하지만 이 분석의 결함이 차츰 드러났다. 일단 비야디가 모듈 과정을 생략한 셀투팩 기술과 궁극적으로는 팩 과정마저 최소화한 셀투바디 기술로 혁신해 나가자 삼원계가 가진 에너지 밀도의 강점이 희석되기 시작했다. 자동차에서 궁극적으로 중요한 것은 공간 밀도이기 때문이다. 아무리 삼원계 배터리의 셀당 에너지 밀도가 높아도 모듈과 팩으로 공간을 낭비해 버리면 공간 밀도에서는 오히려 리튬인산철 배터리에 밀리게 된다. 자동차와 배터리 업체가 분리된 경우에는 셀투바디 전략을 쓰기 어렵다. 자동차 업체가 배터리 업체에 종속될 것을 걱정하기 때문이다. 그러나 수직 통합된 비야디는 그런 이해충돌이 존재하지 않았고 이를 이용해 전기차 산업을 가격으로 주도하고 있다.

삼원계와 리튬인산철 배터리의 기술 경쟁과 현재 구도는 중요한 교훈을 던져주고 있다. 기술의 발전과 상용화는 그렇게 직선적인 과정을 거치지 않는다는 점이다. 삼원계 배터리처럼 이론적으로 우수한 기술이라 하더라도 결국 그 기술이 적용되는 전체 생태계가 어느 기술에 유리한 방향으로 전개되느냐에 따라 기술의 우수성은 언제나 재정의가 될 수 있다는 점이다. 다양한 첨단기술에서 미국과 중국이 주도적으로 경쟁하는 형국에서 세부 기술의 발전 정도와 우수성을 비교하는 것보다 더 중요한 것은 그 기술이 어떤 형태로 다양한 생태계와 응용 분야에 실제로 적용되고 있느냐하는 점이다. 적용의 범위가 넓고 상용화에 가까워질수록 기술적 난관들이 다양한 참여자의 혁신적인 아이디어들로 인해 생각지 못한 방식으로 극복되곤 하기 때문이다.

물론 비야디도 고민거리가 있다. 전기차가 자율주행으로 진행되

비야디의 자율주행 모델 개발 전략

비야디 자율주행 모델 개발 전략: 외부 공급업체 기술 도입 및 자체 개발 병행

	디파일럿 100 이하 모델		디파일럿 300 이상 모델		
자율주행 시스템	Lv.2: 디파일럿 10 /30	고속 NOA: 디파일럿 100	디파일럿 300 /600	화웨이	디파일럿 1000 /2000
라이다 탑재 여부	라이다 미탑재		라이다 미탑재(화웨이, 로보센스 등 사용)		
자율주행 칩셋	호라이즌 J2/J3, 르네상스 등	호라이즌 J5/J6, 엔비디아 Orin N	엔비디아 Orin X	화웨이	엔비디아 Thor
자율주행 알고리즘	호라이즌, 보쉬 등	호라이즌 로보틱스(예상) 모멘타(엔비디아)	모멘타	화웨이	모멘타(예상)
자율주행 도메인 컨트롤러	호라이즌과 엔비디아 기반의 도메인 컨트롤러 주로 공급, 화웨이 솔루션은 채택하지 않음				

딥시크 인공지능과 화웨이 플랫폼을 사용하는 제품은 판매 가격의 15%를 세액공제 → 딥시크에 지불하는 로열티 상쇄
중국 정부가 원하는 것은 비야디 차량의 글로벌 전파를 통한 글로벌 자율주행기술 표준 장악

비야디는 저가 모델에 자체 개발 시스템을 적용하고 고가 모델에는 화웨이·엔비디아 등 외부 기술을 도입하는 이원화 전략을 택했다. (자료: CITIC, 삼성증권)

는 것 때문에 새로운 도전 과제가 생겼다. 비야디는 배터리라는 자율주행 전기차의 심장과 자동차 프레임이라는 몸에서는 확실한 경쟁력을 보유하고 있지만 자율주행 전기차의 두뇌에서는 자체 경쟁력이 제한적이기 때문이다. 현재까지 비야디의 극복 전략은 다양한 업체와의 협력이다. 전통적인 배터리 경쟁자인 닝더스다이가 주도하는 배터리 산업 표준화에는 동참하고 있지 않지만 화웨이를 비롯한 여러 자율주행 솔루션 기업이 주도하는 인공지능 기반의 자율주행에서는 다른 업체들과 적극적으로 협력하고 있다.

딥시크의 출현과 화웨이의 수평 협력 표준화 전략이 비야디로서는 약점을 채울 좋은 기회다. 중국 정부 입장에서도 모든 자동차 업체가 자체적으로 자율주행 알고리즘을 개발하고 이를 위해 데이터를 축적하고 비싼 엔비디아의 칩을 수입하는 것은 비효율적인 일이다. 이 때문에 딥시크와 화웨이의 플랫폼을 이용하는 자동차

업체들에는 판매가격의 15%를 세액 공제하는 인센티브를 제공하고 있다. 이렇게 되면 사실상 딥시크에 제공하는 로열티를 중국 정부가 대신 내주는 것이다. 중국 정부의 이런 전략은 비야디로서는 약점을 보완하고 자율주행 부문에서도 뒤처지지 않을 수 있는 기반을 마련할 수 있을 것으로 보인다.

플랫폼 DNA로 제3의 길을 찾아내다

샤오미가 3년 전쯤 전기자동차 진출을 선언했을 때 많은 사람이 크게 주목하지 않았다. 언제나 그랬던 것처럼 애플의 전기차 전략을 따라 하는 것으로 보았기 때문이다. 그러나 전기차 진출을 10년 넘게 준비하고 1조 원이 훨씬 넘는 돈을 투자하고도 애플은 전기차 진출을 포기했지만 샤오미는 진출 선언 3년 만에 전기차를 발표하고 이를 고객에게 인도했다. 첫 번째 모델인 SU7은 출시 1년 만에 30만 대 가까이 고객에게 인도됐다.

두 번째 SUV 모델인 YU7는 출시 18시간 만에 30만 대에 가까운 주문량을 보여주며 YU7의 구매권이 웃돈을 받고 재판매되고 있다고 한다. 샤오미는 자동차와 배터리 모두에서 업력이 떨어지지만 이 두 모델의 성공을 통해 자신들이 가진 상품 기획력에서의 우위와 충성도가 높은 고객 기반의 존재를 다시 한번 보여주었다. 동시에 샤오미가 출시 선언 3년 만에 실현시킨 데 반해 애플은 10년을 준비하고도 전기자동차 진출을 포기한 것이 비교되면서 중국이라는 국가가 가진 전기자동차 산업의 공급망 경쟁력이 다시 한번 입증됐다. 자동차 산업에서는 신생 업체인 샤오미의 베이징 자동차 공장이 대표적인 인공지능 기반의 다크 팩토리로 운영되면서 지금도 76초에 전기차를 한 대씩 찍어내고 있는 장면은 함의하는 바가 크다.

화웨이와 스마트폰에서 오랜 경쟁 관계인 샤오미는 화웨이가 주도하는 생태계에 들어갈 생각이 없다. 자신들의 스마트폰과 다양한 가전과 연결된 생태계에 전기차를 추가하고 싶어 한다. 동시에 저가 전기차 부문에서 비야디와 경쟁하기보다는 중고가 전기자동차에 진출해 자신들의 시장 입지를 차별화하려고 한다. 이를 위해 지금까지 인색했던 연구개발에 대한 투자를 공격적으로 늘려가면서 자신들의 애플리케이션 프로세서AP, Application Processor를 직접 만들고 인공지능에 대한 기술도 축적하고 있는 것으로 보인다. 자동차와 인공지능 모두 기술 장벽이 높다는 측면에서 여러 가지 난관을 극복해야 할 것이다. 하지만 기존의 비야디 혹은 화웨이와 닝더스다이가 주도하는 생태계와는 차별화된 자신들만의 입지를 발견하고 구축하는 초기 작업에는 성공한 것으로 보인다.

3

가성비를 넘는 생태계 확장 전략

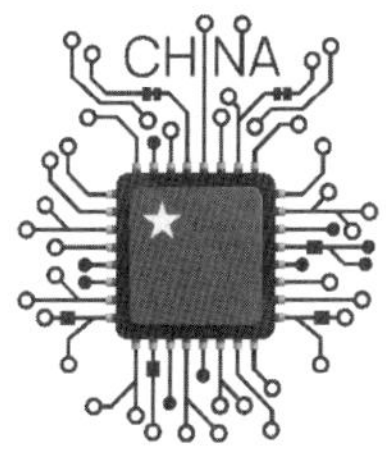

한때 샤오미는 '값싼 폰 만드는 회사'의 상징이었다. 스펙은 높은데 가격은 낮은 정책과 유통마진을 줄여 시장을 흔드는 전형적인 가성비 전략의 상징처럼 보였다. 많은 글로벌 기업이 샤오미를 가격 파괴자로 분류했고 일시적 돌풍쯤으로 여겼다. 그러나 시간이 흐르면서 상황은 전혀 다른 방향으로 전개됐다. 샤오미는 가격으로 시장을 흔든 것이 아니라 가격을 발판 삼아 구조를 바꾸는 쪽으로 움직였다.

제조업의 승부는 오랫동안 원가와 품질의 싸움이었다. 더 싸게 더 정밀하게 더 오래 쓰게 만드는 기업이 살아남았다. 그런데 스마트폰이 생활의 중심이 되고 가전이 네트워크에 연결되며 자동차마저 소프트웨어로 작동하기 시작하자 경쟁의 기준이 달라졌다. 이제는 제품 하나의 완성도가 아니라 그 제품이 무엇과 연결되고 어떤 생태계를 제공하는지가 중요해졌다. 이 변화의 흐름을 가장 빠르게 읽은 기업 중 하나가 샤오미다.

샤오미는 스마트폰을 팔면서도 스마트폰 회사로 남지 않았다. 스마트폰을 허브로 삼아 가전과 웨어러블을 묶고 운영체제로 기기 간의 장벽을 허물고 결국 전기차까지 생태계 안으로 끌어들였다. 인간-차량-가정을 하나의 흐름으로 연결하는 전략은 단순한 제품 확장이 아니라 생활 전반을 설계하는 시도에 가깝다. 가성비는 입구였고 생태계는 목적지였다.

이 전략의 무기는 속도다. 완벽한 설계보다 빠른 출시, 긴 계획보다 짧은 실험, 연 단위가 아니라 주 단위 업데이트로 이목을 끌었다. 사용자는 소비자가 아니라 참여자였고 피드백은 비용이 아니라 연료였다. 그렇게 축적된 데이터와 연결성은 가격 이상의 힘을 만들어냈다. 해외 매출 비중이 40%를 넘어서고 인도와 동남아를 거쳐 유럽으로 확장된 흐름은 단순한 수출 성과가 아니라 '연결의 확장'에 가깝다.

샤오미의 궤적은 한국 기업에 본질적인 질문을 던진다. 우리는 여전히 제품 단위로 경쟁하고 있는가, 아니면 생태계 단위로 설계하고 있는가? 수직 통합의 완성도에 안주하고 있는가, 아니면 플랫폼을 열어 속도를 끌어올리고 있는가? 세계 시장은 더 이상 스펙의 우열만으로 재편되지 않는다. 누가 더 유연하게 연결되고 얼마나 빠르게 확장하느냐라는 새로운 문법으로 재편되고 있다.

압도적 속도와 생태계의 힘으로 전 세계를 하나로 묶다

중국 기업들은 '속도'와 '현지화'를 무기로 글로벌 기업들과 경쟁한다. 그 중심에 샤오미가 있다. 소비자를 기획자로 변신시키며 제조의 패러다임을 바꾸었다. 가성비를 넘어 생태계로 진화한 샤오미의 궤적은 한국 기업들이 찾아야 할 새로운 생존 방정식의 실마리를 제공한다.

2010년 베이징에서 창업자 레이쥔은 단순한 전자제품 제조사가 아닌 새로운 형태의 인터넷 기업을 세상에 내놓았다. 바로 샤오미다. 스마트폰으로 시작해 가전, 웨어러블, 그리고 최근 전기차에 이르기까지 명실상부한 글로벌 스마트 디바이스 및 사물인터넷 플랫폼 기업으로 자리 잡았다.

샤오미를 관통하는 철학은 창업 초기부터 명확했다. "모든 사람에게 혁신적인 기술을 합리적인 가격으로 제공한다." 레이쥔의 이 비전은 하드웨어, 소프트웨어, 그리고 인터넷 서비스를 하나로 묶는 독창적인 비즈니스 모델을 탄생시켰다. 다른 기업들이 제품을 팔 때 샤오미는 '참여'를 팔았다. 온라인 커뮤니티를 통해 사용자를 개발 과정에 참여시키는 팬덤 마케팅은 충성도 높은 미팬Mi Fan을 만들어냈고 유통 거품을 뺀 파격적인 가격 정책은 고스펙 제품을 대중화시키는 기폭제가 됐다.

이 전략은 중국 내수시장을 넘어 전 세계로 뻗어 나갔다. 현재 샤오미는 홍콩증권거래소에 상장된 거대 기업으로 전체 매출의 약 41.9%를 해외에서 벌어들이고 있다. 인도와 동남아시아 시장에서는 이미 선두권을 굳혔고 유럽 등 100여 개 국가에서 영향력을 확대하고 있다. 샤오미는 이제 단순한 가성비 기업을 넘어 전 세계를

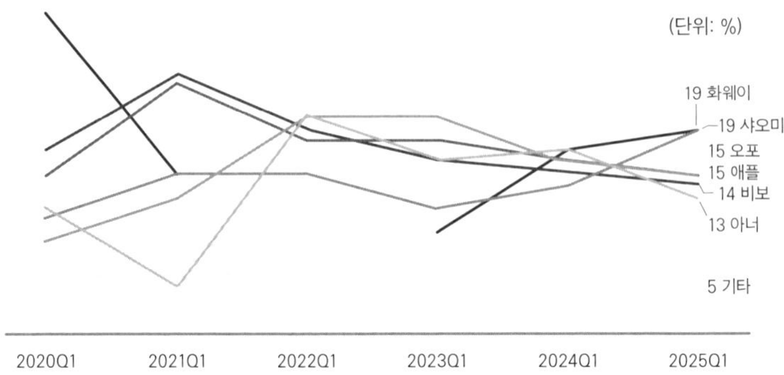

2025년 1분기 화웨이와 샤오미가 각각 19%로 중국 스마트폰 시장 공동 1위를 차지했다. 2023년 이후 화웨이의 점유율이 급반등하며 애플과 오포 등을 앞질렀다.
(자료: 카운터포인트)

잇는 거대한 연결의 제국을 건설 중이다.

2024년 글로벌 스마트폰 시장에서 샤오미는 점유율 13.8%로 애플과 삼성과 함께 빅3 체제를 굳건히 지켰다. 더 놀라운 것은 안방인 중국 시장에서의 저력이다. 2025년 1분기 샤오미는 화웨이와 함께 19%의 점유율로 공동 1위를 차지했다. 치열한 내수 경쟁 속에서도 성장세를 잃지 않은 비결은 생태계 장악력에 있다.

샤오미의 성공 비결을 꼽으면 다음과 같다. 첫째, 스마트폰과 인공지능 사물인터넷AIoT으로 구축한 생활 밀착형 생태계다. 샤오미는 스마트폰 하나만 파는 기업이 아니다. 스마트폰을 허브로 삼아 가전, 웨어러블, 스마트홈 기기를 거미줄처럼 연결하는 것이 핵심 전략이다. 2024년 기준 이 부문의 매출 비중은 전체의 46.0%에 달하며 샤오미의 사물인터넷 기기 연결 수는 무려 7억 2,000만 개를 돌파했다. 여기에 자체 운영체제인 하이퍼 OS 2Hyper OS 2가 더해지며 기기 간의 장벽을 허물었다. 스마트홈에서 헬스케어까지

샤오미 전기자동차

샤오미 SU7

샤오미 YU7

샤오미 SU7은 2024년 출시 후 24만 건의 주문을 기록했고 2025년 6월 공개된 SUV YU7은 1시간 만에 28만 건의 사전 예약을 달성하며 테슬라 모델 Y의 강력한 대항마로 떠올랐다. (자료: 샤오미 홈페이지)

소비자의 24시간을 샤오미 생태계 안에 가두는 록인 효과를 완성한 것이다.

둘째, 가성비를 넘어선 프리미엄의 대중화다. '샤오미=저가폰'이라는 공식은 깨졌다. 2020년 샤오미 10시리즈부터 시작된 고급화 전략이 결실을 맺어 2024년 중국 내 4,000~5,000위안(약 75~95만 원) 가격대 시장에서 점유율 24.3%로 1위를 차지했다. 특히 2025년 출시한 샤오미 15시리즈는 이미징 플래그십이라는 명성을 얻으며 출시 첫달 판매량이 전작 대비 90%나 폭증했다.

셋째, 마지막 퍼즐인 전기차로의 진격이다. 2024년 출시된 샤오미 SU7은 단순한 자동차가 아니었다. 이는 인간人-차량車-가정家을 잇는 풀 스마트 라이프 생태계의 완성을 의미했다. 고성능과 가성비를 동시에 잡은 SU7은 2024년 말까지 24만 건의 주문을 받으며 돌풍을 일으켰고 2025년 3월까지 20만 대가 주인에게 인도됐다. 기세를 몰아 2025년 6월에는 중형 SUV인 YU7을 선보였다. 실내 공간과 실용성을 강조한 YU7은 공개 1시간 만에 28만 건의 사전 예약을 기록하며 테슬라 모델 Y의 강력한 대항마로 떠올랐다.

SU7이 시장 진입의 신호탄이었다면 YU7은 대중적 확산과 2027년 글로벌 진출을 위한 교두보인 셈이다.

결국 샤오미 경쟁력의 본질은 통합에 있다. 하드웨어, 소프트웨어, 네트워크를 아우르는 이 거대한 설계 능력은 과거 한국 기업들이 보여주었던 시스템 통합 역량을 떠올리게 한다. 샤오미는 이제 스마트 전기차 시대에 하드웨어와 가정을 통합할 수 있는 몇 안 되는 글로벌 플레이어로 진화하고 있다.

기술 중심주의와 낙관주의 전략으로 세계를 공략하다

샤오미를 단순한 조립 제조시로 본다면 오산이나. 샤오미의 정체성은 철저히 기술본위에 뿌리를 둔다. 그룹 차원에서 설립된 기술위원회는 전략, 인재, 문화를 통합 관리하며 엔지니어 중심의 문화를 이끌고 있다. 수치로도 증명된다. 2024년 연구개발 투자액은 241억 위안으로 전체 매출의 6.6%를 차지한다. 연구개발 인력은 2만 1,190명으로 전 직원의 절반에 가까운 48.5%에 달한다.

샤오미의 기술본위는 다음과 같은 요인으로 성공을 구현했다. 첫째, 통합 운영체제 전략이다. 샤오미 기술의 핵심은 자체 개발한 하이퍼Hyper 시리즈에 있다. 기기의 뇌에 해당하는 하이퍼코어HyperCore, 신경망 같은 하이퍼커넥트HyperConnect, 그리고 지능을 담당하는 하이퍼AIHyperAI 플랫폼은 제품의 성능과 연결성을 비약적으로 끌어올렸다. 이는 단순한 기계적 결합이 아니라 사용자 경험을 통합하는 소프트웨어적 기반이다.

둘째, 전기차 기술과 자동화 공장이다. 2024년 전기차 사업 진출은 '맨땅의 헤딩'이 아니었다. 기존에 보유한 스마트 디바이스 기술에 배터리, 자율주행, 차량용 사물인터넷 기술을 접목해 시너지를 극대화했다. 더욱 놀라운 것은 생산 방식이다. 샤오미의 전기차 전용 공장은 핵심 공정이 100% 자동화돼 있으며 전체 공정 자동화율도 91%에 달한다. 이는 중국 제조업의 압도적인 효율성과 속도가 물리적으로 구현된 현장이다.

셋째, 지속가능한 공급망이다. 샤오미는 파트너 선정 시 품질과 납기는 기본이고 ESG 요소를 필수 기준으로 적용한다. 특히 핵심 부품은 단순히 사 오는 것이 아니라 전략적 파트너와 공동 개발하거나 자체 설계를 병행하며 장기적이고 단단한 협력관계를 구축하고 있다.

샤오미의 리더십은 창업자 레이쥔의 치열한 도전 정신으로 대변된다. 그는 중국 IT 업계에서 중관춘의 모범 노동자中关村劳模라는 별명으로 불릴 만큼 지독한 일벌레로 유명하다. 특히 2021년 전기차 시장 진출을 선언하며 "내 인생의 마지막 창업 프로젝트이며 평생 쌓아온 모든 명예를 걸고 싸우겠다."라고 호소한 연설은 조직 전체에 강력한 위기감과 동기부여를 불어넣었다.

이러한 리더십은 샤오미 특유의 친구 같은 조직문화로 연결된다. 샤오미는 창업 초기부터 고객을 단순한 소비자가 아닌 친구로 규정했다. 이는 레이쥔이 창안한 인터넷 경영의 핵심인 '7자 요결', 즉 칠자결七字诀에 잘 녹아 있다. 집중专注, 극치极致, 입소문口碑, 속도快가 바로 칠자결이다. 이 중에서도 '속도'는 한국 기업이 놓친 시장 대응력의 핵심이다. 완벽한 계획을 세우느라 시간을 허비하기보다 빠르게 제품을 내놓고 사용자의 피드백을 받아 매주 소프트웨어를 업데이트하는 속도전과 집요함이 샤오미의 일하는 방식이다.

또한 샤오미는 실패를 두려워하지 않는 낙관주의가 흐르는 조직이다. '영원히 아름다운 일이 곧 일어날 것이라고 믿는다永远相信美好的事情即将发生.'라는 레이쥔의 신념은 잦은 시행착오 속에서도 혁신을 지속하게 만드는 샤오미의 정신적 지주다.

샤오미의 전기차 진출 과정에서 가장 높았던 장벽은 기술이 아닌 제도였다. 2017년 이후 강화된 전기차 진입 규제는 신규 진입자에게 극도로 까다로운 기준을 적용했다. 샤오미가 이 장벽을 넘어설 수 있었던 두 가지 요인이 있다. 첫째, 2017년 이후의 합격자라는 상징성이다. 샤오미가 2023년 8월 국가발전개혁위원회NDRC로부터 제조 허가를 받아낸 것은 단순한 행정절차 완료 그 이상의 의미였다. 이는 샤오미가 정부가 요구하는 높은 수준의 기술력, 자금력, 생산 능력을 모두 갖췄음을 국가로부터 공인받았다는 증서와도 같았다.

둘째, 정부와의 전략적 공조다. 샤오미가 이 까다로운 관문을 단기간에 통과할 수 있었던 배경에는 베이징시 정부와의 긴밀한 협력이 있었다. 샤오미는 베이징시와 손잡고 부지 확보부터 인허가와 생산설비 구축까지 속전속결로 진행했다. 규정상 필수인 투자 승인과 현장 심사 절차를 빠르게 매듭지을 수 있었던 것도 이러한 민관 협력 덕분이었다.

결국 샤오미는 정책 장벽을 회피하는 대신 정부가 요구하는 제조업의 고도화라는 방향성에 부응하며 정면으로 돌파했다. 이는 한국 기업에도 시사점을 던진다. 현지 정부와의 정교한 관계 설정이 중국 시장에서의 생존에 얼마나 중요한지를 보여주는 실증적 사례다.

4

미국 보호 시대의 종료와 한국 기업의 리셋

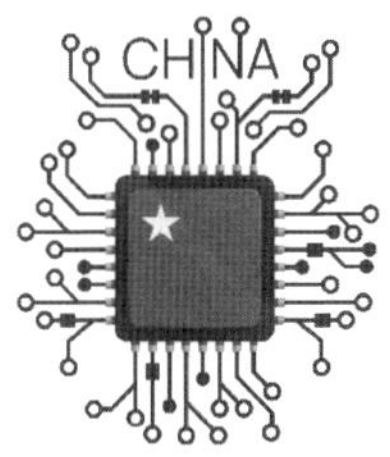

한국 기업은 오랫동안 세계화의 순풍을 탔다. 미국이 만든 규칙 위에서 시장이 통합되고 공급망이 확장되며 자유무역이 당연한 상식처럼 작동하던 시기였다. 좁은 내수시장을 가진 한국에 그 질서는 축복이었다. 해외로 뻗기만 하면 규모의 경제가 열렸고 기술격차가 있어도 따라잡을 시간은 있었다. 미국 중심 질서는 한국 기업에 거대한 보호막이자 성장의 가속 페달이었다.

하지만 그 보호막은 영원한 제도가 아니었다. 세계는 더 이상 하나의 질서로 움직이지 않는다. 중국은 룰을 따르는 플레이어가 아니라 룰을 바꾸는 룰 메이커로 올라섰다. 미국은 세계화의 수호자가 아니라 '자국 우선'의 설계자가 됐다. 이제 국제 질서는 통합이 아니라 파편화로 흐른다. 시장은 블록으로 쪼개지고 공급망은 정치의 언어로 재편되며 무역은 효율이 아니라 안보의 기준으로 판정받는다.

이 변화는 한국 기업에 불편한 진실을 들이민다. 지금까지 한국이 상대적으로 버틸 수 있었던 이유 중 하나는 실력만이 아니라 환경이었다. 미국이 중국을 배제하려는 산업에서는 한국이 반사이익을 얻는다. 반도체, 배터리, 조선, 방산처럼 미국이 '중국 없는 공급망'을 만들려는 분야에서는 한국 기업이 순간적으로 유리해진다. 하지만 그것은 영구적인 우위가 아니라 정책이 만든 임시 방파제에 가깝다. 방파제는 언제든 높이가 낮아질 수 있고 유지비용을 요구받을 수도 있다.

더 중요한 문제는 보호받지 못하는 영역이다. 관세와 보조금이라는 우산이 없는 시장에서는 중국의 완결형 공급망이 가격과 속도로 밀고 들어온다. 그곳에서 한국 기업은 조금 더 잘 만드는 것만으로는 버티기 어렵다. 이제 필요한 것은 부분 개선이 아니라 체질 변화다. 사업 포트폴리오를 갈아엎고 가치사슬을 재배열하고 글로벌 조직의 운영 방식까지 바꿔야 한다. 다시 말해 한국 기업은 미국의 보호 속에서 안전하게 뛰는 선수가 아니라 파편화된 세계에서 스스로 규칙을 설계하는 글로벌 플레이어로 변신해야 한다.

글로벌 질서 재편과 보호막이 사라진 냉혹한 현실을 봐야 한다

한국 기업의 대응 전략은 현재 혹은 미래에 당면할 상황에 대한 정확한 인식에서 출발해야 한다. 중국 혹은 중국 기업들이 주도하는 기술과 제조 혁신으로 인한 위기는 어느 수준일까? 소나기라면 우산, 태풍이나 해일이면 방파제, 쓰나미라면 긴급한 피신이 대응

전략의 기본 방향이 될 것이다.

중국의 산업과 과학기술 굴기로 인한 위기는 그 파급의 범위에서 이전의 어떤 위기보다 다층적이고 그 높이에서 유례를 찾을 수 없을 수준이다. 따라서 한국 기업은 기존의 기업 경계 내에서 한두 가지 기능을 강화하는 정도가 아니라 사업 포트폴리오, 공급망과 가치사슬, 글로벌 전략까지 대대적인 변신을 통해 진정한 글로벌 기업으로 변신해야 한다.

위기의 본질을 꿰뚫어보는 데 가장 중요한 것은 중국은 이제 미국과 패권 경쟁을 하는 룰 메이커 중의 하나라는 점이다. 동시에 중국 기업들은 경공업, 중공업, 그리고 미래 산업까지 가장 강력한 경쟁력을 가지고 있다. 가치사슬에서도 원재료부터 장비, 소재, 제조까지 모든 것을 갖추었다. 그리고 중국이라는 세계 최대 시장에서는 브랜드까지 우위를 가지고 있다. 이런 중국 기업과의 경쟁에서 현재까지 한국 기업이 버틸 수 있었던 중요한 이유 중 하나는 파편화 과정을 겪는 세계 질서의 변동이었다. 한국은 구소련 해체 이후 미국이 주도한 하나의 세계 질서 안에서 좁은 내수시장의 한계를 극복하고 글로벌화의 혜택을 가장 많이 본 국가 중의 하나였다.

하지만 중국 기업이 빠르게 약진하면서 상황이 달라졌다. 한국은 세계 시장에서 그 영향력이 차츰 축소됐다. 불행 중 다행으로 중국 기업의 약진이 두려운 것은 한국만이 아니었다. 세계 패권을 누려온 미국이 가장 먼저 위기감을 느끼고 세계 무역 질서 자체를 재편하려는 시도를 트럼프 1기부터 진행했다. 미국의 전략은 관세 등 다양한 제도적 장벽을 높이 쌓으면서 중국 기업의 약진을 막고 중국에서 분리된 미국 중심의 공급망을 구축하는 것이 궁극적 목표인 것 같다. 첨단 반도체, 배터리, 조선 등이 대표적인 분야다. 이러한 산업에서는 오히려 한국 기업들이 기회를 맞이하고 있다. 미국이 가장 강력한 경쟁자인 중국을 배제하다 보니 한국 기업들이 독점적 위치를 차지할 수 있었기 때문이다.

한국은 미국이 조선, 반도체, 방산 등 중국과의 공급망 분리를 지속할 가능성이 높기 때문에 해당 사업에 대한 투자를 강화할 필요가 있다. 하지만 중국과의 직접적인 경쟁이 불가피하고 미국과 서방 국가의 관세 및 비관세 장벽에 의한 보호가 없는 산업에서는 중국에 밀려 수익률 하락과 시장점유율의 약화를 피할 수 없다. 그러한 사업에서 한국 기업의 전략은 기본적으로 노출도를 줄여나가는 것이다.

하지만 미국의 보호를 받는 산업에서도 놓치지 말아야 할 것은 해당 사업의 보호에 대한 대가를 직접 요구하거나 상당한 비용을 한국이 치러야 할 가능성이 있다는 점이다. 분기마다 엄청난 손실을 보여주고 있는 인텔의 파운드리 사업과 조지아주의 한국 배터리 공장에 대한 이민국의 습격 등에서 보듯이 미국 제조업의 부활을 위한 투자와 이를 통한 성과 창출은 지난한 작업이며 실패의 리스크도 크다.

1기 트럼프 혹은 바이든 정부 때부터 시작된 한국 제조 기업의 미국 직접 투자가 실제 가동으로 이어지면 이로 인해 발생하는 비효율이 미국과 한국 양쪽에 상당한 부담으로 작용할 수도 있다. 실제로 벌써 가동하고 있는 한국 배터리 업체들의 미국 공장이 보조금이 없다면 사실상 거의 다 적자라는 사실을 받아들여야 한다. TSMC의 미국 공장도 적자를 보고 있다. 그러나 TSMC는 독점적 위치를 활용해 손실분을 고객에게 전가할 수 있다. 그에 비해 한국 업체들이나 인텔의 파운드리 사업처럼 손실을 전가할 수 없으면 해당 기업으로서는 큰 부담이 될 수밖에 없다. 만약 미국의 제조업 부활이 실패로 드러나면 미국은 인플레이션과 제조업의 가동률 저하로 더 큰 몸살을 앓게 될 것이다.

압력이 높아지면 그들의 정책 방향을 재점검해야 한다는 목소리가 커질 것이다. 보조금을 받아온 한국 기업들에 고통 분담을 요구할 수도 있다. 더 나아가 미국이 패권주의에서 고립주의로 돌아서면서 아예 중국과 손을 잡을 가능성도 있다. 미국이 국가 보안의 핵심이 되는 산업을 좁게 정의하고 희토류 공급과 대두 수출 등과의 주고받기를 통해 중국으로부터 직접 수출이나 중국 기업의 대미 투자를 허용하는 것이다. 미국에 투자한 한국 기업과의 경쟁을 강화하고 동시에 물가를 잡으려고 할 수 있기 때문이다.

한국은 내연기관 자동차, 반도체, 배터리, 조선 등 대미 투자가 늘어나는 핵심 산업도 미국에서 중국 기업과 직접 경쟁할 가능성을 염두에 두고 지속적 경쟁력 강화에 미리 힘을 써야 한다. 예를 들어 닝더스다이가 배터리 스와핑을 통해 유럽 시장의 진입 장벽을 높이는 것처럼 한국 자동차와 배터리 기업도 테슬라 등 미국 기업과의 협업을 통해 배터리 표준화 및 스와핑 사업을 논의할 필요가 있다. 이를 통해 향후에 진입할지 모르는 중국 업체들의 진출 비용을 높일 수 있기 때문이다.

사고방식부터 DNA까지 모든 것을 바꿔야 살아남는다

과거 일본이나 미국 기업이 기술적으로 앞서가거나 선도 기술을 선점할 경우 한국은 그 기술에 대해 시간차를 두고 배워나가면 경쟁력을 확보할 수 있었다. 선도 기술을 제외하면 제조 혹은 원가 경쟁력에서 한국 기업이 일본이나 미국 기업보다 앞서 있었기 때문이다. 이를 바탕으로 가치사슬상에서 협력을 통해 역할 분담을 할 수 있었다.

하지만 중국 기업이 선도 기술을 선점하고 기술 경쟁력에서 동일한 수준에 도달하면 한국 기업은 가치사슬에서 뻗어갈 공간이 극도로 줄어들게 된다. 냉정하게 말해서 가치사슬 구성 요소 하나하나를 두고 중국 기업과 한국 기업을 비교해 보면 글로벌 시장에서 브랜드와 선점 지식재산권IP, Intellectual Property 정도를 제외하면 차별적 경쟁력을 보이는 요소를 찾아보기 어려운 것이 현실이다.

그렇다면 한국 기업이 중국을 바라보는 시각을 바꿀 필요가 있다. 이제 중국 기업들을 직접적인 경쟁 혹은 극복의 대상이 아니라 협력의 대상으로 바라보아야 한다. 중국 기업 관계자들을 만나보면 가장 두렵고 힘들어하는 것이 다른 중국 기업들과의 경쟁이다. 다른 중국 기업들과의 경쟁에서 한발이라도 앞서가기 위해 국적을 가리지 않고 다른 기업들과 협력하고 융합하려는 욕구가 있다. 이 부분을 노려 한국 기업들이 중국 기업들과의 협력 포인트들을 찾아내야 한다.

이제는 1992년 한국이 중국과 외교관계를 수립하고 한국 기업들이 중국에 처음 뛰어들 때와는 상황이 근본적으로 달라졌다. 중국이라는 국가 혹은 산업 생태계 전체를 놓고 보면 한국이 중국에 도움을 줄 수 있는 부분이 극히 제한적이다. 하지만 중국의 개별 기업을 놓고 보면 가치사슬 중에서 도움을 주고받을 부분들이 있다. 자율주행 전기차 부분을 봐도 그렇다. 화웨이와 닝더스다이에 의존하고 있는 중국 전통 자동차 업체들은 해외 진출 시 화웨이의 시스템을 그대로 들고 나갈 수 없다. 화웨이가 여러 서방 국가에서 규제의 대상이 되기 때문이다. 이러한 공백을 한국의 전장 및 인공지능 바탕의 자율주행 업체들이 채워줄 수 있다.

자동차 및 인공지능 부문에서 업력이 짧은 샤오미는 자동차 주요 부품과 인공지능 부문에서 한국 업체들과 협력할 수 있는 분야가 상당하다. 지금은 비야디와 닝더스다이의 배터리를 쓰고 있다. 하지만 샤오미의 시장점유율이 높아질수록 비야디와 샤오미의 경쟁 관계도 더욱 격화될 것이다. 샤오미가 향후 해외시장에 진출하면 샤오미가 한국 배터리 업체를 찾을 공산이 크다. 스마트폰 때부터 샤오미는 한국 배터리 및 디스플레이 업체들과 협력해 왔기 때문이다.

동시에 한국 기업도 가치사슬 전략 전반을 재점검할 필요가 있다. 한국 기업은 저임금 노동에 기반한 주문자 부착 상표 방식의 위탁생산에서 연구개발과 부품 경쟁력에 기반한 제조자 개발생산 단계로 진화해 왔다. 여기에서 한발 더 나아가 글로벌 시장에서 자체 브랜드를 프리미엄 브랜드로 성장시킨 프리미엄 브랜드 제조사 O(P)BM, Original Premium Brand Manufacturer로 진화해 왔다. 제2차 세계대전 이후로 식민지였던 국가 중에서 이런 성공을 거둔 국가는 사실 한국밖에 없다. 모두가 자부심을 느낄 만한 성과이고 글로벌화를 본격적으로 추진하는 중국 경영자들도 한국 기업의 글로벌화와 브랜드 프리미엄화에는 큰 관심을 보이고 있다. 문제는 한국 기업이 디자인부터 제조, 마케팅, 유통에 이르기까지 수직계열화된 체제를 갖추다 보니 다른 기업과의 협력이 극히 어려운 가치사슬을 가지고 있다는 점이다. 모든 것을 내부화해야 원가와 품질 모두에서 최선의 결과물을 내왔다는 성공 경험은 협력을 어렵게 만드는 심리적 저항선으로 작용한다.

반면 중국 기업들은 앞에서 언급한 대로 생태계를 구축하고 다른 기업들과 함께 협력하면서 성장하는 DNA를 가지고 있다. 전기자동차 산업에서는 화웨이와 닝더스다이가 수평 플랫폼을 만들고 엄청나게 많은 숫자의 기업들이 전기자동차 사업에 뛰어들었다가 퇴출되는 시장경쟁을 통해 생태계 전체의 파이를 키우고 경쟁력을 높여가고 있다. 그 결과 서구 기업들이 자동차 신모델을 개발하는 데 3년 이상이 걸리지만 중국에서는 1년에서 18개월 만에 새로운 전기자동차가 출시되곤 한다. 기업별이 아닌 산업별 표준화와 시장경쟁이 가져온 효율의 결과다. 이러한 수평적 플랫폼과 모듈화에 기반한 업체들과의 협력에 수직계열화된 한국 기업들의 가치사슬과 DNA는 장애요인으로 작동한다.

어떻게 하면 한국 기업도 이들과 협력할 수 있을까? 결론부터 말하면 이미 한국 기업은 이러한 형태의 협력을 하고 있다. 엔비디아, TSMC 그리고 SK의 고대역폭 메모리의 협력 사례는 국경을 넘어서는 수평 플랫폼과 모듈화가 무엇인지, 이들의 협력이 맞아떨어질 때 어떤 성과가 나올 수 있는지를 잘 보여주고 있다. 전 세계로 뻗어 나가고 있는 뷰티산업K-Beauty 또한 그러하다. 3만 개에 이르는 중소 독립 브랜드 업체들이 시장 변화를 먼저 읽어내고 경쟁하면 코스맥스와 한국 콜마라는 제조자 개발생산 업체들이 기술과 제조로 뒷받침한다. 그리고 올리브영과 글로벌 플랫폼들이 최종 소비자들에게 판매해 가는 역할 분담이 엄청난 성과를 도출하고 있다.

한국의 기업가정신이 약해졌다고 걱정하는 목소리가 높다. 하지만 한국 화장품의 약진은 어떻게 기업가정신을 살릴 수 있는지 잘 보여주고 있다. 진입 장벽을 낮추는 것이다. 연구개발, 제조, 글로벌 유통 등 자본 투입 및 리스크가 큰 부분을 아웃소싱 할 수 있는 수평적 플랫폼이 있으면 창업자들은 새롭게 나타난다. 고객의 필요를 미리 파악하고 충족시킬 수 있는 혁신적 아이디어를 가진 기업가들이 수평적 플랫폼을 지렛대 삼아 새로운 사업을 일으키는 것이다. 수직적 기업집단은 새로운 기업의 진입을 막는 장벽이지만 수평적 플랫폼은 새로운 기업이 생태계의 일원으로 들어올 수 있는 지렛대가 된다. 중요한 것은 가죽을 벗겨내듯 기존의 관성을 벗어날 수 있느냐다.

수평적 플랫폼과 생태계가 잘 구축된 미국과 중국의 공통점 중의 하나는 큰 내수시장이다. 시장이 작으면 나의 성공이 너의 실패이고 그 반대가 성립하는 제로섬Zero Sum 게임으로 수렴되면서 상호 협력과 경쟁이 공존하는 수평적 플랫폼으로의 진화가 어려워진다. 하지만 큰 시장이 빠르게 성장하면 혼자서 모든 시장을 장악하는 것이 극히 어려운 일이기에 자신이 잘하는 부분에 집중하면서 다른 업체들과 협력하게 된다. 이 과정에서 유통, 제조, 개발 등에 집중하는 전문 업체들이 수평적 플랫폼의 형태로 등장한다.

한국에서 수평적 플랫폼보다는 수직적 계열화가 주로 나타나는 것도 상당 부분 좁은 내수시장의 한계 때문이기도 하다. 화장품 산업의 사례에서 보듯이 다양한 글로벌 시장을 몇 개의 울타리로 묶어내는 수평적 플랫폼을 발전시킬 필요가 있다. 글로벌화에 기반한 시장 확대가 보이지 않으면 결국 한두 개의 업체가 가치사슬 전반을 내재화하는 수직계열화로 귀결될 가능성이 높다.

본사 중심 조직을 넘어선 현장 중심 분권 구조로 바꿔야 한다

한국 기업들의 글로벌 조직도 사업 포트폴리오의 재구축과 지역별 플랫폼에 기반한 가치사슬 재구성을 위해 재편할 필요가 있다. 전 세계는 서너 개 혹은 그 이상의 블록으로 파편화되는 방향으로 진화하고 있다. 전 세계가 미국 중심의 질서로 통합된 시기에 세계화는 곧 미국화를 의미하는 것이었다.

미국 주도의 세계화 시대에는 하나의 세계 질서에 맞추어 본사의 명령에 하나의 몸처럼 기민하게 움직이는 조직이 최고의 선이었다. 애플이 보여준 것처럼 동일한 신모델을 같은 날짜에 뉴욕, 파리, 런던, 홍콩, 서울, 도쿄에서 동시에 비슷한 가격으로 출시해 원가는 최소화하고 빠른 시기에 투자를 회수할 수 있었다. 그러나 갈수록 파편화된 세계에서 이러한 형태의 글로벌 통합 전략을 지원하는 글로벌 조직은 갈수록 그 효과성이 떨어질 것이다.

그렇다면 어떻게 글로벌 조직을 재편할 것인가? 2025년 10월 인도 증시에 상장한 LG전자의 사례는 상징하는 바가 크다. 외국 기업의 무덤이라고 불리는 인도에 진출해 현지화에 성공하고 현지 주식 시장에 상장해 본사보다 더 높은 시가총액을 달성했기 때문이다. LG전자 본사의 시가총액이 14조 원 전후라면 인도 LG전자의 시가총액은 18조 원이다. 전 세계를 상대로 사업하는 본사보다 인도에서 생산과 개발을 상당 부분 현지화하고 현지에서 프리미엄 브랜드로 자리 잡은 인도 LG전자의 성장 가치를 더 높게 본 것이다. 2024년 10월 인도 현대차도 사상 최대 규모의 인도증시 상장에 성공했다.

현대차와 LG전자의 인도에서의 성공스토리는 한국 기업의 글로벌 조직 전략의 변화 방향에 대해 의미 있는 방침을 제공해 주고 있다. 미국 혹은 중국 중심의 공급망에서 일정 정도 거리를 유지하고 있고 성장성을 가진 큰 규모의 내수시장을 가진 인도에서 두 기업이 현지 기업으로 인정받은 것이다. 또한 주식 투자자들도 두 기업의 현지화 전략을 높게 평가한 것이다.

글로벌 네트워크를 조직하는 가장 기본적인 원리는 본사와 현지 조직 간에 어떻게 책임과 권한을 나누어 가질 것인가 하는 것이다. 글로벌 조직은 기본적으로 책임과 권한을 본사가 가져가는 구조다. 현지 조직은 본사의 전략 방향을 실현하는 실행 조직으로서 본사가 분배하는 예산에 의존해 영업 및 세부 실행 조직으로 작동하게 된다. 현지 조직의 핵심 경영층도 대부분 본사에서 파견한 주재원들로 이루어져 있다.

글로벌 조직의 장점은 글로벌 차원에서 제품의 일체성과 가격과 사후 서비스의 일관성을 유지할 수 있다는 점이다. 동시에 국가별 현지화를 최소화함으로써 글로벌 차원에서 규모의 경제 효과를 극대화해 원가 경쟁력의 확보도 기대할 수 있었다. 문제점은 본사가 글로벌 차원의 일체성을 강조하다 보니 지역별 혹은 국가별 차이를 무시하고 전사적 일체성을 강조하는 경향이 있다. 이 과정에서 현지 소비자들의 고유한 필요를 놓쳐 개별 시장에서 중대한 시장흐름에 뒤처져 현지 기업에 시장을 내주는 단점이 존재한다. 하지만 미국이 주도하는 하나의 세계 속에서는 지역별 차별성보다 글로벌 일체성이 강화되면서 많은 다국적 기업이 매트릭스 조직을 운영하면서도 본사에 더 힘을 실어주곤 했다.

이러한 흐름은 중국과 인도가 부상하면서 변화가 일어나기 시작했다. 특히 거대한 내수시장을 가지고 미국이 주도하는 서구 문명과 상이한 특성을 가지고 있는 중국 시장에서 로컬 기업들이 주도하는 빠른 시장변화들이 나타나기 시작했다. 본사의 명령만 기다려서는 이러한 흐름을 따라갈 수 없었다. 그 결과 중국 대부분의 산업에서 다국적 기업들이 중국 현지 기업에 시장지배력을 내주게 됐다. 인도에서도 노무관리 및 현지 지역 정부와의 관계 설정에 실패하면서 많은 다국적 기업이 현지화에 실패하고 인도 시장을 포기하곤 했다.

이 변화의 흐름에 대응할 수 있는 대안적인 글로벌 조직 운영 방안이 현지 완결형 지역 본부제다. 글로벌 조직과 달리 지역 본부제는 현지 조직이 최종 손익에 대한 책임을 지게 된다. 이에 따라 상품기획 및 가격 설정 등에 현지 조직이 상당한 권한을 보유하게 된다. 이를 위해 최종 조립 공장뿐만 아니라 현지 개발 조직과 기술센터를 설립해 현지 시장의 필요를 반영한 제품을 출시한다. 그리고 필요하다면 현지 업체를 발굴해 제조자 개발생산을 맡기고 자신들의 브랜드를 붙여 팔기도 하는 형태로 사업을 진행한다.

글로벌 조직구조에서 현지 조직은 본사에 의존할 수밖에 없는 구조다. 그러나 지역별 본부제에서는 기초연구를 제외하면 제품개발과 생산과 마케팅과 영업에 이르기까지 상당한 자율성을 보유하게 된다. 인력 구성에서도 본사 파견 인력에 대한 의존을 줄이고 현지 채용의 비중을 높여 현지 채용인이 핵심 경영진에 들어갈 수 있는 문호를 넓히게 된다. 한국 대기업은 이런 부분이 취약하다. 글로벌 시장의 범위와 점유율을 보면 한국 대기업은 엄청난 글로벌 기업이지만 핵심 경영진을 보면 여전히 보수적 한국 기업이라는 평가를 흔히 듣는다.

인구 절벽과 인재 유출의 위기를 겪고 있고 세계가 파편화돼 가는 지금 한국 기업은 글로벌 조직 운영을 재점검할 필요가 있다. 현지 조직에 더 많은 권한과 책임을 함께 부여하고 핵심 경영진에 현지 채용 인력을 등용해 현지 기업이라는 인상을 강하게 심어줄 필요가 있다. 전 세계적으로 강화되는 민족주의의 흐름과 파편화 그리고 한국 내에서 우수 인재 발굴과 육성이 어려운 상황에서 지역 본부제는 이러한 어려움을 극복할 수 있는 중요한 대안이 될 수 있을 것이다.

5

글로벌 3등 전략의 지혜

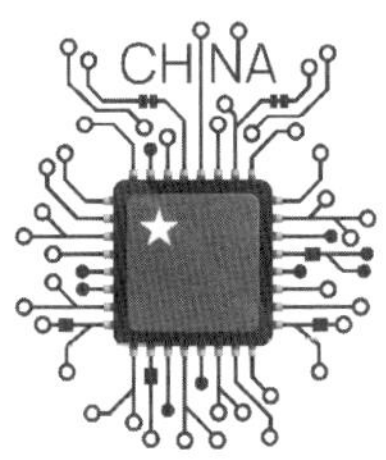

지금 세계 기술 질서는 두 개의 거대한 중력장 사이에서 재편되고 있다. 워싱턴과 베이징이라는 두 거대한 거인의 경쟁은 단순한 패권 다툼을 넘어 글로벌 표준, 공급망, 자본의 흐름까지 재설계하는 정교한 게임으로 진화했다. 인공지능과 첨단 반도체처럼 안보와 직결된 영역에서는 담장이 높아지고 로봇, 배터리, 소재처럼 산업화가 중심인 분야에서는 여전히 협력과 관용이 작동한다. 하나의 전쟁이 아니라 서로 다른 규칙이 공존하는 복합 게임이다.

이 구조 속에서 한국은 독특한 위치에 서 있다. 안보와 원천기술은 미국에, 생산기지와 거대 시장은 중국에 연결돼 있다. 그래서 흔히 "어느 쪽을 택할 것인가."라는 질문이 반복된다. 그러나 지금의 현실은 선택의 문제가 아니라 설계의 문제에 가깝다. 한국은 두

강대국 사이에서 밀려나는 약자가 아니라 양측 모두가 필요로 하는 연결고리가 될 수 있는 잠재력을 갖추고 있기 때문이다. 한국이 보유한 초격차 역량은 미국과 중국 어느 쪽도 쉽게 대체할 수 없는 자산이다. 미국은 인공지능 패권을 유지하기 위해 한국의 메모리와 제조 역량이 필요하다. 중국도 자국 산업을 고도화하기 위해 한국의 소재, 부품, 장비 기술이 있어야 한다. 이 지점에서 한국은 더 이상 '등 터지는 새우'가 아니다. 양쪽 고래가 동시에 기대는 축인 린치핀이 될 가능성을 갖는다.

그래서 한국의 기술력을 중심에 두고 미국의 원천기술, 자본, 제도적 우산을 활용하는 동시에 중국의 시장, 원자재, 산업화 속도를 선택적으로 결합하는 이원화 전략이 필요하다. 1등을 무리하게 추격하기보다 G2의 게임이 작동하기 위해 반드시 필요한 존재가 되는 것이다. 이것이 글로벌 3등 전략의 핵심이다. 3등 전략은 차선이 아니다. 3등은 두 강대국 사이에서 균형을 설계하고 위기 국면마다 새로운 기회를 포착하는 자리다. 고래 싸움은 앞으로도 계속될 것이다. 중요한 것은 그 싸움 속에서 흔들리는 존재로 남을 것인가, 아니면 판을 지탱하는 핵심 축으로 자리 잡을 것인가에 대한 전략적 선택이다.

양자택일에서 빠져나오는 한국형 한체중서용 전략을 세우다

미국과 중국의 경쟁 속에서 한국이 추구해야 할 궁극적인 생존 전략은 한체중서용韓體中西用에 기반한 글로컬Glocal 전략 실행이다. 이는 구한말의 동도서기東道西器 정신을 재해석한 것이다. 과거에는 동양의 정신을 지키며 서양의 기술을 빌려 썼다면 지금은 한국의 독보적 기술력을 무기로 삼아 미국과 중국 두 나라를 한국의 국익을 위한 도구로 적극적인 활용을 하자는 역발상의 전략이다. 즉 안보와 직결된 첨단기술 영역에서는 미국과 서방의 기술 생태계와 자본을 활용하는 서용西用 전략을 취하고 거대 시장과 제조 공급망 영역에서는 중국의 시장성과 원자재를 활용하는 중용中用 전략을 선별적으로 구사하는 고도의 이원화 전술이다.

여기서 한체韓體란 한국의 주체성을 의미하며 고대역폭 메모리, 첨단 메모리, 파운드리 공정, 배터리 제조 기술, 방산, 조선업 등 세계 최고 수준의 초격차 기술력을 말한다. 이러한 기술력은 미국과 중국 양국 모두가 탐내는 한국의 핵심 자산이다. 서용은 글로벌 전략과 미국 현지화 전략을 결합하여 미국과 서방의 기술 동맹에 적극적으로 참여하는 것이다. 구체적으로는 미국의 반도체 설계 툴이나 원천기술, 자본시장, 그리고 안보 우산을 활용하는 것을 뜻한다. 특히 미국의 반도체 지원법과 인플레이션 감축법에 대응해 텍사스, 인디애나, 조지아 등에 생산기지를 짓는 현지화는 서용의 핵심이다. 최근 미국이 요구한 3,500억 달러의 대규모 투자 또한 미국의 선진기술과 시장을 활용할 수 있도록 철저히 관리돼야 한다.

중용은 글로벌 전략과 중국 현지화 전략의 결합이다. 이는 중국 시안과 우시의 반도체 생산기지를 중국 현지화 전략의 거점으로 유지하며 위험을 관리하는 것을 의미한다. 또한 배터리 소재나 희토류 등 중국의 압도적인 원자재 공급망을 활용하고 중국 로봇 산업의 빠른 산업화 속도와 가격경쟁력을 활용하기 위해 자본을 투자하거나 합작법인을 설립하는 전략을 포함한다.

한국의 선도 기업들은 이미 이러한 한체중서용과 글로컬 전략을 실행하며 적응하고 있다. 반도체 산업의 사례를 보면 삼성과 SK하이닉스는 고대역폭 메모리와 D램의 초격차 기술인 한체를 기반으로 경쟁과 관용의 사이에서 줄타기하고 있다. 구체적으로 미국 텍사스와 인디애나에 파운드리와 첨단 패키징 공장을 투자하는 서용 전략을 구사함과 동시에 중국에 대한 미국의 제재로 발생한 공백을 채우고 중국 내 공장을 유지하며 시장 기회를 활용하는 중용 전략을 병행한다. 결론적으로 한체중서용은 미국과 중국 사이의 양자택일이 아닌 양측을 모두 활용하는 한국형 전략의 청사진이다.

판 자체를 흔드는 핵심축인 린치핀 전략의 통찰을 전하다

미국과 중국의 기술혁신 경쟁은 단순한 대립을 넘어 주요 2개국이 벌이는 정교한 관용적 팃포탯 게임으로 진화하고 있으며 앞으로 수십 년간 지속될 것으로 보인다. 이 상황에서 한국의 생존 전략은 어느 한쪽을 선택하는 양자택일이 돼서는 안 된다. 그보다 양측 모두에게 없어서는 안 될 양자 필수의 존재가 되는 것이다. 한국은 더 이상 고래 싸움에 등 터지는 새우가 아니다. 반도체, 배터리 등 핵심 산업에서 한국은 G2의 게임이 작동하는 데 필수적인 핵심 연결고리, 즉 린치핀이 돼야 한다. 한국이 이러한 대체 불가능한 린치핀이 되기 위해서는 기술 분야의 초격차 전략과 시장 분야의 반격차 전략을 결합한 지속가능한 구별화 전략이 필수적이다.

첫째, 기술전략인 초격차는 압도적인 기술력을 확보해 그 누구도 한국을 대체할 수 없게 만드는 것이다. 우선 메모리 반도체 분야에서는 인공지능 시대에 미국 빅테크 기업들이 필수적으로 요구하는 고대역폭 메모리, 지능형 메모리PIM[*], 차세대 인터페이스CXL[**] 기술에서 확실한 격차를 유지해야 한다. 파운드리 분야에서는 생산 수율을 높이고 전류 흐름을 세밀하게 제어하는 신공정GAA[***] 개발과 함께 미국 및 유럽 등과의 글로벌 파트너십을 강화해야 한다. 무엇보다 한국의 가장 취약한 분야인 시스템 반도체와 팹리스 생태계 육성이 시급하다. 정부는 중소 설계 기업이 고가의 설계 툴인 전자 설계 자동화를 사용할 수 있도록 지원하고, 대기업인 삼성전자는 이들이 파운드리를 쉽게 이용할 수 있도록 문턱을 낮추고, 대학은 핵심 원천기술을 창출하는 정부-대기업-대학의 삼각 지원 체계가 절실하다.

둘째, 시장전략인 반격차는 미국과 중국 시장을 모두 유연하게 활용하는 접근법이다. 첨단기술 분야에서는 미국 중심의 기술 동맹에 적극적으로 참여해 진입 장벽이 높은 하이펜스 안쪽의 시장을 선점해야 한다. 이를 통해 미국에 한국은 안보 동맹을 유지하기 위한 대체 불가능한 기술 파트너가 돼야 한다. 반면 범용 기술 분야에서는 거대 시장인 중국을 결코 포기해서는 안 된다. 현지 투자와 경쟁을 지속하며 독자적인 공급망을 구축해야 한다. 중국에 한국은 미국의 제재를 우회하고 자국 산업 성장에 필수적인 소재, 부

---

[*] 지능형 메모리PIM, Processing-In-Memory는 메모리 내부에 연산 기능을 통합해 데이터 병목현상을 해결하는 차세대 인공지능 반도체 기술이다.

[**] 차세대 인터페이스CXL, Compute Express Link는 중앙처리장치CPU와 메모리 등 다양한 컴퓨팅 자원을 고대역폭·저지연으로 연결하는 개방형 표준 인터페이스이다.

[***] 신공정GAA, Gate-All-Around은 핀펫FinFET보다 전류 흐름을 정교하게 제어하는 트랜지스터 구조로 3나노 이하 공정의 필수 기술이다.

품, 장비를 지원받을 수 있는 유일한 협력 파트너이기 때문이다. 특히 중국 시장을 공략할 때는 단일체가 아닌 세분화된 시장으로 보아야 한다. 예를 들어 성내총생산이 13조 6,000억 위안인 광둥성이나 12조 8,000억 위안인 장쑤성처럼 각각 한국의 국내총생산을 초과하는 성省 단위 경제권으로 나누어 각 지역 특성에 맞는 차별화된 전략으로 접근해야 한다.

이러한 린치핀 전략의 가능성은 배터리 산업의 사례에서 이미 명확히 입증됐다. 미국의 인플레이션 감축법 제재로 중국산 소재가 배제되는 위기 속에서 한국 기업은 중국 소재 기업과 합작해 한국 내에 공장을 짓는 창의적 해법을 찾아냈다. 중국의 자본과 원료(중용)를 도입해 한국의 제조 기술(한체)로 가공함으로써 최종적으로 미국의 보조금 요건(서용)을 충족시킨 것이다. 즉 중국 원료를 한국에서 가공해 미국으로 진출시키는 모델은 한국이 경쟁 구도를 역이용해 양측 모두와의 협력을 끌어낸 린치핀 포지셔닝의 대표적인 성공 사례다. 한국 정부와 기업은 한체중서용의 기조 아래 복잡한 게임의 규칙을 먼저 읽고 린치핀 전략을 구사함으로써 추격자가 아닌 게임 체인저로 도약해야 한다.

린치핀 전략 실현하기 위해서는 네 가지 과제가 있다. 첫째, 정부는 고대역폭 메모리, 지능형 메모리, 차세대 인터페이스, 인공지능 반도체 등 초격차 기술을 국가전략기술로 명확히 규정하고 중장기 연구개발 예산과 세제 혜택을 집중해야 한다. 또한 한국의 가장 취약한 고리인 팹리스·시스템 반도체 생태계 육성에 정책 역량을 총동원해야 한다. 이를 위해 정부, 대기업, 대학이 함께 참여하는 삼각 지원 체계를 구축해 정부는 중소 팹리스 기업의 전자 설계 자동화

툴과 멀티 프로젝트 웨이퍼MPW 비용을 실질적으로 지원하고, 대기업은 자사 파운드리를 국내 팹리스와 공유할 수 있는 플랫폼으로 개방하고, 대학과 연구소는 설계 인재를 체계적으로 양성하고 핵심 원천기술을 창출하는 프로그램을 강화하는 방향으로 역할을 분담할 필요가 있다.

둘째, 미국의 스몰야드 하이펜스 전략과 중국의 기술 자립과 쌍순환 전략이 동시에 작동하는 구조에서의 돌파구를 마련해야 한다. 한국은 그러한 구조 속에서 양자택일이 아닌 양자필수라는 입장을 정책적으로 제도화해야 한다. 정부는 산업과 기술별로 어느 영역은 안보와 첨단기술을 이유로 미국 중심의 기술 동맹에 우선으로 보조를 맞추고 어느 영역은 범용 기술, 소비재, 제조 분야에서 중국 및 제3국과 시장·생산 협력을 유지 확대할 수 있는지에 대해 명확한 가이드라인을 제시해야 한다. 이러한 가이드라인은 관용적 텃포탯 환경에서 기업들이 과도한 정치와 외교 리스크를 떠안지 않도록 하는 최소한의 룰북rule book 역할을 하게 된다.

셋째, 정부는 한국 내에서 원천기술의 연구개발과 해외 현지 생산과 판매가 가능해지는 글로컬 공급망과 한국식 쌍순환 인프라를 구축해야 한다. 구체적으로 대규모 데이터 센터와 이를 뒷받침할 소형 모듈식 원자로SMR, 가스, 재생에너지 등의 전력 인프라와 통신 인프라에 대한 장기적인 로드맵을 제시해야 하며 자유무역협정과 경제·안보 파트너십을 적극적으로 활용해 한국 기업의 현지 투자와 합작이 불리하지 않도록 외교와 통상 환경을 만들어야 한다.

넷째, 인공지능, 로봇, 반도체 분야에서 고급 인재의 유출을 줄이고 유입을 늘리는 방향으로 인재·제도 혁신을 추진해야 한다. 국내적으로는 대학과 대학원 교육과정에서 인공지능, 반도체, 로봇 관련 교육과 지원을 대폭 강화하고 박사와 연구자의 처우와 커리어 경로를 개선해 국내에 머무를 유인을 강화해야 한다. 동시에 대외적으로는 해외 우수 인재를 대상으로 비자, 세제, 주거, 교육, 언어 지원을 포괄하는 패키지를 제공함으로써 한국을 동북아의 기술 인재 허브로 만들 수 있는 제도 개혁을 추진해야 한다. 이러한 인재·제도 기반이 뒷받침될 때 비로소 한국은 지속가능한 구별성 유지할 수 있다.

1등 강박을 버리고 대체 불가능한 파트너로 자리매김한다

인공지능 분야에서 한국 기업들은 니치 시장과 미중 연결자 전략을 결합한 방향을 모색해야 한다. 인공지능에서는 미중과 동일한 범용 거대언어모델 경쟁을 지향하기보다 제조, 의료, 공공, 금융, 다언어 서비스 등 한국이 상대적으로 강점을 갖춘 특정 도메인에 특화된 에이전트 인공지능을 개발해야 한다.

한국 기업은 미중 빅테크 플랫폼 위에서도 차별화된 애플리케이션과 솔루션으로 대응하는 게 필요하다. 이재명 정부의 한국형 인공지능 전략이 불확실한 상태에서 인공지능 산업의 빅데이터, 그래픽처리장치GPU, 인재, 전력의 관련된 산업 분야에 있어서 혁신적 생태계 구축을 해야 한다. 특히 인공지능 산업의 발전에 한국의 가장 큰 약점인 정부 규제를 혁신적으로 파괴하기 위한 제안이 반드시 필요하다.

대한상공회의소 최태원 회장이 제안하는 메가 샌드박스Mega Sandbox 규제 해결 전략은 기업과 지자체가 협력해 인공지능 생태계 도시를 만들어내는 것이어야 한다. 네이버가 시도하고 있는 범용 인공지능 모델인 클로바는 전략 방향을 선회해 에이전트 인공지능 모델을 구축하고 이를 오픈웨이트 방식으로 많은 벤처와 민간기업과 공유해 인공지능의 생태계를 구축하여야 할 것이다.

로봇 분야에서는 미국의 기술 표준과 센싱 역량과 중국의 대량생산과 원가 절감 능력이 결합될 가능성을 전제로 협동 로봇, 물류 로봇, 케어, 서비스 로봇 등에서 특정 부품·모듈·소프트웨어를 공급하는 니치 플레이어Niche Player이자 미중 로봇 공급망을 연결하는 가교로 자리 잡는 방향을 전략적으로 설계할 필요가 있다. 현대 자동차는 중국의 유니트리처럼 부스턴 로보틱스의 설계와 구현의 코드를 오픈 시스템Open System으로 해 한국의 로봇 생태계를 구축해야 한다.

또한 한국에도 TSMC가 필요하다. 이를 위해서는 KSMC(Korea Semiconductor Manufacturing Company)를 설립하고 이 기업이 시스템 반도체 산업의 생태계를 구축해야만 한다. 그래야 인공지능, 로봇, 반도체의 첨단기술혁신 생태계를 한국에 조성할 수 있다. 예를 들어 삼성 시스템 파운드리를 삼성전자에서 독립시켜 한국 시스템 반도체 산업의 플랫폼 리더 기업으로 육성하는 방안도 고려해 볼 수 있다. 이는 삼성전자 시스템 반도체 부분의 태생적 문제인 고객과 경쟁해야 하는 한계를 벗어나 세계 1위가 될 수 있는 기반이 될 것이다. 그렇게 되면 한국이 가장 뒤처진 반도체 팹리스 기업의 육성과 지원이 가능해질 것이다. 이를 통해 국내 반도체 제조 인프라를 국내 팹리스와 공유하는 플랫폼으로 성장 발전시킬 수 있다.

한국 기업은 미중 갈등하에 중국 시장에서 완전한 디커플링을

할 것이 아니라 양국의 디리스킹 경영을 해야 한다. 제재, 관세, 보조금 정책이 바뀔 때마다 공장 가동, 투자 타이밍, 제품 포트폴리오를 미세 조정하는 능력을 갖추는 것은 단기적으로는 번거로운 조정 비용을 수반한다. 하지만 장기적으로는 위기 국면마다 새로운 시장 기회를 포착하고 성과로 전환할 수 있는 역량을 축적하게 해준다. 결국 관용적 팃포탯 시대에 한국 기업이 확보해야 하는 양자 필수의 포지셔닝을 찾아낼 수 있을 것이다.

한국은 안보 동맹(미국)과 핵심 경제 파트너(중국) 사이에서 G2의 경쟁과 협력을 동시에 활용하는 고도의 전략적 선택을 해야 한다. 한국이 초격차 기술이라는 한체를 기반으로 미국의 기술 동맹과 중국의 거대 시장을 선택적으로 활용하는 중서용의 글로컬라이제이션 전략을 통해 G2 게임의 대체 불가능한 파트너로 지속가능한 구별화 포지셔닝이 필요하다.

G2가 글로벌 시장과 기술 표준을 양분하며 안보를 무기화하는 냉혹한 글로벌 시장 현실 속에서 한국이 과거처럼 단독 1등을 목표로 하는 것은 구조적인 어려움이 있음을 직시해야 한다. 이제 "2등은 아무도 기억하지 않는다."라는 과거 고도성장기의 1등 지상주의적 강박에서 과감히 벗어나 G2 사이에서 양측 모두가 필요할 수밖에 없는 확고한 글로벌 3등을 차지하는 것을 가장 현실적이고 전략적인 목표로 설정해야 한다. 여기서 말하는 3등은 패배나 차선책이 아니다. G2의 갈등 구조 속에서 한국이 없으면 시스템이 작동하지 않는 핵심 축, 즉 린치핀의 지위를 확보한다면 단순한 순위 경쟁을 넘어선 대체 불가능한 세력이 될 것이다.

한국은 더 유연하고 실용적인 자세를 취해야 한다. 그들의 강점을 한국의 경쟁력으로 흡수해 자산으로 활용해야 한다. 미국의 원천 기술력은 물론이고 로봇과 배터리 소재 분야에서 중국이 보여준 압도적인 양산 능력과 가격경쟁력을 과감하게 활용해 국내 산업의 효율성을 극대화하는 레버리지로 삼아야 한다. 이렇게 확보한 융합 경쟁력을 바탕으로 미국과 중국 시장을 역으로 공략하고 양측의 단절된 공급망을 연결하는 허브가 돼야 한다. 한국이 G2 시대에 3등의 위치를 공고히 하는 길이다.

특히 국가안보와 직결돼 미중이 자국의 생태계를 철저히 봉쇄하는 인공지능 데이터 산업에서는 시야를 G2 밖으로 넓히는 글로컬 전략이 필수적이다. 한국은 미국과 중국 시장을 전략적으로 활용함과 동시에 시선을 돌려 유럽, 중동, 그리고 급부상하는 아세안과 글로벌 사우스 국가들과의 협업을 대폭 강화해야 한다.

한국은 그동안 전통적으로 미국과 중국 중심의 외교, 안보, 통상 정책에 주력해 왔으나 미래의 기술 경제 영토는 그보다 훨씬 광활하다. 베트남, 인도, 말레이시아 등 인구 대국이 보유한 방대한 빅데이터와 이들 국가에서 태동하는 전기자동차와 로봇 산업의 데이터를 한국의 선진화된 인공지능과 하드웨어 기술과 결합할 수 있다면 새로운 기회의 장이 열릴 것이다.

한국은 미중의 기술 패권 다툼에서 한 발짝 비켜나 있는 이들 국가와 적극적으로 연대해야 한다. 그들의 잠재력을 한국의 기술로 가공해 제3의 글로벌 표준을 만들어낸다면 G2가 독점하지 못하는 영역의 맹주로서 당당한 글로벌 3등 국가의 위상을 확립할 수 있을 것이다.

후기

이 책에 담긴 내용은 2025년 한 해 동안 제이캠퍼스 연구진이 함께 걸어온 과정의 산물이다.

연구는 3월부터 시작됐다. 매월 온라인 세미나를 열어 중국 주요 산업의 혁신 사례를 해부했다. 화웨이와 통신장비, 비야디BYD와 전기차, 닝더스다이CATL와 배터리, 딥시크DeepSeek와 인공지능, 알테쉬톡과 이커머스까지 - 열 차례의 세미나를 통해 중국 기업 특유의 경쟁 방식과 생태계 구조를 분야별로 짚어나갔다. 발표자와 토론 참여자들이 저마다의 전문성을 가지고 문제를 파고들었고 그 과정에서 이 책의 뼈대가 만들어졌다.

7월에는 연구진과 참여 기업 관계자 20명이 함께 선전深圳을 찾았다. 자율주행 항공기를 개발하는 이항EHang, 플랫폼을 넘어 인공지능과 클라우드로 진화하는 텐센트Tencent, 휴대용 에너지 저장 장치 시장을 선도하는 신에너지 기술 기업 블루에티BLUETTI, 배터리부터 완성차까지 수식 계열화를 완성한 비야디BYD, 그리고 휴머노이드 로봇을 만드는 스타트업 엔진 AIEngin AI까지 - 보고서와 데이터로 읽어온 중국의 혁신이 실물로 눈앞에 펼쳐졌다. 현장에서 목격한 속도와 밀도는 기존의 분석 틀을 다시 점검하게 만들었다. 9월에는 한국경제인협회가 주관하는 세미나를 FKI타워에서 개최하여 연구의 중간 성과를 산학연 전문가들과 공개적으로 검증하는 자리를 가졌다.

서문에서 밝혔듯이, 이 연구는 중국을 외면하거나 막연히 경계하는 데 그쳐서는 안 된다는 문제의식에서 출발했다. 세미나를 거듭하고 선전의 현장을 직접 확인할수록 그 문제의식은 더욱 선명해졌다. 테크노스테이트 중국의 작동원리는 개별 기업의 성공담이 아니라 국가 시스템 전체의 움직임으로 읽어야 한다는 것, 그리고 그 움직임이 한국 산업에 미치는 파장은 이미 현실이 되어 있다는 것을 확인했다.

부족한 연구임에도 불구하고 1년간 함께해 주신 모든 분들께 감사를 드린다. 세미나에서 귀한 발표를 맡아주신 열 분의 연사들, 현장조사에 동행하며 날카로운 시각을 보태주신 참여자들, 그리고 연구의 처음부터 끝까지 힘을 보태주신 한국경제인협회에 진심으로 감사드린다.

이 책이 중국의 기술 굴기를 바라보는 한국의 시선을 조금이라도 더 정확하고 전략적으로 만드는 데 기여할 수 있기를 바란다.

회차	일시	주제	연사
1	03.13	중국정치시스템과 산업생태계	노은영 교수 (성균관대 중국대학원)
2	04.17	화웨이와 통신장비	최명철 교수(가천대)
3	05.15	샤오미와 플랫폼	박승찬 교수(용인대)
4	05.29	비야디와 전기차	조철 선임연구위원 (산업연구원)
5	06.05	딥시크와 인공지능	백서인 교수(한양대)
6	06.19	닝더스다이와 배터리	김종명 교수(상하이과기대)
7	08.14	바오스틸과 철강	김창도 박사 (포스코경영연구원)
8	09.11	알테쉬톡과 이커머스	박승찬 교수(용인대)
9	09.25	한중 반도체 산업 역학	이우근 교수(성균관대)
10	11.12	한국의 대응전략	김창현 교수(CEIBS)

미주

1장 값싼 제조국에서 기술 자립 국가로 전환하다

1. Freeman, C. (1987), Technology and Economic Performance: Lessons from Japan, Pinter, London.

2. Nelson, Richard R., ed. (1993). National innovation systems: a comparative analysis. New York

3. Lundvall, Bengt-Åke (2010). National systems of innovation: toward a theory of innovation and interactive learning. London: Anthem.

4. 한중과학기술협력센터(2025), 「중국의 과학기술 거버넌스와 국제 비교」 ISSUE REPORT 12, Kang et al. (2019), Comparing National Innovation Systems among the USA, Japan, and Finland, Journal of Open Innovation: Technology, Market, and Complexity, 5, 82.

5. Roper, S. (2021) Learning from the Best: National Innovation Systems, ERC Insight Paper.

6. South China Morning Post, 2025. 10. 24

7. J. Sun and M. Kenney (2024) Central-Local Government Interactive Learning and the Rise of Innovative Industries: Reconsidering the Chinese National Innovation System, https://papers.ssrn.com/sol3/papers.cfm?abstract_id=5001975)

2장 국가는 설계하고 시장은 가속 혁신한다

1. https://www.icppcc.cn/newsDetail_1139709

3장 창업 빅뱅과 공급망 통합이 산업 역동성을 깨우다

1. 중국 정부 홈페이지, https://www.gov.cn/yaowen/liebiao/202305/content _6883880.htm

2. 노은영(2025), "중국 「민영경제촉진법」 시행에 따른 비즈니스 환경 변화와 시사점", 상사판례연구, 제38권 4호.

3.   Sun, Y. & Liu, Q., "China moves to take ′golden shares′ in Alibaba and Tencent units", Financial Times, January 13, 2023.

4장 기술로 사회를 재설계하는 테크노스테이트가 등장하다

1.   『트러스트Trust: The Social Virtues and the Creation of Prosperity』, 1996, Free Press.

2.   The global startup ecosystem report, Startup Genome, 2025.

3.   Economist, "What China will Dominate Next", 2025. 11. 27.

6장 보호막 없는 세계, 한국의 생존전략

1.   https://schen583.medium.com/huaweis-auto-ambitions-aa481e9f9222

테크노스테이트 차이나

초판 1쇄 인쇄 2026년 4월 14일
초판 1쇄 발행 2026년 4월 21일

지은이 정구현 김영배 김용준 김창현 노은영
펴낸이 안현주

기획 류재운 **편집** 안선영 김재훈 **브랜드마케팅** 이민규 **영업** 안현영
디자인 표지 정태성 본문 장덕종

펴낸 곳 클라우드나인 **출판등록** 2013년 12월 12일(제2013 – 101호)
주소 우) 03993 서울시 마포구 월드컵북로 4길 82(동교동) 신흥빌딩 3층
전화 02 – 332 – 8939 **팩스** 02 – 6008 – 8938
이메일 c9book@naver.com

값 23,000원
ISBN 979 – 11 – 94534 – 75 – 4 03320